A Reunificação da Alemanha

FUNDAÇÃO EDITORA DA UNESP

Presidente do Conselho Curador
Herman Voorwald

Diretor-Presidente
José Castilho Marques Neto

Editor-Executivo
Jézio Hernani Bomfim Gutierre

Assessor Editorial
Antonio Celso Ferreira

Conselho Editorial Acadêmico
Cláudio Antonio Rabello Coelho
José Roberto Ernandes
Luiz Gonzaga Marchezan
Maria do Rosário Longo Mortatti
Maria Encarnação Beltrão Sposito
Mario Fernando Bolognesi
Paulo César Corrêa Borges
Roberto André Kraenkel
Sérgio Vicente Motta

Editores-Assistentes
Anderson Nobara
Arlete Zebber
Christiane Gradvohl Colas

LUIZ ALBERTO MONIZ BANDEIRA

A Reunificação da Alemanha

Do Ideal Socialista ao Socialismo Real

3ª. EDIÇÃO REVISTA E AUMENTADA

© 2009 Editora UNESP

Direitos de publicação reservados à:
Fundação Editora da UNESP (FEU)
Praça da Sé, 108
01001-900 – São Paulo – SP
Tel.: (0xx11) 3242-7171
Fax: (0xx11) 3242-7172
www.editoraunesp.com.br
feu@editora.unesp.br

CIP – Brasil. Catalogação na fonte
Sindicato Nacional dos Editores de Livros, RJ

B116r
3.ed

Moniz Bandeira, Luiz Alberto, 1935-
  A reunificação da Alemanha: do ideal socialista ao socialismo real / Luiz Alberto Moniz Bandeira. - 3.ed. rev. e aumentada. – São Paulo: Editora UNESP, 2009

  272p
  Inclui bibliografia
  ISBN 978-85-7139-966-2

  1. Socialismo – Alemanha – História – Século XX. 2. Alemanha – História – Reunificação, 1990. I. Título.

09-4320 CDD: 943.0877
  CDU: 94(43)"1990"

Editora afiliada:

Asociación de Editoriales Universitarias
de América Latina y el Caribe

Associação Brasileira de
Editoras Universitárias

"O povo como Estado é o espírito em sua substancial racionalidade e imediata realidade e daí o absoluto poder na terra".

G. W. F. Hegel[*]

"Depois do levante de 17 de junho
O secretário da Associação dos Escritores
Fez distribuir panfletos na Avenida Stalin
Nos quais se podia ler que o povo
Perdera por sua própria culpa a confiança do governo
E que somente através do trabalho redobrado
Poderia reconquistá-la.
Mas não seria
Mais simples então que o governo dissolvesse o povo e
Elegesse um outro?"

Bertolt Brecht[**]

"Nós sabemos que a virtude não importa para a história,
e que os crimes permanecem impunes; porém todo erro tem suas
conseqüências e eles próprios se vingam até a sétima geração".

Arthur Koestler[***]

---

[*] Das Volk als Staat ist der Geist in seiner substantiellen Vernünftigkeit und unmittelbaren Wirklichkeit, daher die absolute Macht auf Erden". Hegel, G. W. F. – *Grundlinien der Philosophie des Rechts*. Hamburg: Felix Meiner Verlag, 1955.

[**] Nach dem Aufstand des 17. Juni ließ der Sekretär des Schriftstellerverbandes in der Stalinallee Flugblätter verteilen, auf denen zu lesen war, daß das Volk das Vertrauen der Regierung verscherzt habe und es nur durch verdoppelte Arbeit zurückerobern könne. Wäre es da nicht einfacher, die Regierung löste das Volk auf und wählte ein anderes?"
"Die Lösung" in Brecht, Bertolt – *Gesammelte Werk*. Frankfurt a. M.: hrsg. vom Suhrkamp Verlag in Zusammenarbeit mit Elisabeth Hauptmann, Band X, p. 1009.
"Die Lösung" in Brecht, Bertolt – *Gesammelte Werk*. Frankfurt a. M.: hrsg. vom Suhrkamp Verlag in Zusammenarbeit mit Elisabeth Hauptmann, Band X, p. 1009.

[***] "We know that virtue does not matter to history, and that crimes remain unpunished; but that every error has its consequences and venges itself unto the seventh generation". Arthur Koestler. *Darkness at Noon*. Nova York: The Macmillan Company, 1941, p. 99.

In memoriam
meu primo Alberto Luiz da Rocha Barros,
bem como Mauricio Tragtemberg
e
Antônio Rezk

Para Margot, com o amor de sempre,
e para Egas, nosso filho, que só nos dá
alegria e orgulho.

Sumário

Abreviaturas 13

Prefácio à segunda edição, Stephan Wegener 17

Prólogo, Luiz Alberto Moniz Bandeira 21

Introdução 27

CAPÍTULO 1 – As teorias de Marx e Engels sobre o socialismo – A
revolução de 1848 e a unidade alemã – Marx e Bismarck – As teorias sobre
a Revolução Russa – As revoluções na Alemanha e na Rússia ao fim da
guerra mundial de 1914-1918 – O pensamento de Kautsky 33

CAPÍTULO 2 – Críticas de Rosa Luxemburg à Revolução Russa –
"Liberdade é sempre a liberdade dos que pensam de modo diferente"
– "Comunismo militar" e terror na Rússia – Os social-democratas e
a insurreição spartakista na Alemanha – A fundação da Internacional
Comunista 51

CAPÍTULO 3 – A situação na Rússia soviética após a revolução de 1917 – Do "comunismo militar" à Nova Política Econômica (NEP) – Restauração da economia de mercado – Investimentos estrangeiros na URSS – O estabelecimento da *Staatssklaverei* – O Tratado de Rapallo – A importância da Alemanha para a recuperação econômica da URSS   61

CAPÍTULO 4 – As relações econômicas entre a URSS e a Alemanha nazista – O poder onímodo de Stalin – Asselvajamento da vida política em Moscou – O fim da NEP e a teoria do "socialismo em um só país" – Conflitos entre comunistas e social-democratas – O Pacto Molotov-Ribbentrop e os acordos secretos da URSS com a Alemanha   75

CAPÍTULO 5 – A política exterior da URSS no pós-guerra – Stalin e a revolução na Europa – A posição dos EUA *vis-à-vis* da URSS – A inviabilidade do *rollback* e a política de *containment* – O Plano Marshall – Da formação da Bi-Zone à reforma monetária na Alemanha Ocidental – O bloqueio de Berlim – Fundação da República Federal da Alemanha   85

CAPÍTULO 6 – A formação do SED e a constituição da RDA – A transformação do SED em partido de novo tipo – O pagamento das reparações de guerra à URSS – O declínio da influência comunista na RFA e na RDA – A proposta de Stalin para a reunificação da Alemanha   97

CAPÍTULO 7 – O *Neuer Kurs* de Ulbricht e a construção do socialismo – morte de Stalin – As mudanças em Moscou – O levante de 17 de junho de 1953 em Berlim – A repressão das tropas soviéticas – O papel de Beria – A *Konföderation* proposta por Ulbricht – O *ultimatum* de Kruchev e a crise de 1958   107

CAPÍTULO 8 – A situação de Berlim em 1960 – O *boom* da RFA e a esvaziamento populacional da RDA – A construção do Muro de Berlim – A posição de Kennedy na linha do apaziguamento – O entendimento entre Adenauer e de Gaulle – A queda de Adenauer – A ascensão do SPD e a *Ostpolitik*   119

A REUNIFICAÇÃO DA ALEMANHA   11

CAPÍTULO 9 – A URSS e a alta dos preços das matérias-primas no mercado mundial – Os reflexos da crise sobre a RDA – Os empréstimos da RFA à RDA – A intermediação de Franz Joseph Strauß – As relações entre os dois estados alemães – As primeiras desavenças entre Honecker e Moscou – A visita oficial de Honecker à RFA   131

CAPÍTULO 10 – A conversão de Gorbachev à política de entendimento com a RFA – O déficit orçamentário da URSS e os fatores econômicos da *perestroika* – A revogação da doutrina Brejnev – Honecker, a *perestroika* e a *glasnost* – O KGB, Markus Wolf e o complot contra Honecker – Os que pensavam de modo diferente   141

CAPÍTULO 11 – Honecker e a luta interna no Kremlin – Gorbachev, a RFA e a Casa Comum Européia – A conspiração contra Honecker – O êxodo da RDA – A previsão de Vernon Walters – O dossier sobre a colaboração de Honecker com a Gestapo – O papel de Mielke no complô contra Honecker   151

CAPÍTULO 12 – A renúncia de Honecker e a ascensão de Krenz – As manifestações na RDA contra o governo do SED – A atuação do KGB – A renúncia ao monopólio do poder e a crise interna no SED – A abertura do Muro de Berlim   163

CAPÍTULO 13 – Os interesses da URSS na RDA – Modrow e Gorbachev – A proposta da comunidade contratual entre a RDA e a RFA – Os dez pontos de Kohl – A renúncia de Krenz e o colapso do SED – As denúncias de corrupção – A crise econômica e a inviabilidade política da RDA – A queda de Modrow   173

CAPÍTULO 14 – As primeiras eleições livres na RDA – A eleição de Lothar Maiziére e a reunificação da Alemanha – Os custos financeiros e a posição dos social-democratas – A união monetária dos dois Estados alemães e a supremacia do Deutsche Mark – Os reflexos econômicos e políticos sobre a RDA – O STASI   185

CAPÍTULO 15 – A questão do *status* internacional da Alemanha e a OTAN – A posição de Gorbachev – As negociações de Kohl com Bush e Gorbachev – A retirada das tropas soviéticas da RDA e as concessões do Ocidente – Os recursos fornecidos à URSS – A reunificação da Alemanha   195

Conclusões   205

Índice onomástico   213

Bibliografia   221

Fontes impressas   231

Arquivos pesquisados e documentação primária   233

Personalidades entrevistadas   235

ABREVIATURAS

ACC – Allied Control Council
ADGB – Allgemeiner Deutscher Gewerkschaftsbund (União Geral dos Sindicatos Alemães)
CDU – Christlich-Demokratische Union (União Democrata-Cristã)
CEE – Comunidade Econômica Européia
COMECON – Conselho para Mútua Assistência Econômica
CSU – Christlich-Soziale Union (União Social-Cristã)
DDP – Deutsche Demokratische Partei (Partido Democrático Alemão)
DDR – Deustsche Demokratische Republik (RDA)
DM – Deutsche Mark (Marco Alemão)
DNVP – Deustschnationale Volkspartei (Partido Nacional do Povo Alemão)
DP – Deutsche Partei (Partido Alemão)
DPD – Deutscher Pressedienst (Serviço de Imprensa Alemão)
DVP – Deutsche Volkspartei (Partido do Povo Alemão)
EUA – Estados Unidos da América
EVG – Europäische Verteidigungsgemeinschaft (Comunidade de Defesa Européia)
FDJ- Freie Deutsche Jugend (Juventude Alemã Livre)

FDP – Freie Demokratische Partei (Partido Democrático Livre)
GPU – Divisão Geral Política (Serviço Secreto da URSS)
ICBM – Intercontinental Ballistic Missile (Míssil Balístico Intercontinental)
KGB – Comitê de Segurança do Estado
KPD – Kommunistische Partei Deutschlands (Partido Comunista da Alemanha)
KSZE – Conferência sobre Segurança e Cooperação na Europa
LDPD – Liberal-Demokratische Partei Deutschlands (Partido Liberal-Democrático da Alemanha)
MGB – Ministério para Segurança do Estado
MSPD – Mehrheitssozialdemokraten (Social-Democratas Majoritários)
MVD – Ministério dos Assuntos Internos
NDPD – Nationaldemokratische Partei Deutschlands (Partido Nacional-Democrata da Alemanha)
NEP – Novaia Ekonomitcheskaia Politika (Nova Política Econômica)
NKVD – Comissariado do Povo para Assuntos Internos
NSDAP – Nationalsozialistische Deutsche Arbeiterpartei (Partido do Trabalhador Nacional-Socialista da Alemanha)
OEEC – Organization for European Economic Cooperation (Organização para Cooperação Econômica Européia)
ONU – Organização das Nações Unidas
OTAN – Organização do Tratado do Atlântico Norte
PC – Partido Comunista
PCUS – Partido Comunista da União Soviética
PDS – Partei des Demokratischen Sozialismus (Partido do Socialismo Democrático)
POSDR – Partido Operário Social-Democrata Russo
POSH – Partido Operário Socialista Húngaro
POUP – Partido Operário Unificado Polonês
RAF – Rote-Armee-Fraktion (Fração do Exército Vermelho)
RDA – República Democrática Alemã
RFA – República Federal da Alemanha
RGW – Rat für Gegenseitige Wirtschaftshilfe (Conselho para Mútua Assistência Econômica ou COMECON)
SAG – Sowjetische Aktiengesellschaft (Companhia Soviética Limitada)
SBZ – Sowjetische Besatzungszone (Zona de ocupação Soviética)
SDI – Strategic Defense Initiative (Iniciativa Estratégica de Defesa)
SED – Sozialistische Einheitspartei Deutschlands (Partido Socialista unificado da Alemanha)

SMAD – Sowjetische Militäradministration (Administração Militar Soviética)
SPD – Sozialdemokratische Partei Deutschlands (Partido Social-Democrata da Alemanha)
STASI – Staatssicherheitsdienst (Serviço de Segurança do Estado)
URSS – União das Repúblicas Socialistas Soviéticas
USPD – Unabhängige Sozialdemokratische Partei Deutschlands (Partido Social-Democrata Independente)
VEs – Verrechnungseinheiten (Unidade contábil)

PREFÁCIO À SEGUNDA EDIÇÃO

Stephan Wegener*

A rápida divulgação deste livro – *A Reunificação da Alemanha* –mostrou não apenas o interesse do público brasileiro na política internacional mas na forma impressionante como Luiz Alberto Moniz Bandeira mostrou um complicado processo histórico e o colapso do socialismo, como força política, possibilitando a reunificação da Alemanha. Algum leitor talvez se sinta tentado a perguntar como é possível que justamente um cientista político brasileiro faça um estudo tão interessante e bem pesquisado sobre o tema.

A quem procurar conhecer a biografia do autor tornar-se-á claro que Luiz Alberto Moniz Bandeira pertence a uma geração que assistiu, como resultado da Segunda Guerra Mundial, não apenas à vagarosa unificação do mundo, graças ao desenvolvimento tecnológico, como à sua divisão em dois blocos políticos e ideológicos. Das conseqüências de uma tal constelação mundial um país do tamanho do Brasil não mais podia isolar-se, mesmo que seu papel na política internacional tenha sido mais passivo que ativo. Assim foi quando Getúlio Vargas declarou guerra à Alemanha, em 1944, e fez aos EUA amplas concessões econômicas

---

* Stephan Wegener é doutor em ciência política pela Universidade de Freiburg, Alemanha, e ex-representante da Fundação Konrad Adenauer na Itália, na Coréia do Sul e no Paraguai.

e políticas, as quais não permitiram ao Brasil manter um papel passivo, como espectador dos acontecimentos mundiais. As relações com os EUA trouxeram assim um problema predominante para a política exterior do Brasil.

Paralelamente a esse desenvolvimento da política exterior, desde os anos 1950 apareceram mais e mais problemas na política interna. Um forte crescimento econômico e demográfico, a implantação de um parque industrial e a migração, devido à melhoria da infra-estrutura, exigiram soluções que incluíssem as camadas da sociedade no desenvolvimento econômico, dando-lhes os direitos correspondentes. Já durante o segundo governo de Getúlio Vargas evidenciou-se que uma simples política populista não dava resultado.

Assim, nessa área, houve um tema predestinado para um jovem cientista político, como Moniz Bandeira, no início de sua carreira: a política exterior do Brasil, no contexto do continente americano, e a questão de como podem ser ajudadas as camadas mais baixas da população, em rápida e crescente marginalização.

Não é surpreendente, nesta conexão, que Moniz Bandeira, como vários jovens intelectuais de sua geração, tiveram grande esperança no socialismo, em virtude de o capitalismo liberal devido à conduta dos EUA parecer desacreditado; e também porque a política social não oferecia concretamente modelos de solução, como os construídos pelos ensinamentos católicos em alguns países da Europa, uma vez que no Brasil predominou o catolicismo tal como apregoado por Jacques Maritain. Daí a razãopela qual o socialismo, com uma falsa lógica interna, afigurou-se como melhor alternativa para a situação social e política do Brasil.

Mas enquanto a maioria dos "jovens selvagens" dos anos 50 e 60 receava pensar seriamente os problemas do Brasil e preferia jogar com estereótipos marxistas em círculos estudantis ou gritar em demonstrações de rua, Moniz Bandeira não se sentiu satisfeito com tais soluções tão confortáveis. Sua origem em uma antiga família das aristocracias portuguesa e brasileira cedo ensinou-lhe que o andamento da história não se pode cingir a esquema teóricos. Além disso, ele tinha de responder como, na prática, podia tirar da miséria as mais baixas camadas da sociedade, para dar-lhes liberdade e participação na vida econômica e política.

Na política internacional, preocupou-o a questão de a URSS poder limitar o predomínio dos EUA e de, sobretudo, possibilitar melhor representação dos interesses dos países do chamado Terceiro Mundo. Esses foram os dois grandes temas que deveriam predominar nos trabalhos científicos de Moniz Bandeira. Os pressupostos para isto foram, em certa medida, ideais. Sua origem em uma antiga família patrícia da Bahia possibilitou que ele, apesar de sua tendência para o pensamento socialista, tivesse bons contatos com a elite conservadora do seu país e encontrasse muitos interlocutores não apenas na Europa Ocidental, mas também no chamado Bloco Socialista.

O interesse concreto de Moniz Bandeira, porém, voltou-se em primeiro lugar para a Alemanha, onde, tanto no passado como no presente, ele tem ligações familiares. Preocupou-o o problema de sua divisão e seu papel como país-chave nos dois blocos em que o mundo se cindiu durante a guerra fria. Assim, tratando de conhecer os dois lados, ele pôde testar os dois modelos de sociedade e ver na prática seu desenvolvimento. Nos corre dos anos, graças a suas análises e pesquisas, Moniz Bandeira foi então reconhecido e valorizado como interlocutor. Pode-se dizer, inclusive, que, depois da *perestroika* e da *glasnost*, foi até mesmo valorizado por funcionários do chamado Bloco Socialista exatamente por não ser participante do movimento comunista e por conhecer a história e os problemas da URSS mais do que eles, que sempre receberam a versão oficial,. O amplo conhecimento da Alemanha Oriental fez também de Moniz Bandeira solicitado interlocutor na Alemanha Ocidental. Destarte, quando o desenvolvimento, desde os anos 80, levou a URSS à crise mortal do socialismo, chegou para Moniz Bandeira o momento de aplicar seus conhecimentos e sua experiência no estudo da situação, analisando seu *background* histórico neste livro.

Hoje, dez anos depois da unificação, quando a era Kohl chegou ao fim e novo mapa político da Europa Central e Oriental se conforma, é interessante ver uma vez mais as etapas históricas essenciais, que levaram ao fracasso do socialismo e à reunificação da Alemanha. Constata-se assim que Moniz Bandeira foi mais bem informado que esses "inchados", porém extremamente ineficientes, serviços secretos e institutos científicos, tanto do Leste quanto do Ocidente da Europa, o que torna esta obra digna de leitura, porquanto é a quintessência de intensivo trabalho científico que em muitos pontos corresponde à realidade.

Faz muitos anos que conheci Moniz Bandeira, quando fui encarregado pela Fundação Konrad Adenauer de pedir-lhe que corrigisse uma informação em um dos seus livros. Naquela época, por causa de minha profissão, eu tinha muitos contatos com cientistas e políticos brasileiros e não esperava muito que ele atendesse a meu pedido. Contudo, depois de alguns minutos de conversa, tudo caminhou de modo diferente. O problema em si resolveu-se em poucos minutos. Em algumas horas mais, que não estavam previstas, tivemos a oportunidade de trocar idéias sobre a situação política no Brasil e na Europa. Depois, no correr dos anos, tivemos muitas outras conversas e sempre fiquei impressionado com seu grande saber, seus muitos contatos e sua análise correta. Sempre pragmático e objetivo, ele se defrontou com algumas dificuldades porque seu pensamento nem sempre coincidia com o de seus amigos no Brasil e na Europa.

Vi como confirmação de nossa longa amizade – e muito agradeço – o fato de Moniz Bandeira pedir-me para fazer o prefácio à esta edição de *A reunificação da Alemanha: do ideal socialista ao socialismo real*.

Düsseldorf (Alemanha), inverno de 1999-2000.

Prólogo

Luiz Alberto Moniz Bandeira

Visitei Berlim, pela primeira vez, em novembro de 1960. O Muro ainda não existia, o que me permitiu transitar livremente pelos dois lados da cidade. Eu tinha apenas 24 anos e nos meus apontamentos anotei que, ali, na "capital sentimental da Alemanha, a capital de todas as Alemanhas", encontrava-se "a chave que decidirá a sorte da Europa". Berlim, dividida, afigurou-se-me uma cidade estranha, na qual cabiam dois mundos e em cujas ruas dois gigantes, as superpotências, contemplavam-se, sem saber qual o que primeiro atacaria. O contraste entre os dois lados da cidade era extraordinário. No lado ocidental, a cidade já estava praticamente reconstruída, com todo o esplendor, enquanto no lado oriental, onde o povo se vestia de modo mais simples e sem luxo, muito ainda restava por fazer: inúmeros escombros das quinhentas mil casas que os bombardeios destruíram nem haviam sido removidos, os edifícios remanescentes tinham ainda suas fachadas perfuradas pelas balas e as novas construções obedeciam ao estilo soviético. O povo alemão dos dois lados da cidade sentia-se naturalmente o mesmo, e muitos operários que residiam em Berlim Oriental trabalhavam em empresas como a Siemens, que empregava duas mil pessoas, AEG, Herti, Osram e outras, situadas em Berlim Ocidental. Já se percebia, entretanto, que aquela situação dia a dia se tornava insustentável, daí por que Walter Ulbricht, para salvar a RDA do colapso, propôs – e Kruschev aprovou – a construção do Muro, em 13 de agosto de 1961.

Várias vezes depois voltei a Berlim, mas sempre passei para o lado oriental, em carro da Embaixada do Brasil na RDA ou do Consulado-Geral do Brasil em Berlim Ocidental, e lá permaneci apenas poucas horas. No mais das vezes, foi o então embaixador do Brasil na RDA (1978-1984), Mário Calábria, com quem sempre mantive relações de amizade desde que eu tinha vinte anos de idade e ele trabalhava no Departamento Político do Itamaraty, que me mandou buscar para jantar com ele em Berlim Oriental. Porém, em 1986, o professor José Nilo Tavares, meu colega e amigo, soube que eu ia a Berlim Ocidental e, como ele tinha contato com o professor Hans-Christian Göttner, da Universidade Wilhelm Pieck, transmitiu-me convite para que fosse a Rostock, na RDA, dar conferência sobre as relações Brasil-EUA. Um funcionário da Liga für Völkerfreundschaft (Liga de Amizade com os Povos) entrou em contato comigo, quando eu já me encontrava na Alemanha Ocidental, e marcamos dia e hora em que ele que me esperaria no posto de controle, na fronteira, por onde se passava da Berlim Ocidental para a Oriental. Conforme combinados, dirigi-me então para o Checkpoint Charlie e lá os guardas da RDA me deixaram cruzar a fronteira, sem dificuldades e sem cobrar o pedágio, mas não encontrei ninguém à minha espera. Minha alternativa foi comunicar-me com o embaixador do Brasil, Vasco Mariz, e dali andei pela Friedrichstrasse, quase deserta, em busca de telefone público, angustiado, pois nenhum sequer encontrei. O único existente e que achei, depois de muito caminhar, foi no posto de Correio. E, como não levara marco oriental, um jovem que despachava uma carta, quando me viu tentando cambiar o dinheiro ocidental, ofereceu-me dez *pfenig*, o que me permitiu telefonar. O embaixador Vasco Mariz disse-me que fosse ao seu encontro, pois logo ele trataria de localizar o funcionário da Liga für Völkerfreundschaft.

O rapaz que me cedeu a moeda para telefonar dispôs-se a levar-me até a Embaixada do Brasil, e comentou, quando entrei no automóvel, marca Trabant, fabricado na RDA: "Vê este automóvel? Para que eu o pudesse ter, a encomenda foi feita, quando nasci, há vinte anos passados". Esse rapaz, vendo que eu era estrangeiro, começou assim a falar, sem constrangimento, a demonstrar seu profundo inconformismo com a situação na RDA, à qual fez duras críticas durante todo o trajeto, desde o posto de Correio até a Embaixada, em Pankow, aonde, pouco tempo depois, o funcionário da Liga für Völkerfreundschaft, chamado Grossmann, apareceu, desculpando-se e explicando que o desencontro ocorrera porque ele me fora esperar no posto de fiscalização para travessia da fronteira, situado na linha do S-Bahn/U-Bahn (metrô), que ligava os dois lados de Berlim, e eu entrara por outra *Grenzübergang*, o Checkpoint Charlie, no cruzamento da Zimmerstrasse com a Friedrichstrasse.

Ouvi outras críticas ao regime em Berlim e em Rostock. A *Begleiterin* (acompanhante), encarregada de dar-me assistência durante a minha estadia na RDA, contou-me que lá, as pessoas estavam proibidas de viajar para a Polônia, que só podiam ir à URSS se fossem em grupos de turismo e que, se viajassem, para a Hungria ou a Tchecoslováquia, tinham de comunicar a saída e logo apresentar-se à polícia do país quando lá chegavam. E, como funcionária da Liga für Völkerfreundschaft, ela era, sem dúvida, uma agente ou colaboradora do STASI, a quem naturalmente devia transmitir seus relatórios. Um estudante ítalo-brasileiro, pertencente ao PCB e exilado na RDA, foi quem, entretanto, manifestou seu desencanto de maneira mais contundente e dramática. Chamava-se Dario Canale e era casado com Christiane Berkhausen Canale, alemã oriental e militante do SED. Ao saber que eu estava na RDA, ele, que escrevia uma tese de doutorado e usara como fonte meu livro *O Ano Vermelho – A Revolução Russa e seus Reflexos no Brasil*, convidou-me para jantar em seu apartamento e das primeiras coisas que me disse foi: "Professor, estou aqui obrigado a escrever não o que penso e encontro nos documentos, mas a versão que os dirigentes aqui querem impor. Tenho vergonha da tese que me forçam a apresentar, porque não corresponde à realidade". Em seguida, disparou: "Como posso ser a favor desse regime quando combati a ditadura no Brasil? Aqui o resultado de todas as eleições já foi decidido em 1949, quando a RDA se constituiu". Dario Canale, por ser do PCB e casado com uma militante do SED, não sofria, aliás, maiores restrições na sua movimentação e, podendo passar quando queria para a Alemanha Ocidental, viajou no início de 1989 para Stuttgart, onde, no hotel, suicidou-se, deixando uma carta e outros documentos que expressavam sua revolta. Não viu o desmantelamento do Muro de Berlim alguns meses depois.

A conversa que com ele tive fortaleceu-me a convicção de que aquele regime não duraria muito e dentro de algum tempo a Alemanha poderia reunificar-se. Disse-o a vários amigos meus, inclusive à minha esposa, que é alemã ocidental, quando regressei da RDA, mas ninguém acreditou. Todavia, em 1988, durante viagem que fiz para participar de congressos na Holanda e em Estocolmo, escutei rumores de que Gorbachev, dentro do seu projeto de construir a Casa Comum Europeia, estaria disposto a negociar a reunificação da Alemanha, mediante o estabelecimento de um estatuto de neutralidade, que se estenderia aos demais países da Europa Central, inclusive os integrantes do chamado Bloco Socialista, como a Hungria e a Tchecoslováquia. Destarte, o desmoronamento dos regimes comunistas nos países do Leste Europeu não me surpreendeu e abertura do Muro de Berlim logo se me afigurou como o acontecimento da maior significação, na medida em que sinalizava, claramente, o fim da divisão da Alemanha e de todo um período histórico, que se iniciara com a Primeira Guerra Mundial.

A Alemanha nunca fora para mim um país estranho, (inclusive, por tradição de família, dado que muitos dos meus antepassados diretos e colaterais foram educados por governantas de lá trazidas para os engenhos de açúcar na Bahia, e depois foram estudar nas universidades de Erlangen e, sobretudo, Heidelberg, entre outras) e desde a juventude sempre me interessei pela sua história, literatura e filosofia, que impregnaram minha formação intelectual. Os problemas relacionados com o comunismo também constituíram objeto de minhas reflexões, desde os meus tempos de estudante, quando cursava o primeiro ano na Faculdade de Direito da Bahia e escrevi, para a disciplina de economia política, uma pequena monografia, na qual classifiquei o sistema econômico existente na URSS como capitalismo de estado, negando-lhe, com base na própria doutrina de Marx e Engels, o caráter socialista que comunistas e anticomunistas lhe atribuíam. Com esta percepção, que conservei ao longo de minha vida, entendi que necessário se tornava comparar o ideal socialista, concebido por Marx e Engels, bem como por seus diversos intérpretes, com o que Erich Honecker chamou de *real existierender Sozialismus*, o socialismo real, implantado por Joseph Stalin e outros epígonos, a fim de compreender os fatores que determinaram o *desmenregamiento* do regime comunista nos países do Leste Europeu e a implosão da RDA.

A Friedrich Ebert Stiftung, vinculada ao Partido Social-Democrata da Alemanha, concedeu-me os recursos para que pudesse realizar a pesquisa, que realizei entre dezembro de 1990 e março de 1991, em Berlim Oriental e em outras cidades da recém-extinta RDA. E, uma vez que as testemunhas, se têm sorte, podem ver coisas que os historiadores não encontram em qualquer documento, conforme Timothy Garton Ash bem salientou (1999, p.22), tratei de obter entrevista com os principais da RDA e foi Günther Schabowski, membro do Politburo do SED e primeiro-secretário da *Bezirk* de Berlim, quem me deu a pista para compreender todo o processo que levou à derrubada de Erich Honecker, do governo da RDA, à abertura do Muro de Berlim e, como consequência, à reunificação da Alemanha. Segundo ele, foi o próprio Gorbachev que instrumentalizou o KGB para derrubar Honecker do governo da RDA e apontou Markus Wolf, que dirigira até 1987 a Hauptverwaltung Aufklärung (serviço de inteligência) do STASI, como uma dos principais articuladores do complô e como este se desenvolveu. Só uma testemunha, evidentemente, podia revelar tais fatos, que nenhum historiador jamais poderia encontrar em qualquer documento. Aliás, quando àquela época fui entrevistar Vernon Walters, embaixador dos EUA na Alemanha e que previra em maio de 1989 a derrubada do Muro, ele jovialmente me disse, rindo: "Depois que vim para a Alemanha, o Muro de Berlim foi derrubado. Agora vão dizer que sou o responsável. Pois é, eu fui acusado de ser artesão da derrubada do rei Farouk, no Egito, do presidente Arturo Frondizi, na Argentina, do presidente João Goulart, no Brasil, e do presidente Charles de Gaulle, na França. Mas ninguém até agora provou nada contra mim". E eu respondi: "Sim, embaixador, o senhor é um homem de inteligência (disse-o no duplo sentido, pois ele fora agente do Defense Intelligence Agency (DIA) e diretor da Central Intelligence Agency) e sabe que conspiração dificilmente se faz com documentos". E ele riu.

A história que Günter Schabowski me revelou e, posteriormente, Egon Krenz, sucessor de Honecker, confirmou, eu reproduzi na obra *Do ideal socialista ao socialismo real – A reunificação da Alemanha*, cuja primeira edição foi publicada em meados de 1992. Na mesma época, 1992, a American Enterprise Institute for Public Policy Research publicou *The Hidden Hand – Gorbachev and the Collapse of East Germany*, de Jeffrey Gedmin, que chegou por diferentes vias às mesmas conclusões (1992, p.54-86). Além dessa obra, da qual somente agora tomei conhecimento, *Das Komplot (*REUTH & BÖNTE, 1993, p.9-22, 81-89, 110-120, escrito por dois jornalistas alemães – Ralf Georg Reuth e Andreas Bönte – apareceu, em 1993, confirmando também a participação do KGB no golpe contra Honecker, tal como revelada por Günter Schabowski, a quem, aliás, eles não entrevistaram, conquanto reproduzissem alguns episódios por ele relatados narrados em seus dois livros *Das Politbüro- Ende eines Mythos,* e *Der Absturz*, lançados, respectivamente, em 1990 e 1991.

Os elementos contidos em tais obras, assim como em outras sobre a reunificação da Alemanha publicadas depois de 1992, eu agora aproveitei, não apenas para confirmar a versão por mim recolhida nas diversas entrevistas que realizei com os principais dirigentes da extinta RDA em fins de 1990 e princípio de 1991, ou ampliar e enriquecer este meu livro – *Do ideal socialista ao socialismo real – A reunificação da Alemanha* – cuja segunda edição, atualizada, a Editora Global/ Edunb se dispôs a lançar no ano 2000, quando a Alemanha celebra o décimo aniversário de sua reunificação e, ao completar a transferência do governo para Berlim, restaura plenamente a sua normalidade como Estado-nação.

St. Leon, Natal de 1999.

INTRODUÇÃO

A RDA desfrutava a reputação de ser o Estado onde a população alcançara o mais alto e melhor padrão de vida do Leste europeu. Era o modelo do socialismo real, conforme a expressão criada por Erich Honecker, primeiro secretário do SED, para definir o sistema econômico, social e político instalado na Alemanha Oriental. Entretanto, ao completar quarenta anos de existência, a RDA não resistiu ao desmantelamento do Muro de Berlim e rapidamente desmoronou, permitindo que a RFA, que se reconstruíra e se enriquecera, dentro da economia social de mercado e da democracia política, reunificasse a nação. Explicar como e por que a RDA não teve condições de subsistir, senão com as fronteiras fechadas, como se fosse vasto campo de concentração, constituiu, portanto, o objetivo deste estudo. Tornava-se necessário confrontar, através da própria teoria de Marx e Engels, o ideal socialista com o "real socialismo existente" (*real existierende Sozialismus*), expressão criada por Erich Honecker para justificar o sistema político vigente na URSS e nos demais países do Leste Europeu.

Marx e Engels defenderam a unidade nacional da Alemanha e conceberam o socialismo não como modelo de desenvolvimento econômico, o que implicava a acumulação de capital, mas, sim, como conseqüência da evolução histórica do capitalismo, somente possível quando as forças produtivas da sociedade houvessem gerado elevado nível de abundância de bens e serviços, da qual nem todos se beneficiassem. Marx, no entanto, não especulou sobre a forma da fatura social, nem definiu como se processaria a ditadura do proletariado para a eliminação das classes sociais, e não pode ser responsabilizado pelo sistema econômico e regime político que caracterizaram o *real existierende Sozialismus*.

Lenin, por sua vez, impeliu os bolcheviques à tomada do poder, na Rússia atrasada e semifeudal, com a esperança de que a revolução também triunfasse na Alemanha, a maior potência industrial, e viabilizasse o socialismo como ordem econômica internacional. Contudo, ao contrário do que ele imaginava, a implantação e a consolidação do poder soviético, mediante métodos de terror e de guerra civil, não favoreceu, antes bloqueou a revolução no Ocidente, onde o capitalismo começou a fazer concessões à social-democracia e a reconhecer os direitos da classe trabalhadora. E, como a história seguisse outro curso, Stalin tratou de realizar seu socialismo nacional, o socialismo em um só país atrasado, sem riqueza para distribuir, como modelo de desenvolvimento econômico, em que o Estado promoveu a acumulação primitiva de capital e a tornou-se mais e mais o capitalista coletivo real, pois os operários continuaram operários, igualmente assalariados. Entendeu que, competindo, pacificamente, com o capitalismo dominante nas potências ocidentais, a URSS vencê-lo-ia, ao mostrar aos outros povos as virtudes e a superioridade do seu sistema socialista.

Esse sistema, depois da Segunda Guerra Mundial, foi introduzido em apenas um quarto do território que a Alemanha possuía em 1937 e cuja capacidade industrial o próprio Exército Vermelho se encarregara de reduzir a menos da metade, desmontando e transferindo fábricas e até trilhos das ferrovias para a URSS. Assim, fraturado o país, a RDA surgiu, não como resultado de uma revolução, por vontade do povo, mas, sim, como projeção da política internacional de Stalin, que acoplou sua economia às necessidades de acumulação de capital da URSS e a instrumentalizou como elemento de barganha nas negociações com o Ocidente. Aí, nas origens, estavam as causas e os fatores de seu fim.

O fato de que posteriormente a RDA tenha conseguido um padrão de vida melhor e mais alto do que os outros Estados no Leste europeu não a legitimou nem justificou o *real existierender Sozialismus*. A nação fora dividida e a outra parte, a gozar de todas as liberdades políticas e, inclusive, de maiores direitos sociais, atingira patamares muito superiores de prosperidade. Sem dúvida alguma, as conquistas da tecnologia, a indicarem o alto nível de progresso da sociedade, elevaram as condições de conforto e bem-estar na RFA. Essa percepção gerou na população da RDA novas exigências de consumo, ao evidenciar que apenas a satisfação de necessidades básicas, como moradia, alimentação, saúde e educação não significavam socialismo, cuja realização dependia, exatamente, de todos os avanços materiais e espirituais da civilização, de acordo com seu desenvolvimento tecnológico. A contradição entre o ideal socialista, do qual a RFA, devido ao desenvolvimento do capitalismo, muito mais se aproximava, e o "real socialismo existente", que o Muro de Berlim representava, solapou os alicerces da RDA e seu esbarrondamento tornou-se inevitável, desde que Gorbachev, impulsionando na URSS a *perestroika* e a *glasnost*, não mais se dispôs a respaldar, quer política quer militarmente, o regime do SED.

Tais observações constituíram o vetor deste estudo, uma vez que não se podia avaliar e compreender, profundamente, o processo de reunificação da Alemanha, cuja política sempre se relacionara com o problema do socialismo e a evolução da própria URSS, senão em sua dimensão teórica e histórica. A pesquisa começou, naturalmente, com a releitura das obras de Marx e Engels, bem como de alguns dos seus seguidores, a exemplo de Karl Kautsky e Rosa Luxemburg, que criticaram a revolução bolchevique e o regime implantado na velha Rússia dos tzares, em nome do socialismo. Também recorri diretamente aos textos dos seus próprios dirigentes, Lenin, Trotsky, Zinoviev, Bukharin e Stalin. Com isso, procurei evitar qualquer comprometimento ideológico, de que, aliás, quase toda a bibliografia sobre o socialismo, o comunismo, a URSS e a RDA, seja contra ou a favor, está impregnada. As obras publicadas na antiga RDA, com exceção dos clássicos, enquanto Honecker esteve no governo, são, na verdade, imprestáveis, em virtude do velho método stalinista de falsificação da história e adequação dos fatos à versão oficial e aos objetivos de propaganda partidária. Somente serviram para que eu pudesse extrair ou comparar algumas informações e conhecer a percepção e a opinião dos dirigentes do SED. Já os jornais e revistas publicados na URSS depois da *glasnost*, foram de extraordinária valia, pois refletem o alto nível de liberdade de informação alcançado naquele país, e por isso agradeço ao adido de imprensa da Embaixada soviética em Brasília, Iouri K. Obolentsev, que mos forneceu.

Utilizei também algumas fontes primárias, como a documentação produzida pelo Headquarters, United States Army, Europe and 17th Army, com sede em Heidelberg. Porém, com relação à queda de Honecker e à política interna da antiga RDA, antes e depois da derrubada do Muro de Berlim, tratei de aferir a verdade, pelo cruzamento de informações, publicadas algumas e outras não, bem como da confrontação dos depoimentos que vários personagens me prestaram diretamente, por modo a permitir a reconstrução oral da história. Agradeço, assim, a Egon Krenz, sucessor de Honecker como primeiro-secretário do SED e presidente do Conselho de Estado, Hans Modrow e Lothar de Maizière, que exerceram o posto de ministro-presidente da RDA entre a derrubada do Muro de Berlim e a reunificação da Alemanha, bem como Günter Schabowski, membro do Politburo do SED, do qual era igualmente primeiro-secretário do SED no *Bezirk* (distrito) de Berlim. Todos eles tiveram importante e decisiva participação em todos os acontecimentos e, gentilmente, concordaram em conceder-me entrevistas, às vezes mais de uma vez, durante as quais me forneceram valiosos esclarecimentos.

Infelizmente, apesar de todos os esforços, não foi possível o acesso a Honecker, internado em um hospital militar soviético, nem a Willi Stoph, Erich Mielke e Alexander Shalck-Golodkowski, que se recusaram a falar, através de seus advogados, sob a alegação de que estavam a responder processo perante a justiça alemã. Mas, não só em Berlim como em outras cidades da antiga RDA, tive a oportunidade de conversar com numerosas outras pessoas, vinculadas ou não ao regime do SED, e entre as quais se destacam Günter Severin e Heinrich März, ambos ex-embaixadores da RDA no Brasil, Hans-Christian Göttner e Steffen Flechsig, professores da Universidade de Rostock, Manfred Kossok, professor da Universidade de Leipzig, e Christiane Berkhausen-Canale, que colaborou comigo na realização de algumas entrevistas. E aqui também agradeço a valiosa ajuda de meu velho amigo Mário Calábria, cuja experiência como embaixador do Brasil na antiga RDA, durante seis anos (1978-1984), foi de inestimável valia. Ele acompanhou a evolução dos acontecimentos em Berlim, onde exerceu, depois, a função de cônsul-geral, do lado ocidental, e onde continuou a morar depois de encerrada sua missão diplomática. Naquela cidade, graças à família Segelken, que carinhosamente me hospedou, tive acesso à sua preciosa e completa coleção da revista *Der Spiegel* muito útil para o meu trabalho.

Todo esse esforço de pesquisa não seria viável sem o respaldo da Friedrich-Ebert Stiftung, cujos recursos me possibilitaram, durante três meses, viajar por toda a Alemanha, a recolher documentação, depoimentos e uma vasta bibliografia sobre o tema, bem como passar várias semanas em Bonn, trabalhando no Politische Archiv do Ministério das Relações Exteriores e na Bibliothek der Sozialen-Demokratie, onde os arquivos do SPD estão depositados. E muito agradeço pela dedicada assistência que Bernt Dienelt, da Abteilung Internationale Entwicklungszusammenarbeit, da Friedrich-Ebert Stiftung, me prestou em Bonn, assim como o suporte de Klaus Schubert, diretor do ILDES-Fundação Friedrich Ebert, em São Paulo, a este projeto. O apoio do Conselho Nacional de Desenvolvimento Científico e Tecnológico (CNPq), ao qual, há dez anos, todo o meu trabalho de pesquisa está vinculado, foi fundamental, ao aprovar também o projeto sobre as relações da Alemanha com o Brasil, o qual constituiu o ponto de partida para este estudo sobre a reunificação daquele país.

Evidentemente, muitas outras pessoas e instituições cooperaram para que a tarefa de pesquisa tivesse êxito. O embaixador do Brasil em Bonn, João Carlos Pessoa Fragoso, e o ministro-conselheiro, Stélio Marcos Amarante, da mesma forma que o embaixador Álvaro Gurgel de Alencar, cônsul-geral do Brasil em Berlim, e o secretário Orlando Scalfo Jr., foram extremamente solícitos e excederam-se em seus esforços, fazendo tudo quanto possível para facilitar esse trabalho. A eles e aos funcionários da Embaixada do Brasil em Bonn e do Consulado-Geral em Berlim o meu reconhecimento.

Graças à intermediação da Embaixada do Brasil, o embaixador dos EUA em Bonn, Vernon Walters, recebeu-me com simpatia e gentileza para uma entrevista que foi extremamente útil e agradável, graças a seus vastos conhecimentos sobre a guerra fria, em cujos bastidores, como homem de confiança de vários presidentes norte-americanos, atuou, e sobre a problemática alemã, a qual acompanhou desde a Segunda Guerra Mundial. Dr. Jürgen Aretz, diretor do Unterabteilung Grundsatzfragen, do Bundesministerium für innerdeutsche Beziehungen, forneceu-me, igualmente, informações das mais úteis e esclarecedoras, com o conhecimento de quem trabalhou com o chanceler Helmut Kohl nos entendimentos para a reunificação da Alemanha. O doutor Günter Buchstab, por sua vez, facilitou-me o acesso à documentação do Archiv für Christlich-Demokratische Politik, da Konrad-Adenauer Stiftung. Aqui, particularmente, agradeço ao meu estimado amigo dr. Stephen Wegener, ex-diretor da Konrad-Adenauer Stiftung, o qual não só me deu informações e me possibilitou obter documentos, como me propiciou muitos contatos em Bonn. Aí o doutor Dieter Benecke, presidente da Inter Nationes, e o doutor Horst Kollman apresentaram algumas sugestões e cederam material de que carecia para orientar a pesquisa.

Também não posso deixar de mencionar o especial apoio que Willy Zettel, primeiro-secretário da Embaixada da RFA em Brasília, deu ao projeto deste livro, possibilitando sua realização. Outro amigo, doutor Wolfgang Müller, adido econômico na Embaixada da RFA em Brasília, dispôs-se e fez, gentilmente, a leitura e revisão do texto, no que igualmente Margot, minha esposa, colaborou, além de dar outras contribuições, ao longo de sua redação. E às minhas assistentes, Liliane Maria Fernandes Cordeiro e, sobretudo, Gisele Tona Soares, cuja dedicação e eficiência devo aqui ressaltar, coube a preparação do material de pesquisa e dos originais.

O apoio e a colaboração que recebi de pessoas e instituições, antes e durante a execução da pesquisa, para a elaboração deste livro, jamais significou que elas concordassem com as análises, os conceitos e as conclusões que nele expresso e que são de minha única e exclusiva responsabilidade. Todas elas cooperaram, generosa e desinteressadamente, e daí o meu profundo reconhecimento.

Brasília, julho de 1991

Luiz Alberto Moniz Bandeira

CAPÍTULO 1

As teorias de Marx e Engels sobre o socialismo –
A revolução de 1848 e a unidade alemã – Marx e Bismarck –
As teorias sobre a Revolução Russa – As revoluções na
Alemanha e na Rússia ao fim da guerra mundial de 1914-1918 –
O pensamento de Kautsky

Como resultado das investigações que empreendera, Karl Marx acentuou, no prefácio de *Zur Kritik der Politschen Ökonomie*, que uma formação social nunca desmorona sem que as forças produtivas dentro dela estejam suficientemente desenvolvidas, e que as novas relações de produção superiores jamais aparecem antes que as condições materiais de sua existência sejam incubadas nas entranhas da própria sociedade antiga.[1] Assim, da mesma forma que a sociedade feudal, ao gerar cada vez maior excedente de produção, possibilitaria o advento da economia de mercado, o capitalismo gestaria, em seu ventre, as condições materiais para o aparecimento do socialismo, na medida em que suas relações de propriedade resultassem cada vez mais estreitas para conter toda a riqueza criada pela burguesia. Nem Marx nem Engels jamais conceberam o socialismo como via de desenvolvimento econômico ou modelo alternativo para o capitalismo, senão como conseqüência do desenvolvimento histórico do próprio capitalismo. Sem

---

1   *"Eine Gesellschaftsformation geht nie unter, bevor alle Produktivkräfte entwickelt sind, Für die sie, weit genug ist, und neue höhere Produktionsverhältnisse treten an die Stelle, bevor die* materiellen *Existenzbedingungen derselben im Schoß der alten Gesellschaft selbst ausgebrütet worden sind."* MARX, *Zur Kritik der Politischen Ökonomie – Vorwort*, em Marx e Engels, *Werke*, Band 13, 1981, p.8-9.

o rápido aperfeiçoamento dos instrumentos de produção e o constante progresso dos meios de transporte e de comunicação, com que a burguesia arrastava até as nações mais bárbaras à civilização (MARX e ENGELS, 1981, p.8-9), não seria possível realizá-lo. Para Marx e Engels, o que viabilizava cientificamente o socialismo era o alto nível de desenvolvimento das forças produtivas que o capitalismo impulsionava, ao mesmo tempo em que, socializando cada vez mais o trabalho, tornava o progresso discriminatório e excludente, em virtude do caráter privado da apropriação do excedente econômico. Somente em tais condições o aumento da oferta de bens e serviços, em quantidade e em qualidade, poderia atingir um nível em que a liquidação das diferenças de classe constituísse verdadeiro progresso e tivesse consistência, sem acarretar consigo o estancamento ou, mesmo, a decadência do modo de produção da sociedade, conforme Engels advertira.[2] Por isso, quando Marx e Engels escreveram o *Manifest der Kommunistischen Partei*, sua perspectiva fora de que a transformação social ocorresse nos países industrializados da Europa, especialmente na Alemanha, já às vésperas de uma revolução burguesa, que, a realizar-se, segundo percebiam, sob as condições de maior progresso da civilização, naquele continente, e com um proletariado muito mais desenvolvido que o da Inglaterra, no século XVII, ou da França, no século XVIII, não poderia ser senão o prelúdio da revolução proletária (MARX e ENGELS, 1985, p.83).

A previsão falhou. Apesar de o *Zollverein* (mercado comum), instituído em 1827, ter impulsionado a industrialização, ao extinguir as aduanas internas que dividiam a Alemanha em cerca de três dezenas de pequenos reinos, a revolução de 1848 não conseguiu sequer forjar a unidade nacional. Descartada a possibilidade de que a burguesia tivesse força ou coragem para empreender essa tarefa, Ferdinand Lassalle, um dos fundadores do Partido Social-Democrata da Alemanha, o SPD (Sozialdemokratische Partei Deutschlands),[3] compreendeu, acertadamente, que somente mediante uma comoção dinástica a Alemanha poderia alcançar sua unidade nacional e conduziu o movimento operário, representado pelo Allgemeiner Deutscher Arbeiterverein (Associação Geral dos Trabalhadores Alemães),

---

2 "Erst auf einem gewissen, Für unsere Zeitverhältnisse sogar sehr hohen möglich, die Produktion so hoch zu steigern daß die Abschaffung der Klassenunterschiede ein wirklicher Fortschritt, daß sie von Dauer sein kann, ohne einen Stillstand oder gar Rückgang in dar gesellschaftlichen Produktionsweise herbeizuführen". ENGELS, "Soziales aus Rußland", em Marx e Engels, *Werke*, Band 18, 1976, p.556-559. Esse mesmo artigo consta também em Marx e Engels, Band II, 1976, p.39.

3 Partido político, na língua alemã, é feminino: *Die Partei*. Porém, antes das siglas, preferimos usar, como no português, o artigo masculino: o SPD e assim por diante.

a apoiar o príncipe-regente da Prússia, Otto von Bismarck, que se dispunha a promovê-la com *Blut und Eisen* (sangue e ferro). Marx e Engels dele divergiram, conquanto reconhecessem que o movimento nacional pela unidade da Alemanha era autêntico e genuíno e que, para alcançar o socialismo e a emancipação do proletariado, a condição iniludível era a formação de grandes Estados nacionais.

Àquela época, as classes médias alemãs dividiam-se em duas facções: a da Alemanha do Sul, especificamente em Baden, que pretendia transformar a Alemanha em uma república federal, segundo o modelo da Suíça; e a da Alemanha do Norte, favorável ao imperador da Prússia. Marx e Engels contrapuseram-se a ambas. Em sua percepção, o interesse do proletariado era contrário tanto à prussianização (*Verpreussung*) da Alemanha quanto à eternização dos particularismos dinásticos dos pequenos Estados em que ela se dividia, e requeria terminantemente sua unificação em uma *nação*,[4] como única forma de limpar os pequenos entraves ainda existentes no campo de batalha em que o confronto com a burguesia deveria ocorrer (MARX e ENGELS, 1981, p.19). Eles decerto queriam a *Großdeutschland* (Grande Alemanha), com a integração da Áustria. Daí porque não pouparam críticas à Deutsche Nationalverein (Associação Nacional Alemã), apodando ironicamente os liberais burgueses que a fundaram de "*kleindeutschen Fortschrittler*[5] (pequenos alemães progressistas), favoráveis à unidade da Alemanha na forma de um Estado forte e centralizado, sob a direção da Prússia, mas com a exclusão da Áustria, ou seja, querendo constituir uma "*Kleindeutschland*"[6] (Alemanha pequena).

Bismarck afigurou-se para Marx e Engels como instrumento da política de expansão do Império Russo[7], apoiado por Luiz Bonaparte[8], imperador de França[9]. "O plano principal: aliança franco-russa, Prússia na cúpula da pequena Alemanha"– Engels informou a Marx e, alguns anos depois, considerando *komisch* (cômico) que Bismarck, príncipe-regente da Prússia, se tornasse

---

4   Grifo no original. "Es gebot die endliche Vereinigung Deutschlands zu einer *Nation* (...)". ENGELS, "Marx und die "*Neue Rheinische Zeitung*" 1848-1849', em MARX e ENGELS, *Werke*, Band 21, 1981, p.16-24 (todas as notas sobre MARX e ENGELS se referirão a esse conjunto de obras, variando tomo e ano de publicação).

5   MARX a ENGELS, Londres, 17.11.1862, Band 30, 1974, p.301.

6   Engels a Marx, Manchester, 1.8.1862, Band 30, p.261 e 262. Marx a Johann Philipp Becker, Londres, 26.2.1862, Band 30, p.619.

7   Engels a Marx, Manchester, 6.4.1866, Band 31, p.202. Engels a Marx, Manchester, 4.4.1867, Band 31, p.283-284.

8   Marx a Engels, Londres, 28.1.1860, Band 30, p.11-12.

9   "*Hauptplan: russisch-französsische Allianz, Preußen an der Spitze von Kleindeutschland*" – Engels a Marx, Manchester, 1.8.1862, Band 30, p.261-262.

36 LUIZ ALBERTO MONIZ BANDEIRA

o restaurador dos *Deutschen Grundrechte*[10] (direitos fundamentais alemães), comentou que era maravilhosa a ironia histórica vê-lo representar esse papel[11]. "A história, quer dizer, a história mundial torna-se sempre irônica" – observou[12]. Para Engels estava afastada qualquer dúvida sobre a aliança entre Bismarck e os russos[13], mas tanto ele quanto Marx aceitaram como fato consumado a formação, em 1866, do Norddeutscher Bund (Confederação da Alemanha do Norte), dirigido pela Prússia.

Bismarck, posteriormente, mandou um emissário – Ernst Warnebold, advogado em Hannover – pedir o apoio de Marx, por pretender aproveitar seu *"großen Talente"* (grande talento) no interesse do povo alemão[14]. Engels já esperava tal gestão, embora não tão depressa, e Marx pediu-lhe que a mantivesse em segredo[15]. Não pareceu assim que Marx de pronto aceitasse ou a repelisse tal iniciativa. Apesar de sua origem judaica (o pai, Heinrich Marx, era judeu convertido), ele tinha vínculos estreitos, familiares, com a nobreza prussiana. Era casado com Johana Bertha Julie (Jenny) von Westphalen (1814-1881), filha de Johan Ludwig von Westphalen, membro do Conselho Real de Governo da Prússia, e meia-irmã de Ferdinand Otto Wilhelm Henning von Westphalen, também membro do Conselho Real de Governo e, depois, ministro do Interior da Prússia (MEHRING, 1985, p.1, 7, 18, 43, 65, 249 e 306; WHEEN, 1999, p.17-19; AUTORENKOLLEKTIV, 1982, p.25-26). Decerto a vacilação de Marx e também de Engels resultou, em larga medida, da sua falta de contato com a realidade na Alemanha. De qualquer modo, porém, os dois apoiaram Bismarck contra Luís Bonaparte, quando eclodiu a Guerra Franco-Prussiana (1870), porquanto se tratava de defender a existência da Alemanha como nação. "Os franceses necessitam de uma surra" – Marx escreveu a Engels, em 20 de julho de 1870, logo que a Guerra Franco-Prussiana eclodiu, observando que, se a Prússia vencesse, a centralização do Estado favoreceria a centralização da classe operária alemã e o centro de gravidade do movimento operário da Europa Ocidental deslocar-se-ia da França para a Alemanha.[16] Alguns dias depois, em

---

10 Engels a Marx, Manchester, 16.5.1866, Band 31, p.217.

11 Engels a Marx, Manchester, 11.6.1866, Band 31, p.276 e 277.

12 "Die Geschichte, d. h., di Weltgeschichte wird immer ironischer". Engels a Marx, Manchester, 9.7.1966, Band 31, p.235.

13 Engels a Marx, Manchester, 4.4.1867, Band 31, p.283

14 Marx a Engels, Hanover, 24.44.1867, Band 31, p.290.

15 Engels a Marx, Manchester, 27.4.1967, Band 31, p.294; Marx a Engels, Hanover, 7.5.1867, Band 31, p.294 e 296.

16 "Die Franzosen brauchen Prügel. Siegen die Preußen, so di Zentralisation der State power (em inglês no original) nützlich der Zentralisation der deutschen Arbeitklasse. Das deutsche

carta a sua filha, Laura, casada com o francês Paul Lafargue, ele salientou que, "na Alemanha, a guerra é percebida como uma guerra *nacional*[17], porque é uma guerra defensiva".[18] Engels criticou Wilhelm Liebknecht e August Bebel, com o que Marx concordou, por se absterem de votar os créditos de guerra, como representantes do Partido Operário Social-Democrata no Norddeutscher Reichstag, não percebendo que a política de Bismarck, mesmo que ele não o quisesse, impulsionava a organização e a unificação do movimento operário. Segundo Engels, a totalidade da massa do povo alemão, de todas as classes, compreendeu que sua existência nacional estava em questão, em primeiro lugar; razão pela qual imediatamente interveio em favor da Prússia, de sorte que erguer o antibismarckismo como princípio fundamental constituía um *"absurd"*[19], pois Bismarck, como em 1866, fazia em 1870 "sempre parte do nosso trabalho, a seu modo e sem querer, porém está feito"[20]. A posição que Marx e Engels então tomaram confirmou, implicitamente, o acerto da orientação de Lassalle (morto em duelo em 1864), mas o apoio dado à Prússia contra a França cessou no momento em que ela anexou Elsass-Lohtringen (Alsácia-Lorena), porque aí a guerra perdera seu caráter defensivo.

Tanto para Marx e Engels quanto para Lassalle, não obstante suas divergências, o caminho para o socialismo e a emancipação do proletariado passava, na Alemanha, pela unificação nacional, ultimada em 1870/71, com a cisão da própria nacionalidade por meio de uma fronteira estatal que separou a Áustria do Reich alemão, constituindo afinal a *"Kleindeutschland"* (pequena Alemanha), mas incorporando às suas fronteiras territórios conquistados a povos estrangeiros, isto é, poloneses, dinamarqueses e franceses (LUXEMBURG, 1979, p.66). A supressão das barreiras alfandegárias entre as diferentes partes do mesmo território e a unificação de todo o país em um território comercial comum, assim como a tarifa protecionista de 1879, que os *junkers* da Prússia, grandes proprietários de terra, apoiaram para defender o mercado interno contra a competição do

---

Übergewicht würde ferner den Schwerpunkt des westeuropäischen Arbeitbewegung von Frankreich nach Deutschland verlegen, und man hat bloß die Bewegung von 1866 bis jetzt in beiden Ländern zu vergleichen, und zu sehn, daß die deutsche Arbeitklasse theoretisch und organisatorisch der französische überlegen ist". Marx a Engels, Londres, 20.7.1870, in Marx & Engels, 1976, Band 33, 1976, p.5-7.

17 Grifo do original.

18 "In Deutschland wird der Krieg als ein *nationaler* Krieg angesehen, weil er ein Verteidigungskrieg ist". Marx a Laura Lafargue, Londres, 28.7.1870, Band 33, p.125.

19 Engels a Marx, Manchester, 15.8.1870, Band 33, p.39.

20 "Erstens tut Bismarck jetzt, wie 1866, immer ein stück von unserer Arbeit, in *seiner* und ohne es zu wollen, aber es tut's doch". Engels a Marx, Manchester, 15.8.1870, Band 33, p.40.

trigo norte-americano, constituíram um dos primeiros resultados e, ao mesmo tempo, uma das principais condições do desenvolvimento capitalista, bem como, igualmente, a base para que a Alemanha se convertesse em grande potência. Bismarck realizou assim *"die Revolution von oben"* (a revolução desde cima) (MEHRING, 1973, p.299-302).

A questão na Rússia dos Tzares, país predominantemente camponês, era diversa da Alemanha. Consistia não apenas em derrubar o despotismo oriental, mas também em superar as formações não-capitalistas e pré-capitalistas que ainda lhe conformavam a economia. Lá, Marx e Engels previam que também ocorreria uma revolução, porém de caráter camponês, uma vez que, dado o baixo nível de suas forças produtivas, o proletariado não tinha grande presença na sociedade.[21] Somente os populistas, como Piotir Tkatschov, imaginavam que a Rússia poderia saltar da economia camponesa e da propriedade comunal, o *mir*, para o socialismo, sem que fosse necessário o pleno desenvolvimento das forças produtivas do capitalismo. O próprio Engels, no artigo "Soziales aus Rußland", publicado em *Der Volkstaat*, de 16 de abril de 1875, criticou tal concepção, ponderando que, somente ao chegar a certo grau de desenvolvimento das forças econômicas, muito alto até mesmo para as condições da Europa Ocidental àquela época, seria possível elevar a produção a um nível em que a extinção das diferenças de classe representasse verdadeiro progresso, tivesse consistência e não acarretasse consigo o estancamento ou, mesmo, a decadência do modo de produção e da sociedade.[22] "Este grau de desenvolvimento das forças produtivas só foi alcançado em mãos da burguesia" – Engels acrescentou, ressaltando que "a burguesia, por conseguinte, é, sob este aspecto uma condição prévia para a revolução socialista, tão necessária quanto o próprio proletariado".[23] Esses mesmo conceitos expostos em "Soziales as Rußland"ele reiterou em 1894, ao afirmar que aquelas baixas formas de propriedade comunal representadas pelo *mir* russo não habilitavam o surgimento da futura sociedade socialista, que seria o "próprio e último produto do capitalismo", de si gerado.[24]

O capitalismo apresentava, na Rússia, elevado atraso em relação à Europa Ocidental e até as duas primeiras décadas do século XX tal situação não se modificou substancialmente, apesar de certo grau de industrialização, alcançado

---

21 ENGELS, "Soziales aus Rußland", Band 18, 1976, p.556-562.

22 *Idem*, p.556-560.

23 "Diese Entwicklungsgrade haben de Produtiktivkräfte aber erst erhalten in den Händen der Bourgeoisie. Die Bourgeoisie ist demnach auch nach dieser Seite hin eine ebenso notwendige Vorbedingung der sozialistischen Revolution wie das Proletariat selbst". Band 18, p.556-557.

24 ENGELS, "Nachwort (1894) [zu "Soziales aus Rußland"], Band 18, pp 663-674.

graças ao estabelecimento de tarifas aduaneiras, que apenas acentuara o caráter complexo, desigual, irregular e combinado de sua economia. Às vésperas da guerra mundial, deflagrada em 1914, a renda pública *per capita* da Rússia era oito a dez vezes inferior à dos Estados Unidos, apesar de que sua produção industrial quase se duplicara, entre 1905 e 1914 (TROTSKY, 1977, vol. 1°, p.28). Não sem razão, Vladimir I. Lenin, acompanhando a linha de pensamento de Marx e Engels, havia salientado, em 1905, que a classe operária, em países como a Rússia, não sofria tanto em conseqüência do capitalismo quanto da insuficiência do seu desenvolvimento e, por isso, estava "absolutamente interessada" em que ele se processasse do modo mais "rápido, livre e amplo".[25] Lenin, outrossim, afirmou que quem quisesse ir ao socialismo por outro caminho que não fosse o da democracia política chegaria "infalivelmente" a conclusões "absurdas e reacionárias", tanto no sentido econômico quanto no político.[26] Essa opinião ele manteve até a queda do Tzar, em março de 1917 (fevereiro, segundo o antigo calendário russo), quando considerou encerrada a primeira Revolução Russa e admitiu, nas *Cartas a um Ausente*, que o proletariado podia marchar, primeiro, para a conquista da república democrática, em que os camponeses derrotariam os latifundiários, e, depois, para o socialismo, único regime que, a seu ver, daria aos povos extenuados pela guerra, "a paz, o pão e a liberdade".[27]

As ideias de Lenin convergiram, aí, com as de Leon Trotsky, que defendia, desde 1905, a teoria da revolução permanente[28], entendendo que o proletariado, em países economicamente retardatários, como a Rússia, pudesse tomar o poder, antes que o fizesse nos mais adiantados, do ponto de vista industrial e capitalista. Isto não significava, conforme o próprio Lenin esclareceu nas *Teses de Abril*, a "implantação" do socialismo, como tarefa imediata, e sim, a "simples instauração imediata" do controle da produção social e da distribuição dos produtos pelo Soviete de Deputados Operários[29]. De qualquer maneira, a revolução na Rússia constituiu uma incoercível necessidade histórica e a conflagração mundial possibilitou sua eclosão, em março de 1917 (fevereiro, pelo calendário gregoriano) e a derrubada da monarquia burocrática dos Tzares.

---

25 LENIN, *Dos Táticas de la Sociademocracia en la Revolución Democrática*, em Lenin, Tomo I, 1948, p.615.

26 *Idem*, p.295.

27 LENIN, *Cartas desde Lejos*, em Lenin, Tomo I, 1948, p.1081-1090.

28 Marx fora o primeiro a falar de revolução permanente, com referência ao papel do proletariado no Alemanha de 1848, onde as condições, eram diferentes e bem mais avançadas em termos de industrialização, do que as da Rússia. de 1905 ou 1917.

29 Lenin, "Las Tareas en la Actual Revolución" (Tesis de Abril), em LENIN, Tomo II, 1948, p.7-12.

Naquelas circunstâncias, combatendo as tropas da França e da Grã-Bretanha, bem como dos EUA, que em abril de 1917 entraram na guerra, convinha à Alemanha concertar com a Rússia a paz em separado, de sorte que pudesse aliviar sua situação na frente oriental e deslocar as tropas para o Ocidente. O Kaiser Wilhelm II, em 1915, autorizara o fornecimento de sete milhões de marcos aos revolucionários russos, particularmente os social-democratas bolcheviques, que assumiram posição contrária à guerra, com o objetivo fomentar a propaganda revolucionária na Rússia para tirá-la da guerra (VÖLKLEIN, 1993, p.200-204; VOLKOGONOV, 1994, p.116). O social-democrata russo Alexander Lazare-vitch Helphand, conhecido como Parvus e exilado na Dinamarca, recebeu um milhão de rublos em dezembro de 1915[30] e a ênfase do órgão oficial da representação bolchevique no exterior, editado em Estocolmo, sob o título *Messager de la Revolución Russe*, e pelo qual era um dos responsáveis consistiu em reclamar um armistício imediato com a Alemanha e o início das negociações de paz, sem indenizações nem anexações (GRUMBACH, 1918, p.20-21).

Tais recursos financeiros não provieram apenas do governo do Reich. A indústria alemã também deu seu contributo para a Revolução Russa. Em outubro de 1916, o magnata do Ruhr, Emil Kirdorf, como representante da indústria pesada da Renânia-Westfália, autorizou o Diskonto-Bank e o Nia-Bank, em Estocolmo, assim como o Deutscher Bank, na Suíça, a conceder mais recursos e assim os bolcheviques russos receberam, em 1917, mais de 15 milhões de marcos para a propaganda revolucionária. Lenin, que fizera um acordo com o governo de Wilhelm II para sair da Suíça, atravessar a Alemanha e alcançar Petrogrado (St. Petersburgo), em 3 de abril de 1917,[31] recebeu, em 18 de junho de 1917, o montante de 350 mil marcos, transferidos da Diskontogesellschaft, por encargo de Emil Kirdorf, para a sua conta em Kronstad, e mais 207 mil marcos, em 12 de setembro.[32] Alexander F. Kerensky, chefe do governo provisório, instituído

---

30 VÖLKLEIN, 1993, p.204. Parvus foi um dos que formularam com Trotsky a teoria da revolução permanente.

31 As condições da travessia da Alemanha foram objeto de um acordo entre um jornal de emigrados russos e o governo de Wilhelm II. Lenin exigiu para o trânsito um direito absoluto de extraterritorialidade: nenhum controle do contingente de viajantes, dos passaportes e da bagagem e ninguém teria direito a entrar no vagão durante o percurso. O grupo de emigrados, por sua vez, comprometia-se a reclamar a libertação, na Rússia, de um número correspondente de prisioneiros civis alemães e autro-húngaros. TROTSKY, 1977, vol. I, p.254.

32 Os documentos foram encontrados nos arquivos do Comitê Central do PCUS, em Moscou, sob o título "Wladimir Iljitsch Lenin", signature (códice): 4-3-52, e revelados pelo jornalista alemão Ulrich VÖLKLEIN. Vide Völklein, 1993, p.200-204.

com a revolução de março, recebeu a denúncia desse financiamento, abriu uma investigação e, em julho de 1917, ordenou a detenção de Lenin, forçando-o a entrar na clandestinidade, bem como de Trotsky que foi libertado por pressão dos bolcheviques depois de algumas semanas no cárcere. [33]

O apoio financeiro da Alemanha aos bolcheviques, entretanto, não cessou. Trotsky, em 21 de setembro, foi informado de que uma conta fora aberta em seu nome, no Bureau des Bankhauses M. Warburg (banco sueco), e alguns dias depois, em 2 de outubro, pediu que 400 mil coroas fossem entregues a uma camarada de nome Sônia (VÖLKLEIN, 1993, p.204). Esses recursos destinaram-se à compra de armas e ao pagamento do transporte até Lulea e Varde; em 9 de novembro de 1917, as contas já estavam vazias, tendo então o Außenministerium (Ministério dos Negócios Estrangeiros) do Kaiser solicitado ao ministro das Finanças que pusesse à sua disposição o montante de 15 milhões de marcos para fins de propaganda revolucionária na Rússia (VÖLKLEIN, 1993, p.204). Em 8 de janeiro, quando as negociações de paz iniciadas (2 de dezembro), em Brest-Litowsk, ainda prosseguiam, von Schanz, o diretor do Berliner Reichsbank informou secretamente a Trotsky que cinquenta milhões de rublos em ouro haviam sido depositados à disposição do Comissariado do Povo (VÖLKLEIN, 1993, p.204). Conforme o social-democrata alemão Eduard Bernstein escreveu, em 1921, Lenin e seus camaradas receberam do governo do Kaiser vastas somas de dinheiro, *"an almost unbelievable amount, certainly more than 50 millions gold marks"*, e um dos resultados foi o Tratado de Brest-Litovsk (BERNSTEIN, 1921, *apud* VOLKOGONOV, 1994, p.123).

De fato, Lenin tratou de cumprir os compromissos. Vitoriosa a revolução bolchevique, a Rússia, propondo a paz em separado, fez o armistício com a Alemanha e Trotsky, não obstante toda relutância, terminou por apoiar a celebração, contra a esquerda comunista, que desejava a continuação da guerra sob a forma revolucionária, a celebração do Tratado de Brest-Litowsk, em 3 de março de 1918. Salvar o Poder Soviético, que estava a enfrentar cinco exércitos contra--revolucionários e a intervenção das forças estrangeiras, [34] fora o que naquele momento interessou a Lenin. Mas nem Lenin nem Trotsky imaginavam que

---

33 Kerensky denunciou Lenin como agente dos alemães e Trotsky, em sua autobiografia, contestou-o, dando a sua versão dos fatos. Vide TROTSKY, s.d, p.297-315.

34 Os japoneses desembarcaram em Vladivostok. Os turcos tomaram Batum. Os alemães ocuparam Karkov, Tagantog, Rostov, sobre o Don, toda a Ucrânia e a Crimeia. Os tchecoslovacos ocuparam o Volga Central e chegaram até à Sibéria e ao Extremo Oriente. Os ingleses e franceses desembarcaram em Murmanski. E os norte-americanos, na Sibéria.

a revolução na Rússia, onde as forças produtivas da sociedade ainda não se encontravam bastante desenvolvidas, pudesse completar, isoladamente, a transição para o socialismo, que somente se realizaria, de acordo com as condições criadas pelo capitalismo, como ordem econômica internacional. Quando organizaram, promoveram e dirigiram a insurreição, durante a madrugada de 6 para 7 de novembro (outubro, segundo o antigo calendário russo) de 1917, eles esperavam que, como conseqüência da grande guerra deflagrada em 1914, a revolução social se espraiasse por toda a Europa, sobretudo na Alemanha.[35] A expectativa, generalizada entre os marxistas,[36] adquiriu ainda maior consistência depois que uma rebelião bem preparada irrompeu na base naval de Kiel, em agosto de 1917, e começou a contagiar toda a Marinha alemã, onde alguns conselhos de marinheiros secretamente já funcionavam (FRÖLICH. 1972, p.257-258). Lenin referiu-se a essa sublevação logo após o estabelecimento do Poder Soviético,[37] e alguns meses depois lamentou a "desgraça" de que a revolução na Alemanha não avançasse com tanta rapidez.[38] E repetiu, enfaticamente, que "(...) constitui uma verdade absoluta o fato de que, sem a revolução alemã, estamos perdidos".[39]

Lenin e Trotsky esperavam que o proletariado vitorioso na Alemanha pudesse suprir a Rússia Soviética com créditos, máquinas, matérias-primas e produtos alimentares, bem como lhe fornecesse dezenas de trabalhadores altamente qualificados, engenheiros e administradores (TROTSKY, 1936, p.34). A revolução, no entanto, só convulsionou a Alemanha um ano depois do triunfo dos bolcheviques na Rússia.

Diante da avassaladora onda de greves e de levantes de soldados e marinheiros, agravando o espetacular e inesperado colapso das forças do *Reich* no *front* ocidental, o Kaiser Wilheim II abdicou e partiu para a Holanda. A social--democracia alemã estava, porém, dividida em dois partidos e facções: Sozialdemokratische Partei Deutschlands (SPD), que era majoritário e denominado MSPD (Mehrheitssozialdemokraten); e o Unabhängige Sozialdemokratische Partei Deutschlands (USPD), Partido Independente Social-Democrata da Alemanha, que abrigava uma tendência mais radical, o Spartakus-Gruppe,

---

35 Discurso do socialista S. Grumbach na Maison du Peuple, em Berna, em 24 de janeiro de 1918, em Grumbach, 1918, p.13.

36 LENIN, "Las Tareas en la Actual Revolucián" (Teses de Abril), em LENIN, Tomo II, 1948, p.7-12.; *La Revolución Proletaria y el Renegado Kautsky*, Tomo II, p.504-505.

37 Lenin, "Informe sobre la Paz", pronunciado el 26 octubre de 1917; "Informe sobre la Paz", discurso de conclusión (26 de octubre de 1917), em LENIN, Tomo II, p.288-291.

38 "Informe sobre la Guerra y la Paz", pronunciado el 7 de marzo de 1918, Tomo II, p.371.

39 *Idem, ibidem.*

também conhecido como Spartakusbund (Liga Spartakus).[40]Friedrich Ebert, líder dos social-democratas majoritários, que apoiaram a guerra, assumiu a chefia do governo, como *Kanzler* do Reich, enquanto seu companheiro, Philipp Scheidemann, sem consultá-lo, anunciava, de uma janela do Reichstag, o estabelecimento da república, e Karl Liebknecht, chefe da Spartakusbund, a ala mais radical dos social-democratas, proclamava a república socialista, do balcão do Castelo de Berlim. Um Conselho dos Comissários do Povo (Rat der Volksbeauftragten) também se constituiu, com representantes dos social-democratas majoritários (Ebert, Scheidemann e Olto Landsberg) e dos social-democratas independentes (Hugo Haase, Wilhelm Dittimann e Emil Barth), sem a Spartakusbund, pois Liebknecht recusou o convite para integrá-lo, dado que pretendia radicalizar a revolução.

A Rússia Soviética, por intermédio de sua Embaixada em Berlim, chefiada por Adolf Joffe, fomentou a conspiração e forneceu aos spartakistas todos os recursos financeiros para a compra de armamentos, ao ponto de Eduard Bernstein considerar tais atividades, violando as normas do direito internacional, "um dos mais escuros (*dunkelsten*) capítulos na história do bolchevismo" (BERNSTEIN, 1998, p.51-53). Aí mais uma vez se mostrou a história mundial. Os bolcheviques, ao encorajar com recursos financeiros a revolução na Alemanha, estavam a devolver a ajuda que a monarquia dos Honhenzollern lhes prestara para fazer a revolução na Rússia. O mesmo, aliás, sucedera com Luiz XVI, rei de França. Ao sustentar com dinheiro, homens e armas, a guerra de independência na América do Norte (1776-1783), com o objetivo de debilitar a Grã-Bretanha, concorreu para que a revolução de 1789-93 irrompesse, em Paris, e o levasse à guilhotina.

A revolução na Alemanha não tomou, porém, o rumo que Lenin esperava, disposto até mesmo a fazer a Rússia intervir para "ajudar" os operários que lá se levantavam.[41] Liebknecht não passara 15 anos, qual Lenin o fizera, preparando revolucionários profissionais, nem o Spartakusbund, até então uma facção dentro do Partido Social-Democrata Independente (Unabhängige Sozialdemokratische Partei), possuía força e organização para empreender, com

---

40 Partido Social-Democrata da Alemanha e Partido Social-Democrata Independente, dentro do qual atuava o Grupo Spartacus, mais radical, sob a liderança de Karl Liebknecht e Rosa Luxemburg.

41 Lenin, "Informe sobre Ia Paz", pronunciado el 26 octubre de 1917; "Informe sobre Ia Paz", discurso de conclusión (26 de octubre de 1917), em LENIN, Tomo II, 1948. "Carta a Ia Sesión Conjunta del Comite Ejecutivo Central de toda Rusia y el Soviet de Moscu con Representantes de los Comites de Fábrica y Ias Sindicatos", 3 de octubre de 1918, em LENIN, *Sobre el Internacionalismo Proletario*, p.257-260.

êxito, uma insurreição armada, tal como os bolcheviques promoveram na Rússia (NETTI, 1969, p.438-439. HAFFNER, 1979, p.92-115). A própria Rosa Luxemburg julgava que a situação ainda não amadurecera bastante para justificar a tentativa de captura do poder e criticou as iniciativas arbitrárias e mais arrojadas de Liebknecht. Ela entendia que o Kommunistische Partei Deutschlands (KPD), em que a Spartakus-Gruppe se constituíra, contra sua vontade, não tinha liderança do proletariado, apesar da simpatia de que gozava entre as massas de Berlim, e enfrentava sérios problemas de organização (FRÖLICH, 1972. p.289-290. NETTI, 1969, pp, 481-486. BADIA, 1966, p.212-215. COLE, 1961, p.131-132). Eduard Bernstein, que integrara as fileiras do USPD, comentou, ao escrever sobre aqueles acontecimentos, que aos olhos e na alma de Liebknecht e Rosa Luxemburg viveu um proletariado tirado da abstração, ao qual o proletariado real não correspondeu.[42]

Com efeito, a palavra de ordem *Alle Macht den Räten*, o mesmo que "Todo o poder aos Sovietes", somente encontrava ressonância em uma estreita parcela, mais radicalizada, de operários, soldados e marinheiros (MILLER e POTTHOFF, 1988, p.85-86). Em realidade, nem os próprios Conselhos de Operários e Soldados pretendiam assumir o poder e implantar na Alemanha um sistema igual ou semelhante ao existente na Rússia. E o próprio órgão máximo da Revolução de Novembro, o Congresso Geral dos Conselhos de Operários e Soldados da Alemanha (Allgemeiner Kongress der Arbeiter und Soldatenräte Deutschlands), do qual participaram 489 delegados, oriundos de todo o país, foi que aprovou, por 344 votos contra 98, a convocação de eleições, com amplo sufrágio e o mais rápido possível (19 de janeiro de 1919), de uma Assembleia Nacional, que deveria decidir sobre a organização do Estado, introduzindo as reformas sociais e democráticas, ao elaborar sua constituição (MILLER; POTTHOFF, 1988, p.86; HAFFNER, 1979, p.116; VOLKMANN, 1930, p.137-148). Ebert proclamou, em discurso, que *"Frieden, Freiheit, Ordnung werden die Sterne sein, denen wir folgen werden"* ("Paz, liberdade, ordem serão a estrela que seguiremos") (Apud GIETINGER, 2009, p.78). Não se referiu a *"Gleichheit"* (igualdade), mas sim a *"Ordnung"* (ordem). Realmente Ebert estava mais interessado em restabelecer a ordem e evitar o caos e a fome, que ameaçavam a Alemanha, do que empreender profundas mudanças econômicas, sociais e políticas, para as quais não contava com o expresso apoio da maioria do povo. A economia do país parecia esgotada pelos quatro anos de guerra e desconjuntada pela derrota. Fábricas estavam

---

42 "Vor ihrem geistigen Auge stand und ihrer Seele ein aus der Abstraktion abgeleitetes Proletariat, dem das wirkklice Proletariat nicht entsprch". BERNSTEIN, 1998, p.236.

fechadas e o número de desempregados em Berlim recrescia, e saltou de 180 mil em janeiro para 500 mil em março de 1919. O povo carecia de dinheiro para comprar os bens de que necessitava e o mercado negro florescia, enriquecendo os especuladores (BROUÉ, 1971, p.261). Em tais condições, Ebert, Scheidemann e demais social-democratas, tanto majoritários quanto grande parte dos independentes, preocupados, sobretudo, com a legitimidade do poder, preferiam estabelecer uma democracia parlamentar e recompor as forças produtivas do país, em lugar de instituir, em meio à pobreza e à miséria, o regime dos conselhos de operários, soldados e camponeses, mudar a estrutura econômica e social da Alemanha imperial, dado que o que acontecia na Rússia, atassalhada pela guerra civil e a intervenção estrangeira, a todos alarmavam.

O rumo que a Revolução Russa tomara, coma captura do poder pelos bolcheviques não funcionou como estímulo para a maioria do proletariado, nem mesmo para aqueles segmentos que com ela simpatizavam, nem na Alemanha nem no resto da Europa, conforme Lenin desejara. O poder soviético, um ano depois de sua instalação, não propiciara ao povo nem a paz nem o pão nem a liberdade, que a facção bolchevique do Partido Operário Social-Democrata Russo (POSDR) havia prometido. A tomada do poder, através da insurreição armada, desencadeara a guerra civil e, com ela, a fome ainda mais aumentou, enquanto a liberdade, conquistada com a revolução de fevereiro/março (queda do Tzar e derrocada do regime absolutista), desaparecia. E os social-democratas, na medida em que representavam e defendiam os interesses do proletariado, na Alemanha, assim como no resto da Europa, não se dispunham a seguir o mesmo caminho da Rússia. Não queriam impor pela força e pela violência um modelo econômico, social e político, para o qual não havia suporte de toda a população, e com isto provocar, nos seus próprios países, a guerra civil, sacrificando os padrões de vida, a segurança pessoal, as reformas já conseguidas e as que esperavam alcançar (DEUTSCHER, 1968a, p.479). Mas Lenin, como Kautsky assinalou no artigo "Ein Brief über Lenin", a propósito do falecimento, nunca alcançou compreender completamente as peculiaridades da Europa Ocidental, apesar de lá ter vivido vários anos como imigrante. Suas políticas, adaptadas completamente às peculiaridades da Rússia, basearam-se na expectativa da revolução mundial, o que para qualquer um que conhecesse a Europa Ocidental devia haver parecido, desde o início, uma ilusão (KAUTSKY, 1924, p.176-9).

A Revolução Russa, destarte, produziu na Alemanha um efeito diverso daquele que Lenin imaginara. Não só preveniu e armou os conservadores, empurrando-os para a extrema-direita, como assustou a própria esquerda, isto é, a imensa maioria dos social-democratas. O Terror Vermelho, que o poder soviético

46 LUIZ ALBERTO MONIZ BANDEIRA

implantara, após o atentado contra a vida de Lenin, recresceu e começou a abater não apenas os socialista-revolucionários (populistas), mas também seus próprios companheiros russos, os membros da facção menchevique do POSDR.[43] Gerou na Alemanha um forte antibolchevismo, uma paranoia que se mesclou com o antissemitismo, dirigido contra os "marxistas judeus orientais" (*"ostjüdischen Marxisten"*), isto é, contra Rosa Luxemburg, Leon Trotsky (Bronstein), Karl Radeck (Sobelsohn) e outros líderes revolucionários (GIETINGER, 2009, p.104, 120 e 128). E só os spartakistas, uma minoria de operários, soldados e marinheiros mais jovens e radicalizados, queriam prosseguir com a Revolução de Novembro e aprofundá-la segundo o roteiro de Lenin e Trotsky. Mas não era aquele o caminho para o socialismo que os social-democratas, os majoritários, grande parte dos independentes e mesmo alguns spartakistas desejavam seguir na Alemanha.

Karl Kautsky, o mais respeitado teórico da Internacional Socialista, como discípulo direto de Marx e Engels, e expoente do USPD, opôs-se, com a maior veemência e toda a força de sua autoridade moral, intelectual e política, aos métodos usados por Lenin e Trotski, ao suprimirem na Rússia a democracia política em nome da implantação do socialismo. Segundo ele, o socialismo, como meio para a libertação do proletariado, sem democracia era "impensável", conceito que insistentemente reafirmou:

"Para nós (…) socialismo sem democracia é impensável. Nós entendemos sob o moderno socialismo não a simples organização da produção social, mas também a organização democrática da sociedade. O socialismo para nós está inseparavelmente ligado com a democracia. Nenhum socialismo sem democracia".[44]

Ao criticar o regime instalado na Rússia e a inconsistência do pensamento de Lenin, do ângulo da própria teoria de Marx, Kautsky explicou que, quando

---

43 Em 30 de agosto de 1918, o dirigente bolchevique Moisei Uritsky foi assassinado e Lenin, ao entrar no seu carro, após uma assembleia com os operários de uma fábrica de armamentos, sofreu um atentado. Três tiros foram disparados para matá-lo. Uma bala atingiu sua omoplata esquerda; a segunda alojou-se diretamente no ombro esquerdo Lenin desmaiou. E a Cheka (*Chrezvicháinaya Komissia*), a primeira polícia secreta soviética, criada em 20 de dezembro de 1917 sob a direção de Felix Edmundovich Dzerzhinsky, prendeu Fanya Kaplan, uma anarquista de 30 anos, como suposta autora do atentado. Houve um processo sumário e, em 4 de setembro, ela foi executada por Pavel Malkov em uma garagem. Seus restos mortais foram eliminados sem deixar vestígios. Em consequência desse e de outros atentados contra líderes bolcheviques, o governo soviético implantou o Terror Vermelho, durante o qual a Cheka executou milhares de anarquistas, socialistas revolucionários (populistas) e social-democratas, da facção menchevique.

44 "Für uns also ist Sozialismus ohne Demokratie undenkbar. Wir verstehen unter dem modernen Sozialismus nicht bloß gesellschaftliche Organisierung der Produktion, sondern auch demokratische Organisierung der Gesellschaft, Der Sozialismus ist demnach für uns untrennbar verbunden mit der Demokratie. Keine Sozialismus ohne Demokratie." KAUTSKY, 1990a, p.11-12.

se tratava de ditadura como forma de governo, não se podia falar de ditadura de uma classe. Uma classe só poderia dominar, nunca governar. Além do mais, quando o proletariado se dividia em diferentes partidos, a ditadura de um deles não era a ditadura do proletariado, senão de uma parte sobre as outras. E, no caso da Rússia Soviética, a situação ainda mais se complicava, pois a ditadura do proletariado não seria sequer uma simples ditadura do proletariado sobre o proletariado e sim também uma ditadura de operários e camponeses sobre o proletariado (KAUTSKY,1990, p.33). Kautsky, insistindo que a liberdade não era menos importante que o pão (idem, p. 56), salientou que não se podia entender a ditadura do proletariado, que Marx defendera, como uma forma de governo (*Regierungsform*) e sim como uma situação política (*politscher Zustanad*), somente viável quando contasse com o suporte das massas, isto é, da maioria da população (idem p.33-83). Do mesmo modo, ele acentuou: "(...) a organização estatal da produção, através de uma burocracia ou através da ditadura de uma única camada da população, não significa socialismo".[45]

Kautsky acentuou que a organização socialista do trabalho não devia ser uma organização de caserna (*Kasernenorganisation*) e que um sistema de guerra civil crônica, assim como sua alternativa sob a ditadura, ao acarretar a apatia e o desânimo das massas, tornavam impossível a implantação do modo socialista de produção (KAUTSKY, 1990a, p.36-37). E, de acordo com a teoria de Marx, Kautsky reiterou que o socialismo, devendo representar o total bem-estar dentro da moderna cultura, somente seria possível por meio de poderoso desenvolvimento das forças produtivas, que o capitalismo trazia consigo, e da enorme riqueza por ele gerada e concentrada nas mãos da classe burguesa (KAUTSKY, 1990a, p.57). Kautsky então qualificou como um Estado camponês (*Bauernstaat*) o que os bolcheviques organizavam na Rússia e evocou a advertência de Engels no sentido de que, em condições de subdesenvolvimento das relações de produção, uma economia comunista poderia servir de base para o despotismo (KAUTSKY, 1990a, p.11; MARX e ENGELS, 1976, p.45-47).

Por tais críticas ao curso da Revolução Russa, Lenin chamou-o de "renegado", em sua tentativa de resposta,[46] embora reconhecesse que Kautsky sabia Marx "quase de memória".[47] O discípulo direto de Marx e Engels, autoridade suprema da Internacional Socialista, também conhecida como II Internacional,

---

45 "(...) Staatliche Organisierung der Produktion durch eine Bürokratie oder durch die Diktatur einer einzelnen Volkschicht bedeutet nicht Sozialismus", p.36.

46 LENIN, *La Revolución Proletaria y el Renegado Kautsky*, em LENIN, Tomo II, p.346-539.

47 *Idem*, p. 449.

não se intimidou, no entanto, com a violência da linguagem com que Lenin o acometera. Em outro de seus estudos – *Terrorismus und Kommunismus* – Kautsky voltou a condenar o regime soviético, pois, com o triunfo do bolchevismo na Rússia, o socialismo, a seu ver, sofria ali uma derrota (KAUTSKY, 1990b, p.323). Ele previa que, juntamente com o poder absoluto dos conselhos operários, que perdiam, inclusive, sua eficácia, devido à supressão da liberdade de imprensa e de eleições, o poder absoluto de uma burocracia desenvolver-se-ia e o capitalismo industrial transformar-se-ia de privado em capitalismo de Estado (*Staatkapitalismus*) (idem, p.325). Assim, segundo Kautsky, o "novo comunismo", da mesma forma que o capitalismo, estava também a criar seus próprios coveiros[48]. E, nas condições em que fora implantado Rússia, ele arruinaria as forças produtivas da sociedade, de sorte que seus coveiros não poderiam passar a formas superiores de vida, senão novamente começar, a partir de formas bárbaras de vida, para as quais regrediriam (idem, p.326-327). Este sistema, que engendrava necessariamente a guerra civil, só poderia manter-se pela força, o que terminaria por abolir os próprios Conselhos de Operários e Soldados. Kautsky criticou então o militarismo revolucionário dos bolcheviques, apontando-o como nova fonte de miséria e não de enriquecimento para a Rússia, porquanto sua indústria só trabalhava para as Forças Armadas e não para fins produtivos. E acusou: "Na verdade, o comunismo russo tornou-se, em todas as condições, um socialismo de caserna".[49]

Esse "socialismo de caserna" (*Kasernensozialismus*) começara pela supressão da liberdade de imprensa e culminava com a implantação do terror, por meio do funcionamento de tribunais revolucionários e comissões extraordinárias, cujas ordens de execução já haviam produzido, em 1918, um número não inferior a seis mil vítimas, de acordo com os cálculos mais moderado (KAUTSKY, 1990b, p.330). Kautsky ainda responsabilizou a propaganda bolchevique pela divisão da social-democracia alemã, que conseguira restabelecer certa unidade ao assumir o poder, com a abdicação do Kaiser Wilhelm II.[50] Ela introduzira outro elemento de discórdia, ao pretender que a social-democracia renunciasse às

---

48 Marx e Engels disseram, no *Manifest der Kommunistischen Partei*, que os operários seriam os coveiros do sistema capitalista.

49 "Der russische Kommunismus ist tatsächlich in jeder Beziehung zum Kasernensozialismus geworden". KAUTSKY, 1990b, p.326-327.

50 A social-democracia alemã, durante a guerra mundial de 1914-1918, dividira-se em dois partidos: o MSPD (majoritários), que colaborou com o governo do Kaiser Wilhelm II, no esforço bélico, e o USPD (independente), contrário a essa aliança. Quando o Kaiser abdicou, ambos os partidos se uniram e formaram o Conselho dos Comissários do Povo.

reivindicações fundamentais da democracia para fazer da ditadura dos conselhos operários, uma nova forma de Estado (idem, p.342). Essa oposição da ditadura à democracia fomentara as divergências entre o MSPD e uma parte do USPD, possibilitando a formação de um terceiro partido, o KPP, cujos quadros saíram da Spartakusbund. Nem todos seus líderes, entretanto, aceitaram ou apoiaram os métodos ditatoriais com que os bolcheviques conduziram a Revolução Russa.

CAPÍTULO 2

CRÍTICAS DE ROSA LUXEMBURG À REVOLUÇÃO RUSSA –
"LIBERDADE É SEMPRE A LIBERDADE DOS QUE PENSAM DE MODO
DIFERENTE" – "COMUNISMO MILITAR" E TERROR NA RÚSSIA –
OS SOCIAL-DEMOCRATAS E A INSURREIÇÃO SPARTAKISTA NA ALEMANHA –
A FUNDAÇÃO DA INTERNACIONAL COMUNISTA

Rosa Luxemburg, a mais importante teórica do Spartakusbund e fundadora do KPD, não obstante sua opinião contrária ao rompimento da facção com o USPD, saudou a Revolução Russa como *"das gewaltigste Faktum"* (o mais poderoso *factum*) da grande guerra de 1914-1918[1] e aplaudiu a tomada do poder por Lenin e Trotsky, porque eles, pelo menos, demonstraram a vontade de realizar o socialismo e podiam gritar com Hutten: *"Ich hab's gewagt"* (Eu ousei).[2] Ela entendeu, no entanto, que o perigo começara quando Lenin e Trotsky, ao tornarem uma necessidade virtude, criaram uma teoria de tática, imposta por fatais condições, e pretendiam recomendá-la ao proletariado mundial como um modelo a seguir (LUXEMBURG, Band 4, 1990, p.364). Com isto ela não concordava. E, entre várias outras críticas às medidas editadas pelos bolcheviques, atacou o esmagamento da democracia política que Lenin e Trotsky promoveram, sob a justificativa de que suas instituições eram demasiadamente pesadas. Na sua opinião, o remédio inventado por eles, dissolvendo a Assembleia Constituinte e

---

1   Luxemburg, "Zur russischen Revolution", em LUXEMBURG, Band 4, 1990, p.332.
2   *Idem*, p.365. " Ulrich von Hutten (1488-1523), humanista protestante e poeta, liderou uma insurreição na Alemanha, ao tempo da Reforma.

suprimindo as liberdades políticas, era pior do que o mal que pretendiam tratar (LUXEMBURG, Band 4, 1990, p.355). Rosa Luxemburg, cujo pensamento, nesse particular, coincidia com o de Kautsky, acentuou que, sem as garantias democráticas, a mais ampla liberdade de imprensa, de associação e de reunião, das quais os bolcheviques privaram todos os adversários do Poder Soviético, o domínio das grandes massas e, consequentemente, a implantação do socialismo seriam inconcebíveis. E afirmou:

> Liberdade somente para os partidários do governo, somente para os membros de um partido – não importa quão numerosos eles sejam – não é liberdade. Liberdade é sempre liberdade dos que pensam de modo diferente. Não por fanatismo de 'justiça', senão porque tudo o que há de animador, salutar e purificante na liberdade política depende dessa característica essencial e seu efeito falha, se a 'liberdade' torna-se um privilégio.[3]

Rosa Luxemburg advertiu que o socialismo, pela sua natureza, não poderia ser introduzido através de um *Ukas* (decreto dos Tzares). A destruição, o negativo, podia ser decretada, porém a construção, o positivo, não. Os problemas apareceriam e somente a experiência permitiria corrigi-los e abrir novos caminhos. A participação das massas populares, portanto, tornava-se necessária e indispensável. De outro modo – assinalou Rosa Luxemburg – o socialismo seria decretado, outorgado, por uma dúzia de intelectuais em torno de uma mesa verde. Segundo sua opinião, decretos, poder ditatorial dos diretores de fábricas, punições draconianas, domínio do terror constituíam meros paliativos. De nada serviriam. Pelo contrário, tais medidas de terror draconiano só fariam aumentar a corrupção (LUXEMBURG, Band 4, 1990, p.360-362). Daí que o controle público era incondicionalmente necessário.

O futuro da Revolução Russa configurou-se bastante sombrio, senão trágico, aos olhos de Rosa Luxemburg. Ela também cria que a própria atividade dos *soviets*, que Lenin e Trotsky passaram a considerar como a única representação verdadeira das massas, enfraquecer-se-ia, como toda a vida pública, em consequência do esmagamento das liberdades políticas. E profeticamente previu:

---

3 "Freiheit nur für Anhänger der Regierung, nur für Mitglieder einer Partei – mögen sie noch so zahlreich sein – ist keine Freiheit. Freiheft ist immer die Freiheit der Andersdenkenden. Nicht wegen des Fanatismus der 'Gerechtigkeit', sondern weil das Belebende, Heilsame und Reinigende der politischen Freiheit an diesem Wesen hängt und seine Wirkung versagt, wenn die Freiheit zum Privileg wird". LUXEMBURG, Band 4, 1990, p.359.

Sem eleições gerais, total liberdade de imprensa e de reunião, sem a luta livre das opiniões, a vida morre em toda instituição pública, torna-se uma vida aparente e nela, como elemento ativo, somente a burocracia permanece. A vida pública pouco a pouco adormece e algumas dúzias de chefes de partido, de inesgotável energia e idealismo sem limites, dirigem e governam e entre eles os que, na realidade, conduzem são uma dúzia de eminentes cabeças, enquanto, de tempos em tempos, uma elite do operariado é convocada para uma assembleia, com o objetivo de aplaudir os discursos dos chefes e votar unanimemente as resoluções apresentadas. No fundo, é uma política de súcia, uma ditadura, certamente, mas não uma ditadura do proletariado e sim uma ditadura de um punhado de políticos, isto é, ditadura no sentido burguês, no sentido da dominação jacobina (o adiamento do Congresso dos Sovietes de três para seis meses!). E ainda mais: tais circunstâncias devem acarretar o asselvajamento da vida pública: atentados, fuzilamento de reféns etc. Esta é uma lei superior, objetiva, da qual nenhum partido pode afastar-se.[4]

Conquanto Rosa Luxemburg igualmente divergisse de Kautsky, que, a seu ver, contrapunha a democracia burguesa à transformação socialista, a crítica de ambos ao regime instalado na Rússia pelos bolcheviques coincidia. Tanto para ela quanto para Kautsky, a ditadura do proletariado, cujo conceito Marx e Engels nunca chegaram a explicitar, não poderia ser uma forma de governo, tal como Lenin e Trotsky pretendiam, e sim uma situação política determinada, em que a maioria do povo, ao exercer seus direitos e com total liberdade de imprensa, reunião e voto, faria sua vontade efetivamente predominar, a fim de promover a transformação social. Esta, segundo Rosa Luxemburg, seria a ditadura do proletariado. Porém, a ditadura do proletariado consistiria na forma de aplicação da democracia e não na sua destruição, através de intervenções enérgicas e resolutas nos direitos adquiridos e nas relações econômicas da sociedade burguesa,

---

4   "Ohne allgemeine Wahlen, ungehemmte Presse und Versammlungsfreiheit. Freien Meinungskampf erstirbt das Leben in jeden öffentlichen Institution, wird zum Scheinleben, in dar die Bürokratie allein das tätige Element bleibt. Das öffentliche Leben schläft allmählich ein, einige Dutzend Parteiführer von unerschöpflicher Energie und grenzenlosen Idealismus dirigieren und regieren, unter ihnen leitet in Wirklichkeit ein Dutzend hervorragender Köpfe, und eine Elite der Arbeiterschaft wird von Zeit zu Zeit zu Versammlungen aufgeboten, und den Reden der Führer Beifall zu klatschen, vorgelegten einstimmig zuzustimmen, im Grunde also eine Cliquenwirtschaft – eine Diktatur allerdings, aber nicht de Diktatur des Proletariats, sonder die Diktatur einer Handvoll Politiker, d. h. Diktatur im rein bürgerlichen Sinne, im Sinne der Jakcobinerherrschaft (das Verschieben der Sowjetkongresse von Drei Monaten auf sechs Monaten). Ja noch weiter: Solche Zustände müssen eine Verwilderung des Öffentlichen Lebens zeitigen: Attentate, Geiselerschießungen etc. Das ist ein über Mächtiges objektives Gesetz dem sich keine Partei zu entziehen vermag". LUXEMBURG, Band 4, 1990, p 362.

sem os quais a transformação socialista não podia se realizar (LUXEMBURG, Band 4, 1990, p.363). Deveria ser, por conseguinte, uma obra da própria classe operária, e não de uma pequena minoria dirigente, em nome da classe operária, emergindo, passo a passo, da participação ativa das massas populares, sob sua influência imediata, como resultado da crescente educação política e submetida ao controle da opinião pública (LUXEMBURG, Band 4, 1990, p.364). Assim, o que Rosa Luxemburg, na realidade, defendeu foi o processo democrático como condição essencial do socialismo, ao mesmo tempo em que atribuía as distorções da política de Lenin e Trotsky, sobretudo o *"reiliche Anwendung des Terrors"* (abundante emprego do terror), ao isolamento da Rússia, "esgotada pela guerra mundial, estrangulada pelo imperialismo e traída pelo proletariado internacional",[5] em particular, pelo proletariado alemão, que não cumprira suas *"historischen Aufgaben"* (tarefas históricas) (LUXEMBURG, Band 4, 1990, p.333, 334, 364 e 365).

Rosa Luxemburg escreveu a análise da Revolução Russa, provavelmente, entre agosto e setembro de 1918, quando ainda se encontrava na prisão de Breslau. Ao ser libertada (18 de novembro de 1918), na véspera da abdicação do Kaiser Wilhelm II, não teve tempo de retomar suas reflexões. Envolveu-se, imediatamente, no movimento revolucionário, que eclodira na Alemanha, onde também Conselhos de Operários e Soldados apareceram. Ela se conformou com esse fato, aceitou a noção dos sovietes e combateu a convocação da Assembleia Nacional (NETTL, 1969, p.435). E, embora se opusesse, juntamente com Leo Jogisches, não só à criação do novo partido como à sua denominação de "comunista", segundo o modelo soviético, preferindo que se chamasse "socialista", a fim de acentuar seus objetivos e valores ocidentais (ETTINGER, 1990, p.286), ela se submeteu à maioria da liderança da Spartakusbund, que decidiu transformá-la em Kommunistische Partei Deutschlands (KPD), em 31 de dezembro de 1918. Mas, ao contrário da posterior versão dos comunistas, ela não modificou suas críticas aos métodos de terror e violência, utilizados por Lenin e Trotsky. Ao elaborar, em começos de dezembro, o programa da Spartakusbund (seu último escrito e que serviu como base para o programa do KPD), Rosa Luxemburg assinalou que "a revolução proletária não necessita, para seus fins, de nenhum terror, odeia e detesta assassinatos"[6].

---

5   "(...) vom Welt erschöpften, vorn Imperialismus erdrosselten, vom internationalen Proletariat verratenen (...)".LUXEMBURG, Band 4, 1990, p.365.

6   ."Die proletarische Revolution bedarf für ihre Ziele - keines Terrors, sie haßt und verabscheut Menschenmord". LUXEMBURG, R. "Was will der Spartakusbund ? ", *Rote Fahne* (Berlin), Nr. 29,14.12.1918, em Luxemburg, Band 4, 1990, p.443. GIETINGER, 2009, p.106-107.

Essa frase entremostrava o quanto ela repelia os métodos de terror, os quais julgava como a perversão do socialismo, e não desejava vê-los aplicados na Alemanha. Por isto, quando Karl Radek, em 19 de dezembro de 1919, chegou a Berlim, como emissário de Lenin, Rosa Luxemburg disse-lhe: "Não precisamos de nenhum comissário para bolchevismo. Os bolcheviques podem, com sua tática, permanecer em casa"[7].

Com o apoio de Leo Jogisches, ela continuou a resistir aos ditames de Moscou, rechaçou sua interferência nos assuntos da Spartakusbund e instruiu o delegado alemão, Hugo Eberlein, a fim de votar contra a iniciativa de Lenin de criar a Internacional Comunista (Komintern) ou III Internacional, da qual estava decidida a não participar[8]. Não só julgava prematura sua criação, por absoluta falta de representatividade, como temia que a nova Internacional, naquelas circunstâncias, caísse sob inteiro domínio dos russos (NETTL, 1969, p.495-496; FREUND, 1957, p.35-36). Por tais razões, com muita lucidez, Willy Brandt considerou *"eine unerlaubte Vereinfachung"* (simplificação não permitida) a afirmativa de que o perigo do bolchevismo, àquela época, pairava sobre a Alemanha. Segundo ele, para a república parlamentar, instalada com o apoio dos elementos conservadores e dos oficiais da Reichswehr (Forças Imperiais de Defesa), a alternativa, a configurar-se através da posição de Rosa Luxemburg, era *"eine demokratisch-sozialistische"* e não *"eine terroristisch-kommunistische Alternative"* (MILLER e POTTHOFF, 1988, p.87-88), conforme acontecera na Rússia. Também de acordo com Peter Nettl, as ideias de Rosa Luxemburg representaram uma vívida terceira alternativa (NETTL, 1969, p.471), devido aos seus compromissos com a democracia.

Rosa Luxemburg havia declarado que a Spartakusbund não assumiria o poder senão através da clara e inequívoca manifestação da vontade da grande maioria do proletariado de toda a Alemanha. E aí não seria o começo e sim o fim da revolução.[9] Contudo, na realidade, os acontecimentos escapavam a qualquer controle. Ela, que também dissera não ser a Spartakusbund um partido, nem que desejava o predomínio sobre a massa trabalhadora ou através da massa trabalhadora (LUXEMBURG, Band 4, 1990, p.448), terminou por submeter-se à maioria, que decidiu fundar o KPD e não participar das eleições para a Assembleia Nacional. As bases mostravam-se mais radicais do que a liderança e

---

7   "Wir brauchen keinen Kommissar für Bolschewismus. Die Bolschewiki mögen mit ihrer Taktik zu Hause bleiben". Apud ETTINGER, 1990, p.286.

8   Sob pressão dos bolcheviques, em Moscou, Eberlein tentou por abster-se, mas então (março de 1919) Rosa Luxemburg e Leo Jogisches já estavam já estavam mortos.

9   LUXEMBURG, "Was will der Spartakusbund?", em LUXEMBURG, Band 4, 1990, p.448.

desenvolviam a mentalidade da insurreição, no estilo de *Putsch*, não obstante ser a Spartakusbund minoritária, conforme se evidenciou no Congresso Geral dos Conselhos de Operários e Soldados da Alemanha, o órgão máximo da Revolução de Novembro. E tal comportamento cada vez mais assustava não só os conservadores como também os social-democratas majoritários, que assumiram o poder com a abdicação do Kaiser Wilhelm II. Eles julgavam que, uma vez proclamada a república, a tarefa consistia em restabelecer a ordem, evitar o caos e a fome, bem como reorganizar o Estado, consolidando as conquistas democráticas, de acordo com o desejo da maioria do povo, que se devia expressar, livremente, através da Assembleia Nacional. E temiam que qualquer tentativa de introduzir, pela força, o socialismo na Alemanha, ainda sob severo bloqueio, levasse os Aliados a invadirem-na, tornando ainda mais graves os problemas gerados pela derrota na guerra mundial.

Ebert, sob fortes pressões internas e externas, defrontou-se com inúmeras dificuldades, desde a instalação do Governo dos Comissários do Povo. Não pôde superá-las. Os violentos conflitos nas ruas de Berlim, muitos dos quais instigados, ao que tudo indicava, por *agents provocateurs* (HAFFNER, 1979, p.140; FRÖLICH, 1972, p.284-289), dividiram, profundamente, o movimento operário e abriram o caminho para a intervenção dos oficiais da Reichswehr, até então sem condições de agir, em virtude das rebeliões de soldados e marinheiros, que culminaram com a Revolução de Novembro. E eles contaram com respaldo político, sobretudo porque a experiência da Rússia, se, de um lado, estimulava os que queriam continuar a revolução na Alemanha e depor Ebert, assim como os bolcheviques fizeram com Kerensky,[10] do outro, atemorizava ainda mais os que a ela se opunham. A direita então se armou. E, em meio daquele clima de radicalização, o Governo dos Comissários do Povo ficou indefeso. Ebert, que possuía acentuada consciência de legitimidade do poder e respeitava tanto as instituições criadas pela Revolução de Novembro quanto as instituições herdadas do antigo regime (NETTL, 1969, p.460), teve de recorrer aos meios disponíveis para salvá-la, principalmente depois que o USPD passara para a oposição.

A Reichswehr, cujo alto comando, sob a chefia dos generais Paul von Hindenburg e Wilhelm Groener, havia aceitado a república e a ela jurado lealdade, fortaleceu sua posição para atuar com maior autonomia, e, em lugar de uma democrática Volkswehr (exército popular), tal como o Conselho de Operários e Soldados de Berlim tivera o propósito de organizar (MILLER e POTTHOFF,

---

10 Alexander F. Kerensky, o governante da Rússia que Lenin e Trotsky derrubaram com a Revolução de Outubro.

1988, p.89), Ebert, após um ataque a granadas contra o Castelo de Charlottenburg, na noite de Natal de 1918, convocou seu amigo Gustav Noske, da ala direita do SPD e especialista em assuntos militares, para assumir o Ministério da Defesa. E ele autorizou oficiais e soldados desmobilizados a formarem corpos de voluntários (*Freiwilligenkorps*), com o objetivo de conter os distúrbios e restaurar a ordem no país. Capitalistas, como Hugo Stinnes, que ganhou entre 300 e 400 milhões de marcos com a guerra mundial (GIETINGER, 2009, p.90), financiaram sua formação e tais organizações paramilitares converteram-se em instrumento da contrarrevolução. Cruéis combates ocorreram na Alemanha. E o levante spartakista (assalto à redação do *Vorwärts*, órgão dos social-democratas majoritários, e de outros jornais, em Berlim) fracassou. Karl Liebknecht e Rosa Luxemburg, que o reprovara energicamente pela condução do levante por lhe parecer prematuro (FRÖLICH, 1972, p.289-290; NETTL, 1969, p.482-483; HAFFNER, 1979, p.147), foram então presos e bestialmente assassinados (15 de janeiro de 1919) por um daqueles *Mordkommandos* (comandos da morte), sob a chefia do capitão Waldemar Pabst, da Garde-Kavallerie-Schützen-Division (GKSD).[11] O fato de que Wilhelm Pieck fora preso juntamente com Rosa Luxemburg e Karl Liebknecht, mas teve sua vida poupada pelos militares, levantou a suspeita de que Pieck, teria fornecido a informação do local – Eden-Hotel – onde eles se escondiam.[12] Esta acusação foi levantada contra ele, alguns anos depois, por Ernst Thälmann, secretário-geral do KPD durante a República de Weimar. Havia suficientes fundamentos para tal suspeita, apesar de não se conseguir sua comprovação. Em 1962, porém, o capitão Waldemar Palbst revelou que Pieck, preso juntamente com Rosa Luxemburg e Liebknecht, embora não os tenha traído, foi libertado, porque fornecera informações sobre outros militantes do KPD, pontos de encontro e depósitos de armas, facilitando sua captura (GIETINGER, 2009, p.370).

O brutal assassinato de Rosa Luxemburg[13] e Karl Liebknecht consternou a opinião pública, mas, ao contrário das expectativas, não abalou a popularidade do MSPD. As eleições para a Assembleia Nacional, que se realizariam em 19 de janeiro de 1919, quatro dias depois do duplo crime, evidenciaram o amplo suporte com que a orientação moderada de Ebert contava. De aproximadamente

---

11 Divisão de Cavalaria de Guarda e Proteção.

12 Segundo Nettl, a parceria de Liebknecht com Pieck fora "fatal" para ele. NETTL, 1969, p.440, 493 e 494; BROUÉ, 2006, p.257.

13 O tenente-coronel Kurt Vogel foi quem provavelmente fuzilou Rosa Luxemburg e Liebknecht, perto da ponte Cornelius, sobre o canal Landwehr, onde seus corpos foram encontrados cerca de um mês depois. BERNSTEIN, 1998, p.229.

30 milhões de votos, os social-democratas majoritários obtiveram 11,4 milhões, ou seja, 37,91% do total. Os independentes, a se radicalizarem e já em oposição ao Governo dos Comissários do Povo, receberam 2,2 milhões, o equivalente a 7,6%. Ambos, o MSPD e o USPD somados, elegeram 187 deputados, enquanto os partidos do centro e os conservadores (DDP, DVP, DNVP, Zentrum) e grupos menores dissidentes ganharam 16 milhões e fizeram 236 deputados (ROCKER, 1952, p.47; MILLER e POTTHOFF, 1988, p.86. HAFFNER, 1979, p.167). De forma clara e inequívoca, a imensa maioria do povo e, consequentemente, do proletariado, cujo apoio Rosa Luxemburg considerara fundamental para a revolução, manifestou-se contra a sua continuidade, tal como a Spartakusbund-KPD pretendia. Votou pela ordem.

A decisão da Spartakusbund-KPD de não participar das eleições e boicotá-las impediu, provavelmente, que a esquerda (MSPD e USPD), com um total de 45,5% dos votos, alcançasse a maioria absoluta da Assembleia Nacional. Com esta decisão, os majoritários, que os independentes também passaram a antagonizar, não tiveram alternativa senão formar uma coalizão com os democratas e o centro católico, de modo que pudessem governar e elaborar a nova Constituição, mas não no sentido do socialismo e sim da manutenção, pelo menos, do regime parlamentar de acordo com as antigas ideias liberais. Tal esforço não conteve a radicalização e o clima de guerra civil não se desvaneceu. Os *Freikorps* continuaram a matar dirigentes spartakistas, como Leo Jogisches, outro companheiro de Rosa Luxemburg, reprimindo os focos de insurreição, que irromperam em várias regiões da Alemanha, inclusive na Baviera, onde o rei Ludwig III, em 12 de novembro, sem poder controlar a situação, havia liberado os funcionários civis e militares do juramento que lhe fora prestado. Este fato possibilitou que o líder social-democrata Kurt Eisner, do USPD, assumisse a função de ministro-presidente e formasse um governo revolucionário, em Munique, onde proclamou o Estado Popular da Baviera (*Volksstates Bayern*), um Estado livre (*Freistaat*), de caráter socialista democrático, diferente do regime instituído na Rússia (EISNER, 1996, p.239-271). Em meio à radicalização, tanto da esquerda, quanto da direita, essa *Rätedemokratie* (democracia dos Conselhos), estabelecida na Baviera, sucumbiu, depois que seu líder, o social-democrata independente Kurt Eisner, fora assassinado, em 21 de fevereiro de 1919, por Anton Graf von Arco auf Valley, estudante de Direito e integrante do Real Regimento de Infantaria da Guarda Pessoal do rei (*Infanterie-Leib-Regiment*). Mas, aquele mesmo proletariado, cujo apoio a Spartakusbund-KPD não conquistara para suas tentativas de insurreição, repulsava, igualmente, o radicalismo de direita. Uma greve geral, convocada pelo Allgemeine Deutsche Gewerkschaftsbund

(ADGB) e outras federações sindicais, sob a direção dos social-democratas majoritários e independentes, paralisou Berlim e derrotou o *Putsch*, que o general Wolfgang Kapp, com o apoio dos *Freikorps*, tentou desfechar contra a república, na primavera de 1920.

CAPÍTULO 3

A SITUAÇÃO NA RÚSSIA SOVIÉTICA APÓS A REVOLUÇÃO DE 1917 – DO "COMUNISMO MILITAR" À NOVA POLÍTICA ECONÔMICA (NEP) – RESTAURAÇÃO DA ECONOMIA DE MERCADO – INVESTIMENTOS ESTRANGEIROS NA URSS – O ESTABELECIMENTO DA *STAATSSKLAVEREI* – O TRATADO DE RAPALLO – A IMPORTÂNCIA DA ALEMANHA PARA A RECUPERAÇÃO ECONÔMICA DA URSS

Após a morte de Rosa Luxemburg e Leo Jogisches, os dois que mais resolutamente resistiram à imposição das táticas e dos métodos bolcheviques ao movimento revolucionário, o KPD, ao qual a adesão de grande parte do USPD, em 1920, fornecera uma real base de massas, caiu sob completa influência de Moscou. Os que lutavam pelo socialismo cindiram-se, irreversivelmente, em duas correntes irreconciliáveis – social-democratas e comunistas – cujas divergências programáticas, adensadas pelo derramamento de sangue, degeneraram em ódio e intolerância. E, embora Lenin começasse a combater o "esquerdismo", como a "enfermidade infantil" do comunismo, que contaminava, sobretudo, facções do KPD[1], os bolcheviques continuaram a acusar Ebert, Scheidemann e Kautsky de "traição" ao socialismo. Na verdade, eles pouco ou nada aprenderam com a experiência da Alemanha, onde, sobre o pano de fundo da guerra civil e do terror na Rússia Soviética, a divisão da social-democracia, aprofundada pela radicalização da Spartakusbund-KPD, não só impedira o avanço como provocara o retrocesso nas conquistas da Revolução de Novembro. Continuaram a crer

---

1   LENIN, *La Enfermedad Infantil del "izquierdismo" en el Comunismo*, em LENIN, Tomo II, 1948, p.733-770.

que a insurreição armada e o regime soviético constituíam o único e verdadeiro caminho para alcançar o socialismo. E, em 1921, Gregory Zinoviev, presidente do Internacional Comunista, estimulou e instigou, com o apoio de Bela Kuhn, chefe do Comuna Húngara de 1919, outro levante operário na Alemanha, cuja situação interna, em virtude da derrota na guerra mundial, ainda parecia aos bolcheviques a mais favorável à revolução comunista (TROTSKY, 1922, p.102). Mas a sublevação não teve êxito (ROCKER, 1930, p.51). O governo do Reich, sem maiores dificuldades, pôde sufocá-la. Em consequência de divergências com a direção, Paul Levi, secretário-geral do KPD, rompeu com a Internacional Comunista e publicou os manuscritos de Rosa Luxemburg sobre a Revolução Russa, até então inéditos e escondidos, pois os emissários de Moscou, como Clara Zetkin, traziam a incumbência de destruí-los (ETTINGER, 1990, p.275).

A política externa da Rússia Soviética, diante do seu terrível isolamento internacional, começou então a apresentar um caráter dúplice e contraditório, De um lado, os bolcheviques, mantendo os compromissos doutrinários com o internacionalismo, conservavam a esperança, embora atenuada, de que a revolução social ainda viesse a ocorrer em outros países da Europa, principalmente na Alemanha, e instrumentalizavam a Internacional Comunista, com o objetivo de fomentá-la e organizá-la. De outro, Lenin reconhecera que o centro revolucionário deslocava-se do Ocidente para o Oriente[2] e que a Rússia Soviética precisava conviver pacificamente com as nações capitalistas da Europa, a fim de recuperar-se dos danos provocados pela revolução e pela guerra civil.

A gravidade de sua situação econômica, social e política atingira as mais trágicas dimensões, que ameaçavam a própria sobrevivência do Estado soviético. Ao fim da guerra civil, em 1921, a renda nacional da Rússia caíra para somente um terço do nível de 1913. A indústria fabricava menos de um quinto das mercadorias produzidas antes da guerra mundial, as minas de carvão, menos de um décimo e as fundições de ferro, apenas a quadragésima parte de sua produção normal. O país não tinha aço, carvão e máquinas, o que ameaçava paralisar totalmente suas indústrias. As ferrovias ficaram completamente destruídas, a agricultura, arrasada, as aldeias, despovoadas e, em fins de 1921, o número de famintos elevou-se a 36 milhões, o que fez o canibalismo reaparecer (DEUTSCHER, 1968b, p.15-16). Conforme Isaac Deutscher observou, "a estrutura social da Rússia não fora apenas derrubada, fora esmagada e destruída" e, quando

---

2   LENIN, *La Enfermedad Infantil "izquierdismo" en el Comunismo*, em LENIN, Tomo II, 1948, p.716. "Tesis dei Informe sobre la Táctica el PC (b) de Rusia, presentado ante el III Congresso de la IC", p.917-918.

A REUNIFICAÇÃO DA ALEMANHA 63

a ditadura do proletariado triunfara, o proletariado quase que havia desapareci-
do, uma vez que de três milhões de trabalhadores existentes antes da revolução,
apenas metade continuava ocupada (DEUTSCHER, 1968b, p.16-17). Na verdade, só o campesinato emergira intacto como classe social. E a Rússia, como
Kautsky observou, estava mais distante do socialismo do que antes da guerra
(KAUTSKY, 1990c, p.232-233).

Lenin sabia-o. Demonstrou-o no X Congresso do Partido Comunista, em
março de 1921. E, por fim, recuou do "comunismo militar" ou "comunismo de
guerra", implantado durante os anos da guerra civil, e restabeleceu o funcionamento da economia de mercado, com a adoção da NEP (*Novaia Ekonomitcheskaia Politika*), a partir de 1922. Não o fez como tática, a fim de enfrentar
dificuldades momentâneas,[3] conforme grande parte dos bolcheviques entendeu
(BABEROWSKI, 2007, p.57), e sim como estratégia, visando ao desenvolvimento das forças produtivas, necessário ao socialismo. Seu objetivo foi instituir
capitalismo de Estado, não como a propriedade e a operação das empresas pelo
Estado, mas como capitalismo privado, permitido e controlado pelo Estado
(FISCHER, 1967, vol. 2. p.846-847 e 894). Assim, fez concessões aos investimentos estrangeiros, mostrando-se bastante otimista quanto à possibilidade
de que eles afluíssem para a Rússia Soviética (COHEN, 1980, p.133-137). De
acordo com os parâmetros tradicionais da teoria marxista, Lenin sustentou que
o planejamento só teria eficácia com uma economia altamente desenvolvida e
concentrada e não em um país com cerca de 20 milhões de pequenas fazendas
dispersas, uma indústria desintegrada e formas primitivas e bárbaras de comércio. Em seu folheto "Sobre o imposto em espécie", escrito entre 13 e 21 de abril
de 1921, acentuou que,

> O socialismo é inconcebível sem a grande técnica, montada de acordo com a última
> palavra da ciência moderna, sem uma organização planificada do Estado, que subor-
> dine dezenas de milhões de pessoas ao mais estrito cumprimento das normas únicas
> de produção e distribuição dos produtos.[4].

Aí, mais uma vez, transpareceu a alta importância com que Lenin avaliava
a posição da Alemanha. Sua percepção era de que uma revolução ali vitoriosa

---

3   Gorbachev também concluiu que a NEP não constituiu um recuo tático, como os stalinistas
    alegaram. GORBACHEV, 1999, p.17.
4   LENIN, *Sobre el Impuesto en Especie – Significación de la Nueva Política Económica y sus
    Condiciones*, em LENIN, Tomo II, 1948, p.883.

romperia, "de um golpe, com enorme facilidade", toda a "casca do imperialismo, casca feita, por desgraça, do melhor aço", e possibilitaria, "com toda a segurança", a vitória do socialismo em escala mundial, "sem dificuldades ou com menores dificuldades" (LENIN, 1948, p.884). Porém, se a revolução tardasse a irromper na Alemanha,

> nossa tarefa consiste em aprender o capitalismo de Estado dos alemães, assimilá-lo com todas as nossas forças, não poupar procedimentos ditatoriais para acelerar a assimilação do ocidental pela Rússia bárbara, não deter-se diante de procedimentos bárbaros na luta contra a barbárie (ibidem).

Lenin acentuou, concordando implicitamente com Kautsky, que só uma grande indústria mecanizada, capaz de organizar também a agricultura, podia ser a base material do socialismo[5], para o qual o capitalismo monopolista de Estado, que existia na Alemanha, representava, "sem os *Junkers* (grandes senhores de terra) e os capitalistas" sua "ante-sala", a "preparação mais perfeita".[6] Quase ao mesmo tempo, Kautsky, denunciando *"der reaktionäre Charakter des Bolschewismus"* (o caráter reacionário do bolchevismo), cujo ponto mais alto consistia no estabelecimento da *Staatssklaverei* (escravidão de Estado), devido à militarização do trabalho proposta por Trotsky, proclamou que o ensaio socialista falhara; nada mais restara, senão a retirada para o *Staatskapitalismus* (capitalismo de Estado), que não era novo na Rússia, porquanto, lá, o capitalismo desde sempre existira graças somente ao poder do Estado (KAUTSKY, 1990c, p.278).

As forças produtivas da Rússia haviam declinado para tão baixo nível que o governo soviético, com o objetivo de desenvolvê-las, teve de recorrer a vários meios, de um lado, implantando métodos socialistas (planejamento econômico, indústria de larga-escala e transporte e assim por diante) e, restaurando os métodos capitalistas (mercado, cálculo econômico mesmo nas indústrias estatais, empresas capitalistas privadas no comércio e na indústria), bem como restabelecendo a economia do pequeno comércio (principalmente pequenos camponeses) (PREOBRAZHENSKY, 1973, p.71). Com efeito, a fim de aliviar a extrema escassez interna de produtos e romper o isolamento internacional em que a Rússia Soviética se encontrava, Lenin tratou de impulsionar a economia de mercado, embora sob controle do Estado, permitindo a desnacionalização

---

5   LENIN, "Tesis sobro el Informe de la Táctica del PC(b) de Rusia, presentado ante el III Congreso de la IC", p.293.
6   *Idem, Sobre el Impuesto en Especie*, p.885.

limitada de certos setores produtivos, *joint-ventures* de investimentos estrangeiros e domésticos, entrada de algumas empresas estrangeiras, funcionamento de cooperativas segundo os princípios de mercado e o emprego de administradores treinados nos métodos capitalistas. E a NEP, com o concurso do sistema monetário, tanto estimulou a agricultura quanto reviveu a indústria, fazendo a produção da Rússia duplicar, entre 1922 e 1923, e alcançar, em 1926, os níveis anteriores ao da guerra mundial (TROTSKY, 1936, p.35).

O propósito de Lenin e Trotsky, ao que tudo indicou, foi promover não apenas a pacificação e a conciliação internas como normalizar as relações da Rússia Soviética com os demais Estados europeus, bem como com os Estados Unidos, cuja burocracia em Washington, por considerações ideológicas, recusava o reconhecimento diplomático do governo bolchevique (WILSON, 1974, p.vii-xii). Em texto publicado no *Pravda*, em 30 de setembro de 1923, extraído de uma conversa com o senador americano William H. King (Democrata – Utah),[7] Trotsky declarou que estava firmemente convencido de que o comércio e a indústria dos Estados Unidos, que haviam experimentado, naqueles anos, uma fase de poderoso *boom* econômico, reconheceriam, brevemente, a importância do mercado russo, porém, de acordo com as leis do desenvolvimento econômico, este *boom* seria seguido pela depressão e crise. E, após assinalar que os primeiros sintomas já se haviam manifestado, observou que, se os Estados Unidos não reduzissem a produção, deveriam buscar mercados externos, mas não poderiam expandi-los na Europa, dado que ela estava condenada à ruína, por um período de muitos anos. Porém, a Rússia, embora fosse mais pobre do que a Europa, não estava a fundar na ruína, o que era uma vantagem. E acrescentou:

> Consequentemente, a Rússia, e toda a União Soviética constituía um mercado natural para a indústria americana. (...) É do interesse do fazendeiro Americano que o capital

---

7   O senador William H. King (Democrata – Utah) havia declarado em 1919 que quem apoiasse o bolchevismo era inimigo da civilização. Contudo, em julho de 1923, em companhia do senador Edwin F. Ladd (Republicano – Dakota do Norte) e do professor A. A. Johnson, de Nova York, ele visitou a União Soviética, onde conversou com diversos líderes revolucionários, exceto Lenin, que estava muito enfermo. E ao regressar aos Estados Unidos, passou a defender o reconhecimento diplomático do governo bolchevique e o restabelecimento das relações comerciais entre os dois países. Disse ele no Senado Americano: "I have for many years believed that Russia was destined to play a most important role in the history of the world" e que "there are many false statements published in American papers and in the press of Europe regarding conditions in Russia. Many fantastic and foolish stories have been printed in regard to the Bolshevik leaders and the political and social conditions in Russia". "Conditions in Russia" – 68th congress, 1st session, Senate Document no. 126. Speech of hon. William H. King a Senator from the State of Utah delivered in the Senate – January 22 and April 24, 1924.

66 LUIZ ALBERTO MONIZ BANDEIRA

americano participasse ativamente no desenvolvimento industrial da Rússia, porque isto aumentaria imediatamente o nosso consumo doméstico de grãos, reduzindo desse modo o volume de grãos que devemos exportar. As grandes firmas americanas podiam acelerar nosso desenvolvimento industrial e, assim fazendo, obter muito grandes lucros para elas próprias.[8]

Trotsky, acrescentando que importante fator moral (e não menos sentimental) facilitava o *rapprochement* entre a URSS e os Estados Unidos, chamou a atenção do senador William H. King para o fato de que, nos jornais e revistas técnicas, ele encontraria frequentemente palavras como "americanismo" e "americanização", usada em sentido favorável e não, de nenhum modo, depreciativo (TROTSKY, 1981, p.181). Declarou que os russos estavam ávidos para aprender os métodos de produção americanos racionalmente organizados, a organização científica do trabalho, o que constituía uma base moral para um vínculo com a América. E concluiu afirmando que a NEP era uma "necessidade absoluta" para os 90 milhões de camponeses russos e não tornava preciso fazer declarações solenes e manifestos para confirmar sua estabilidade, pois, se fosse abandonada, os bolcheviques despedaçariam suas cabeças. As condições da vida interna na Rússia – Trotsky remarcou – demandavam totalmente a estabilidade da NEP (idem, p.181-182). O capitalista americano Armand Hammer recordou que certa vez Trotsky explicou que nenhum verdadeiro marxista permitiria que sentimento interferisse em negócios.

Armand Hammer[9] fora à Rússia em 1922,[10] logo após o fim da guerra civil, como representante da Allied Chemical and Dye Corporation. Ofereceu-lhe uma ajuda humanitária, que incluia ambulância e equipamentos completos para hospital, no valor de US$ 60.000. Lenin recebeu-o em audiência por cerca de cerca de uma hora e, após agradecer a ajuda humanitária, admitiu virtualmente que o comunismo não estava a funcionar, dizendo que o que a Rússia realmente

---

8 Essa conversa foi publicada no *Pravda*, n. 225, de 30 de setembro de 1923. Vide TROTSKY, 1981, p.181.

9 Armand Hammer (1898-1990), nascido em Manhattan, era filho de Julius Hammer, judeu russo que emigrara para os EUA, e Rose Robinson Hammer. Foi um dos principais acionistas da Occidental Petroleum Co.. Em 1950, associou-se ao senador Albert Gore, pai de Al Gore, que foi vice-presidente de Bill Clinton (1993-2001), em negócio de pecuária, e depois o nomeou presidente da divisão de carvão da Occidental Petroleum Co., com um salário de US$ 500.000 por ano. Posteriormente, Hammer ligou-se ao Partido Republicano, apoiou financeiramente a campanha de Richard Nixon para a presidência dos EUA, em 1968, e manteve relações com o presidente Ronald Reagan (1981-1988).

10 Em agosto de 1921, Hammer fora à Rússia Soviética. WILSON, 1974, p.74.

A REUNIFICAÇÃO DA ALEMANHA   67

necessitava era de capitais e auxílio técnicos (SIEGEL, 1996, p.80-81). E Armand Hammer, ao chegar a Nova York em 13 de junho de 1922, anunciou que Lenin lhe havia outorgado, por vinte anos, uma concessão para a mineração de asbestos, platina e outros minerais, nas proximidades de Ekaterinburg, no lado asiático das montanhas do Ural, equivalente em extensão ao Estado de Rhode Island. Nos Estados Unidos, ele criou uma empresa, a Allied American Corporation (Alamerico), convenceu Henry Ford a exportar para a URSS 25.000 tratores e tornou-se cliente de várias firmas americanas, entre as quais a Union Twist Drill, American Tool Works, Allis-Chalmers, U.S. Ruber, Parker Pens e Underwood Typewriter (ibidem). Assim, por volta de 1923, a Allied American Corporation já se havia tornado a única intermediária nas transações comerciais – importação e exportação – dos Estados Unidos com a URSS (FINDER, 1983, p.45). Nesse ano, 1923, exportou para a URSS 624 tratores e seus acessórios, produzidos por Henry Ford, obtendo uma receita da ordem de US$ 1,2 milhão (EPSTEIN, 1996, p.95). Porém, ao que tudo indicou, Armand Hammer não era simples empresário. J. Edgard Hoover, diretor do FBI, recebeu informação de que o Kremlin lhe havia fornecido o montante de US$ 75.000 para o financiamento de agentes da Internacional Comunista nos Estados Unidos.[11] E, segundo Edward Jay Epstein, que investigou a vida de Armand Hammer nos arquivos de Washington e Moscou, grande parte de suas atividades envolveram a transferência de dinheiro, por meio de rotas subreptícias, para os agentes soviéticos nos Estados Unidos (idem, p.101-106).

Outro capitalista americano, William Averrel Harriman,[12] que em 1920 organizara uma firma de investimentos, a W.A. Harriman & Co, obteve do governo soviético, em 1924, o arrendamento para exploração de um depósito de manganês, durante 20 anos, com direito de exportação, no campo de Chiatura,

---

11 Armand Hammer, durante muito tempo, foi observado pelo FBI como suspeito de ser agente da URSS. Esta suspeita foi também levantada pelo coronel Alexandre de Marenches, chefe do Service de Documentation Extérieure et de Contre – Espionnage (SDECE), o serviço de inteligência da França, entre 1970 e 1981, e levada ao conhecimento do presidente Ronald Reagan. EPSTEIN, 1996, p.73, 311-313

12 William Averell Harriman, político (Partido Democrata) e diplomata americano trabalhou, nos anos 1930, com o presidente Franklin D. Roosevelt, como enviado especial à Europa, e acompanhou-o à reunião com o primeiro-ministro britânico Winston Churchill, realizada em Placentia Bay, quando os EUA praticamente se aliaram à Grã-Bretanha na guerra contra o Eixo. Posteriormente, entre 1943 e 1946, desempenhou a função de embaixador dos EUA na URSS. Foi secretário do Comércio, durante o governo do presidente Harry Truman e, em 1951, foi enviado à Teerã para intermediar a litígio entre o Irã e a Grã-Bretanha por causa da nacionalização da Anglo-Iranian Oil Company. Averel Harriman, nascido em 1891, faleceu em 1986.

perto de Tiflis, na Georgia. Outros investidores da United States Corporation associaram-se ao projeto, e a W. A. Harriman & Co., em 1925, incorporou a Georgia Manganese Company (FINDER, 1983, p.54-56). Esse depósito de minério em Chatura, avaliado em bilhões de dólares, pertencera a empresários russos que, depois da revolução bolchevique, fugiram para o exterior, e William Averrel Harriman comprou os direitos de explorá-lo por US$ 3,4 milhões (idem, p.56). Outrossim, uma companhia alemã ganhou outro contrato para a mineração de manganês, no Mar Negro, e a Krupp Co. recebeu concessão para desenvolver uma extensão de aproximadamente 1 milhão de hectares de terra no sudeste da Rússia e instalar colonos alemães.

A recém constituída URSS, após a guerra civil, estava paralisada por forte falta de capital, queda da produção industrial, inflação e severa escassez de alimentos. A recuperação de sua economia estava a depender de investimentos estrangeiros. E, em face de tal necessidade, o governo soviético também fez importantes concessões a empresas controladas pelo capitalista americano Harry F. Sinclair para a exploração de petróleo: a International Barnsdale Corp. recebeu o distrito de Baku, onde vários campos estavam improdutivos, devido aos estragos ocorridos durante a guerra civil; a Oil Shah, na ilha de Sakhalin, no extremo oriente da Rússia, entre o Mar de Okhost e o Estreito de la Pérouse;[13] e à Sinclair Exploration Co., para a exploração de petróleo na Sibéria. E Lenin ofereceu ao engenheiro Washington B. Vanderlip[14] contratos no valor de US$ 3

---

13 "With the announcement of the new economic policy, private domestic trade was slowly introduced among the people. [...] The change that followed inspired hope in the people and they began to work and to produce. In the cities and towns, stores and business buildings which had long been closed were opened and shops appeared in which a limited number of commodities were offered for sale. Peasants brought their wares into the cities and freely exposed them for sale. Markets were provided where commodities of all sorts were bought and sold. This freedom of trade among the people soon wrought important changes, socially and industrially. Goods and commodities which had been secreted were brought from their hiding places and exchanged or sold. Thousands of individuals with but little, if any, capital traversed the country buying and selling and bartering and trading. [...] These conditions called for banks and for credit and for the things found in so called capitalistic countries. With the increase in trade more stores and buildings were required, and to make them available for use improvements and repairs were necessary. [...]There were some shrewd and active traders and merchants who were making large profits, and there was being developed a *nouveau riche* class, called in Russia, the *"Nepman."* "Conditions in Russia"- 68th congress, 1st session Senate Document no. 126. Speech of hon. William H. King, a Senator from the State of Utah delivered in the Senate – January 22 and April 24, 1924 presented by Mr. Lodge May 26,1924.

14 No segundo semestre de 1920, Washington B. Vanderlip, representando o Vanderlip Syndicate, grande empresa americana, esteve em Moscou para conversações sobre empreendimentos de

bilhões para a exploração de petróleo e carvão, além de outros empreendimentos, na península de Kamchatka, então ocupada pelos japoneses.[15]

Estas companhias levaram sondas, equipamentos de perfuração e administradores e técnicos. A produção de petróleo, virtualmente estagnada entre 1920 e 1923, reviveu desde então, com o apoio da tecnologia ocidental, e a URSS (constituída desde 1922 pela Rússia e outras nações do antigo império tzarista, onde os bolcheviques dominavam) logo voltou ao mercado mundial (YERGUIN, 1990, p.237-238). Suas exportações quase duplicaram, em 1924/1925, em relação ao ano anterior, apesar do Front Uni, o boicote estabelecido pela Standard Oil of New Jersey, Royal Dutch/Shell e Branobel.[16] Em 14 de junho de 1924, a empresa estatal soviética Aznef fez uma *joint-venture* com uma empresa iraniana, Persazneft, para a exploração de petróleo em Baku[17] e o governo soviético concedeu a uma companhia francesa a exploração do petróleo nas bacias dos rios Ural e Emba. O boicote fracassou e a Standard Oil e a Royal Dutch/Shell e Branobel não tiveram alternativa senão negociar com as empresas soviéticas para fornecer petróleo à Turquia e ao Egito.

Através das concessões aos empresários Washington B. Vanderlip.Harry F. Sinclair e outros, Lenin buscou obter o reconhecimento diplomático do governo soviético pelos Estados Unidos, que somente ocorreu cerca de 10/11 anos depois, em 16 de novembro de 1933, sob o governo do presidente Franklin Delano Roosevelt (1933-1945)[18]. No entanto, segundo o economista E. A. Preobrazhensky,

---

pesca e exploração de petróleo e carvão em Kamchatka, uma península com cerca de 1.250 km de extensão, localizada na região oriental da Rússia, e no resto da Sibéria Oriental.

15 Wilson, 1974, p.71-72. "Vanderlip Cancels Washington Plans; Holder of $3,000,000,000 Russian Contracts Postpones His Trade Relation Plea. It Indicates He Told Soviet Chiefs U.S. Government Would Get Kamchatka Concessions". *The New York Times*, December". 14, 1920, p.3. "Soviet Takes over Part of Kamchatka; Vanderlip Concession Is Said to Be Behind Secret Deal for the Transfer. Japan Protests Cession Makes Demands on Chita Government-Complications With America Threatened". *The New York Times*, March 24, 1921, p.2.

16 Natalya Bogomolova, "The First Exercise of Oil Business Transparency", em *Oil of Russia* n. 1, 2004. YERGUIN, 1990, p.237-239.

17 Vladimir Mishin, "The First Joint Venture", em *Oil of Russia* n. 2, 2004.

18 Imediatamente depois de assumir o governo dos EUA, o presidente Franklin D. Roosevelt trabalhou a fim de estabelecer os vínculos diplomáticos com a URSS, rompidos pelo presidente Woodrow Wilson, em 6 de dezembro de 1917, porque o governo bolchevique recusou-se a pagar os empréstimos contraídos ao tempo do governo tzarista, expropriou empresas americanas e negociava com a Alemanha o tratado de paz, em Brest-Litovsk (março de 1918), retirando a Rússia da guerra. Vários e complexos fatores, tanto comerciais quanto políticos, levaram Roosevelt a recompor as relações diplomáticas com a URSS. De um lado, os EUA, no início da década de 1930, eram a única das grandes potências que ainda não haviam reconhecido a URSS. E, em meio à Grande Depressão, deflagrada pela crise econômica e financeira de 1929, sob pressão

membro do Politburo do PCUS ao tempo da NEP, a participação dos capitais americanos na vida econômica da Rússia soviética foi a mais importante, depois dos capitais alemães, embora seu interesse principal e exclusivo fosse nas indústrias de petróleo, manganês e platina, nos ramos da produção necessários à economia dos Estados Unidos (PREOBRAZHENSKY, 1973, p.70). De modo geral, os capitais não se interessaram pelos ramos das indústrias voltadas para o mercado doméstico, e sim pelas empresas que produziam bens para exportação. Entretanto – Preobrazhensky salientou –, a atração dos investimentos alemães foi, em geral, um grande sucesso para desenvolver em larga escala os extensos desertos do Sul e do Sudeste da Rússia e Sibéria Ocidental, e estabelecer nessas regiões centros de produção de trator e fazendas para a criação de animais (idem, p.69). Eles vincularam a agricultura russa à indústria alemã, fornecendo-lhe créditos na forma de maquinaria e outros implementos agrícolas (idem, p.70).

Na realidade, os entendimentos com a Alemanha, cujas fábricas de material bélico, as mais modernas da Europa, estavam paralisadas devido às proibições impostas pelo humilhante Tratado de Versalhes, foram mais amplos e profundos. Como comissário da Guerra, Trotsky, interessado em montar uma indústria de armamentos para o Poder Soviético, iniciou contatos secretos com as empresas alemãs Krupp, Blohm & Voss e Albatross, e Lenin o autorizou a oferecer-lhes vantagens, de modo a induzi-las a fazer investimentos na URSS. Os entendimentos, encobertos pelas negociações econômicas (FREUND, 1957, p.142), obtiveram pleno sucesso. Os interesses econômicos e comerciais, bem como políticos, do próprio Estado alemão, sobrepujaram os antagonismos ideológicos. As empresas alemãs dispuseram-se a cooperar com o Poder Soviético, fornecendo maquinaria e assistência técnica necessárias à fabricação de aviões, artilharia e munições, ou seja, à produção, na Rússia Soviética, do que o Tratado de Versalhes proibia dentro do território do Reich. A companhia Junkers assinou um contrato secreto para a construção de uma planta militar no território da URSS, em Fili, nas vizinhanças de Moscou, e em Karkov, adjudicando ao investimento cerca de

---

dos interesses comerciais, precisavam conquistar novos mercados; do outro, entre outras razões, Roosevelt pretendeu jogar com a URSS para limitar a tendência expansionista do Japão, na Ásia. Também, Adolf Hitler, líder do Nationalsozialistische Deutsche Arbeiterpartei (NSDAP), o partido nazista, havia assumido o poder em Berlim e anunciado a retirada da Alemanha da Conferência de Desarmamento e da Liga das Nações. As negociações foram efetuadas diretamente com Maxim Litvinov, ministro dos Negócios Estrangeiros da URSS, por dois emissários pessoais de Roosevelt, Henry Morgenthau, diretor da Farm Credit Administration e secretário interino do Tesouro, e William C. Bullit, diplomata e assessor de relações internacionais da Presidência. William C. Bullit foi nomeado depois embaixador em Moscou. Sobre o reatamento dos EUA com a URSS vide SCHULZINGER, 1994, p.155-157. PRAT, 1955, p.591-594.

600 milhões de Reichmarks (DYAKOV e BUSHUYEVA, 1995, p.127-128). E, em 16 de abril de 1922, a Alemanha, na linha da *Realpolitik*, reconheceu *de jure* a Rússia Soviética, ao celebrarem o Tratado de Rapallo, que cancelou todas as reclamações de guerra existentes entre os dois, alarmando as 34 nações credoras e enfurecendo as forças conservadoras da Europa (MANCHESTER, 1968, p.312).

A percepção do governo de Moscou, conforme transpareceu no discurso de Karl Radek durante 4° Congresso da Internacional Comunista (5 de dezembro de 1922) era a de que "a política de estrangulamento da Alemanha, como um fator internacional", implicava também a destruição da URSS (FREUND, 1957, p.143). Não importava como a Rússia fosse governada, era sempre do seu interesse que a Alemanha existisse. Na opinião de Karl Radek, se a Alemanha não pudesse contribuir para contrabalançar a supremacia dos Aliados, após a guerra mundial, dúvida não havia de que a Rússia não poderia continuar como grande potência nem adquirir os meios econômicos e técnicos para a sua reconstrução industrial – a Rússia não podia continuar como grande potência nem adquirir os meios econômicos e técnicos (ibidem). Um oficial alemão contou a Gustav Krupp von Bohlen und Halbach que Lenin havia dito: "A estepe deve ser transformada em uma fábrica de pães, e Krupp deve ajudar-nos" (MANCHESTER, 1968, p.312). Com efeito, a Krupp enviou à URSS máquinas para talar 62.500 acres de terra entre Rostov e Astracã, à margem do rio Manytch, afluente do Don, e também locomotivas para transporte ferroviário (idem, p.312).

Com o Tratado de Rapallo, a Alemanha retomou o curso histórico de sua política exterior – *Drang nach Osten* (impulso para o Leste) e, sendo o primeiro país a reconhecer a URSS, rompeu o cerco a que ela ainda estava submetida e robusteceu sua própria posição perante as potências vitoriosas, que lhe impuseram as afrontosas cláusulas do Tratado de Versalhes (AUTORENKOLLEKTIV, 1969, p.200-202), após a guerra mundial. Suas exportações para a Rússia soviética subiram de 106,2 milhões de rublos, em 1921, para 361,1 milhões, ao fim de 1922, isto é, mais do que duplicaram em um ano (idem, p.202). Estes, porém, foram os resultados aparentes do Tratado de Rapallo.

Havia uma *Schicksalsgemeinschaft*, uma comunidade de destino que impunha a cooperação entre os dois países. E esta cooperação transcendeu, enormemente, os aspectos econômicos e comerciais. O caráter dúplice e contraditório da política externa de Moscou decorria do fato de que seus dirigentes e os da Internacional Comunista, conquanto se confundissem e se identificassem, muitas vezes, nas mesmas pessoas, procuraram até então conduzir, separadamente, suas políticas, sem mesclar, tanto quanto fosse possível, o que percebiam como os objetivos históricos do proletariado, condensados na revolução mundial e no socialismo, com os interesses imediatos da Rússia Soviética como Estado. Assim, a assinatura do Tratado de Rapallo, cujo funcionamento já produzia benefícios, não impediu que, em 1923, Trotsky entendesse que o KPD não só deveria ser estimulado a adotar uma política mais ousada como também auxiliado na elaboração de um plano de insurreição armada, por julgar que a Alemanha estava na iminência de atravessar uma fase agudamente revolucionária, em consequência do descontentamento, agravado pela crise inflacionaria, bem como da agitação nacionalista contra o Tratado de Versalhes e a ocupação do Ruhr pelas tropas francesas. Ele próprio se dispôs a partir para comandar o movimento, como "um soldado da Revolução", atendendo a uma sugestão de Heinrich Brandler, secretário-geral do KPD (DEUTSCHER, 1968b, p.124, 155 e 157). Zinoviev, como o fizera em 1921, e Nikolai Bukharin instigaram igualmente a ideia da insurreição na Alemanha.

No entanto, com o agravamento da enfermidade de Lenin, a luta pelo poder intensificou-se dentro da URSS e o Politburo, receando que um triunfo de Trotsky, na Alemanha, fortalecesse sua posição, decidiu enviar Karl Radek e Yuri Piatakov, com a missão de orientar o KPD. Mais uma vez a direção da Internacional Comunista avaliou mal a situação na Alemanha. Conquanto fosse inegável que as grandes massas do proletariado socialista ainda respaldavam o governo surgido das eleições, era perceptível certo esfriamento em até mesmo em certos setores do MSPD. Mas a sublevação operária, que deveria principiar em Sachsen e estender-se a outras regiões, inclusive Berlim e Hamburg, fracassou, como em 1921. Esta derrota não só dividiu e desmoralizou o KPD como estremeceu o PC, na URSS, sobre cujos rumos decisivamente influiu, ao servir até mesmo como elemento de acusação na luta interna pela sucessão de Lenin. Em 1925, Zinoviev, ao mesmo tempo em que se eximia da responsabilidade e culpava Heinrich Brandler[19] por querer começar a "todo preço" a revolução em Sachsen (Saxônia) (ZINOVIEV, 1925, p.4), reconheceu a estabilização, pelo menos parcial e temporária, do capitalismo e, por conseguinte, a "ausência de uma situação imediatamente revolucionária" na Alemanha (idem, p.17, 45, 46 e 53).

A Internacional Comunista não conseguira arrastar sequer a maioria do movimento operário, senão pequena minoria, na Europa, porquanto, entre outros fatores, a própria Revolução Russa fortalecera a posição dos partidos da Internacional Socialista (II Internacional), na medida em que assustou os países capitalistas no Ocidente e eles começaram (alguns, como os EUA, com maior

---

19 Operário maçom, nascido em 1881 e falecido em 1967, foi discípulo de Rosa Luxemburg e presidiu o KPD em 1921.

relutância) a reconhecer garantias e direitos do trabalho, conforme, inclusive, o Tratado de Versalhes determinara. E o fiasco de 1923 liquidara, realmente, a esperança de uma revolução social não só na Alemanha como também no resto da Europa. Com isto, a consciência do seu isolamento internacional aguçou-se no PC, embora a URSS, enquanto Estado, já estivesse a obter o reconhecimento diplomático de vários outros países, entre os quais a Grã-Bretanha, Itália, França e México. No entanto, o envolvimento direto de dois agentes da Internacional Comunista nos acontecimentos de 1923, embora abalasse suas relações econômicas e políticas com a Alemanha, não afetou a colaboração secreta dos dois países na área militar (FREUND, 1957, p.2001). Em 1924, havia no campo de treinamento em Lípetsk (Lipezk) cerca de 60 alemães, civis e militares, como instrutores de voo, número este que aumentou para 100 no verão daquele ano (FREUND, 1957, p.208). A colônia alemã de Lípetsk incluía, em sua vizinhança, cerca de 70 a 100 técnicos e mecânicos, disfarçados sob o título de Esquadrão da Força Aérea Vermelha, e o aeródromo era guardado por soldados russos, que não permitiam o ingresso de qualquer estranho (FREUND, 1957, p.208). Cerca de 120 pilotos de caça e 450 pilotos de bombardeiro e de reconhecimento alemães foram treinados em Lípetsk e esta foi uma grande contribuição da URSS para a organização da Luftwaffe (Força Aérea Alemã) (FREUND, 1957, p.208).

A Alemanha, onde o capitalismo, mais do que em qualquer outra nação da Europa, alcançara notável progresso na racionalização da produção, enfrentava grave crise crônica de desemprego, necessitando avidamente de mercados para a recuperação de sua economia, assumira uma atitude de conciliação com a URSS (BUKHARIN, 1927, p.7-9). Por outro lado, o governo de Moscou, que condenara as indenizações e as anexações exigidas pelas potências vencedoras na guerra mundial, continuava a combater, por questão de princípio, o Tratado de Versalhes, e admitiu até mesmo apoiar a Alemanha, "malgrado seu regime burguês, contra os Estados imperialistas", em caso de guerra pela libertação nacional (BUKHARIN, 1927, p.8). A complementaridade de interesses econômicos e a situação de marginalidade na política internacional induziam ambos os países, por conseguinte, a se entenderem e a cooperarem, a despeito de suas divergências ideológicas. Em 1925, a Alemanha firmou com a URSS um acordo de comércio, concedendo-lhe um crédito de 100 milhões de Reichmark, para o financiamento de suas encomendas, e os dois países celebraram, em 1926, um *Neutralitätsvertrag* (Tratado de Neutralidade), pelo qual se comprometeram a não intervir em favor de uma terceira ou terceiras potências, em caso de agressão a um dos signatários, durante todo o tempo do conflito (AUTORENKOLLEKTIV,1969, p.66-274). E, em 1929, a Krupp além de instalar fábrica de munição, propôs transferir para a URSS, sem exclusão, a experiência em todos os desenhos especiais de armamentos, elaborados antes e depois de 1918, em estreita colaboração com o governo da Alemanha e em cooperação com a empresa Bofors, da Suécia, bem como prestar, em larga escala, toda a assistência técnica necessária (DYAKOV e BUSHUYEVA, 1995, p.75-79). Outrossim, o governo de Berlim encarregou os antigos e excelentes oficiais da Reichswehr, muitos dos quais participaram dos *Freikorps* e continuaram desempregados, de dar instruções aos soldados e aviadores do Exército Vermelho, recebendo, em troca, a permissão para que eles também treinassem novos quadros militares da Alemanha, nos campos de Lípetsk, Kazan e Tomsk, na URSS (DYAKOV e BUSHUYEVA, 1995, p.86), o que constituía igualmente uma forma de evadir as disposições do Tratado de Versalhes.

CAPÍTULO 4

As relações econômicas entre a URSS e a Alemanha nazista –
O poder oníModo de Stalin – Asselvajamento da vida política
em Moscou – O fim da NEP e a teoria do "socialismo em um só
país" – Conflitos entre comunistas e social-democratas –
O Pacto Molotov-Ribbentrop e os acordos secretos
da URSS com a Alemanha

Apesar – dos períodos de tensão com a Alemanha, suas relações econômicas, sobretudo, melhoraram ainda mais a partir de 1930, quando vários empresários alemães concluíram acordos de cooperação com as indústrias da URSS
(MOLOTOV, 1931, p.30-31). O Tratado de Rapallo continuou a constituir,
assim, o fundamento das relações entre os dois países, até o correr dos anos
1930, uma vez que Joseph Stalin, como dirigente máximo da URSS, consentiu
em renová-lo, mesmo depois da ascensão de Adolf Hitler ao poder na Alemanha. Em um despacho para o Departamento de Estado, William Edward Dodd,
embaixador dos Estados Unidos em Berlim, comentou que, não obstante os
ataques de Adolf Hitler, *"a more bitter, aggressive accusation"*, através da rádio,
contra o bolchevismo e o comunismo, as relações entre a Alemanha e a URSS não
mudaram, como se podia imaginar. Em entrevista ao jornal *Angreifer*, órgão do
NSDAP (Nationalsozialistische Deutsche Arbeiterpartei), Hitler uma vez mais
reafirmou que nada danificaria as relações amistosas entre os dois países, a menos
que a URSS impusesse as ideias comunistas aos cidadãos alemães ou empreendesse propaganda comunista na Alemanha (DYAKOV e BUSHUYEVA, 1995,
p.288) (DYAKOV e BUSHUYEVA, 1995, p.288). Tais iniciativas impossibili-
tariam qualquer ulterior cooperação entre os dois países. Por outro lado, o jornal

Izvestia, que expressava a opinião do Presidium do Soviet Supremo da URSS, respondeu no mesmo tom, dizendo que o governo soviético havia comprovado que era capaz de manter em paz e harmonia as vastas relações comerciais com a Itália fascista (o segundo país, depois da Alemanha, a reconhecer a URSS) e que trataria de seguir política similar com respeito à Alemanha fascista. Era necessário apenas que o governo de Hitler refreasse ações hostis em relação à URSS e aos estabelecimentos soviéticos na Alemanha (DYAKOV e BUSHUYEVA, 1995, p.289). A verdade é que nem o governo de Berlim nem o de Moscou pretendiam anular o pacto secreto, mediante o qual fábricas de aviões e de armamentos foram instaladas na URSS, sob o controle da Alemanha.

Entretanto, a evolução do regime soviético estava a confirmar, ainda mais tragicamente, as terríveis previsões de Rosa Luxemburg sobre o destino da Revolução Russa, devido às táticas e aos métodos de terror que os bolcheviques utilizaram, ao suprimirem a democracia política, em nome da ditadura do proletariado. A ditadura do proletariado nunca existira, de fato, mas a própria *"Diktatur einer Handvoll Politiker"* (ditadura de um punhado de políticos), de uma dúzia de cérebros eminentes, desaparecera após a morte de Lenin (1924), e o despotismo pessoal, de caráter asiático, ressurgira. Com toda a razão, Mikhail Gorbachev, ao reconhecer como o principal erro dos bolcheviques o "modelo" de socialismo por eles adotados, salientou que esse modelo, "cruelmente esquemático", se formara em suas mentes antes mesmo antes da revolução (GORBACHEV, 1999, p.16), e Stalin ainda mais o aprofundou e enrijeceu, levando a ideia da ditadura do proletariado, que Marx nunca definira, a ponto do absurdo, e transformando o socialismo em uma doutrina "quase-religiosa, baseada na intolerância e em desapiedada repressão de todos os que não se ajustassem no leito de Procrustes" (idem, p.18). "Eu penso que o final estabelecimento do sistema de partido único foi talvez o mais sério erro e impediu a Revolução de Outubro[1] de tornar-se uma fonte de poder democrático" – acrescentou (idem, p.19).

De fato, Stalin, um georgiano desonesto, traiçoeiro, cruel, brutal e intelectualmente medíocre,[2] conseguira derrotar Trotsky e avassalar os demais líderes bolcheviques, com o que, na condição de secretário-geral do PCUS, enfeixara em suas mãos o poder onímodo, igual ou maior do que o dos antigos tzares. E entendeu, diante do fracasso da revolução na Europa e, em particular, na Alemanha,

---

1 A tomada do poder pelos bolcheviques é conhecida como Revolução de Outubro, embora ocorresse em 7 de novembro de 1917, porque na Rússia então vigorava o calendário gregoriano.

2 Gorbachev considerou Stalin um homem astuto, manhoso, cruel, sendo a impiedade individual e a desconfiança mórbida parte inata do seu caráter. (GORBACHEV, 1999, p.16.)

que a URSS atrasada, agrícola, onde o capitalismo ainda não alcançara elevado grau de desenvolvimento, poderia, isoladamente promovê-lo e "construir o socialismo", mediante a estatização de suas forças produtivas. Destarte, Stalin ressuscitou, sob o manto de um tal marxismo-leninismo, a velha teoria dos *narodniki* (populistas), segundo a qual a Rússia poderia evoluir diretamente para o socialismo, sem atravessar a etapa do capitalismo, embora tanto Marx e Engels quanto Lenin a houvessem combatido, e liquidou em 1928 a experiência da NEP, que sofrera severa oposição dentro do PCUS, onde alguns dos seus membros até mesmo a acusaram Lenin de revisionismo e de trair a revolução (GORBACHEV, 1999, p.17-18).

Com a perspectiva de instituir o socialismo dentro das fronteiras nacionais da URSS, Stalin instituiu o Plano Quinquenal (1928-1933) e executou-o, promovendo radical coletivização das terras e acelerando, brutalmente, o processo de industrialização. Conforme Kautsky salientou, o regime soviético transportou os métodos do "absolutismo monárquico" da política para as indústrias, aumentou mais e mais os poderes dos diretores de fábricas sobre os operários, porém submeteu os mesmos diretores a tal subserviência ao aparelho político que lhes tirou toda a capacidade de agir com independência e tomar por conta própria qualquer iniciativa no processo de produção e distribuição (KAUTSKY, 1931, p, 67). E, mediante a restrição do consumo a um mínimo absolutamente intolerável, o Estado apropriou-se do excedente econômico, com o qual se dispôs a criar e organizar usinas, centrais de energia elétrica, indústrias de máquinas e equipamentos, assim como de outros bens de capital (KAUTSKY, 1931, p.6).

Essa acumulação primitiva de capital, em que a socialização se converteu em modelo de desenvolvimento, somente se tornou viável mediante também a socialização do terror. Por volta de 1931, Stalin já havia mandado executar, no mínimo, um milhão de cidadãos soviéticos. De acordo com a revelação de Wladimir Krjutschkow, diretor do KGB, cerca de 4,2 milhões de pessoas, até 1950, morreram nos expurgos ordenados por Stalin (*Correio Brazillense*, 16.6.1991). Por sua vez, o historiador Roy Medvedev calculou que cerca de 12 milhões, além de outros 38 milhões, que sofreram as mais variadas medidas de repressão (prisão, campos de trabalho etc.) (WHITE, 1990, p.22; *Correio Braziliense*, 16.6.1991). E Stalin, no curso dos anos 1930, isto é, até 1941, determinou o fuzilamento de mais de cem mil dirigentes bolcheviques, entre os quais todos ou praticamente todos os companheiros de Lênin (WHITE, 1990, p.22). Do Politburo do tempo da Revolução Russa apenas Stalin restava em 1936. E mesmo Trotsky, exilado no México, não escapou à sua sanha. Um agente da GPU (assim denominada então a polícia secreta soviética) assassinou-o em 1940.

Paralelamente ao asselvajamento da vida política, conforme Rosa Luxemburg previra, mas em uma dimensão que ela própria nem sequer imaginara, a corrupção desenvolveu-se dentro do aparelho do Estado, em que a burocracia domesticada se constituiu como base social do despotismo asiático redivivo. E a URSS não assimilou a civilização ocidental, como Lenin desejara. Pelo contrário, através da Internacional Comunista, exportou a barbárie, ao projetar sobre o Ocidente a mentalidade bizantina, que sacralizava a autoridade do chefe, estigmatizava qualquer erro ou divergência como pecado capital a ser expiado com a execração e a morte, e recorria, embrutecida pela intolerância e pelo dogmatismo, ao terrorismo ideológico e moral, bem como à violência verbal e física, como métodos de persuasão política. Em 1925, a direção da *Internacional Comunista*, cujo objetivo, desde sua fundação, sempre fora dividir e subjugar o movimento operário, decidira empreender a "bolchevização" dos partidos comunistas (ZINOVIEV, 1925, p.31-33, 36, 41-44, 59 e 61 -80), o que implicava a necessidade de erradicar completamente as tradições da social-democracia entre eles ainda remanescentes, combatendo-as com todos os meios disponíveis e erigindo o leninismo à condição de doutrina, como "o marxismo de nossa época" (idem, p.41) ou, conforme Stalin definiu, "a teoria e a tática da revolução proletária em geral, a teoria e a tática da ditadura do proletariado em particular" (STALIN, 1925, p.6). Com efeito, a "bolchevização" significou a eliminação de todos os resquícios de democracia interna nos partidos comunistas, aos quais Moscou também impôs uma estrutura totalitária, um funcionamento monolítico e um controle altamente centralizado, na medida em que os transformava em cadeias de transmissão ou simples instrumentos de sua política exterior e manipulava o chamado internacionalismo proletário de acordo com as conveniências e os interesses da URSS enquanto Estado.

Àquele tempo, lamentando que o proletariado ainda não compreendesse que a social-democracia era "um partido burguês" (ZINOVIEV, op. cit., p.54), Zinoviev continuou a defini-la como "uma das alas do fascismo" (idem, p.25), como Stalin já o fizera, em 1924, e usou inescrupulosamente métodos bolcheviques de difamação do adversário, com o objetivo de desmoralizá-la. Esta orientação, falsa e capciosa, radicalizou-se ainda mais, sobretudo a partir de 1928, quando, coincidentemente, com a extinção da NEP e o lançamento do Plano Quinquenal, rumo ao socialismo em um só país, Viacheslav Molotov, presidente do Conselho dos Comissários do Povo da URSS, Dimitri Manuilsky, substituto de Kamenev como presidente da Internacional Comunista, e o próprio Stalin julgaram que o capitalismo entrara em seu terceiro período, o do surto revolucionário imediato, e que cumpria, portanto, combater a social-democracia, em primeiro lugar, de modo a arrebatar-lhes as massas e atraí-las para o caminho da insurreição. A social-democracia – eles afirmavam – era a "ala esquerda do fascismo", a "ala moderada", mais perigosa, até porque influenciava largas camadas do proletariado, e daí porque cunharam a expressão "social-fascismo", buscando identificar os dois movimentos e levando o KPD, com tal política, a contribuir, decisivamente, para a ascensão do nazismo na Alemanha. Trotsky avaliou, acertadamente, que Hitler "não teria vencido sem a política de Stalin" (TROTSKY, 1968, p.175). A mesma opinião o jornalista Ernst Henry manifestou ao escritor Ilia Erenburg, em carta datada de 30 de maio de 1965 e publicada, depois da *glasnost*, pela revista soviética *Sputnik*, sob o título "Teria havido Hitler sem Stalin?".[3] Seu depoimento foi contundente. Ernst Henry, àquele tempo, vivera na Alemanha, testemunhara os acontecimentos e nunca pôde esquecer "os velhos camaradas que esclavinhavam os punhos ao ver que tudo soçobrava e como a teoria do social-fascismo estava a abrir o caminho a Hitler, mês a mês, semana após semana".[4]

A política do KPD, ao obedecer à orientação de Moscou, caracterizou-se pela torpeza. Mesmo após as eleições parlamentares de 1930, quando os nazistas obtiveram cerca de 6 milhões de votos (18,3%) contra apenas 800 mil em 1928 (2,6%), os comunistas continuaram a subestimá-lo (TROTSKY, 1979, p.41; DEUTSCHER, 1968c, p.138). Trotsky, porém, percebeu a ameaça. "A vitória do fascismo na Alemanha determinará inevitavelmente uma guerra contra a URSS" – previu, em 26 de novembro de 1931, advertindo que o "dever revolucionário elementar" do KPD seria dizer que o fascismo só podia chegar ao poder por meio de uma guerra civil implacável, sem tréguas. E admoestou a URSS para que mobilizasse o Exército Vermelho, caso Hitler assumisse o governo da Alemanha. Não foi o que os comunistas fizeram. Pelo contrário. Chegaram inclusive a desafiar Hitler a que assumisse o poder, pois, conforme Ernst Thälmann e outros dirigentes do KPD argumentavam, o nazismo logo se desmoralizaria, possibilitando a unidade do proletariado sob a bandeira da revolução social. Em seguida, os comunistas passaram a fazer concorrência aos nazistas, como no episódio da convocação do Plebiscito Vermelho, e não raro os mesmos *slogans* de teor nacionalista começaram a aparecer nas faixas de ambos os partidos, i. e., tanto do KPD quanto do Nationalsozialistische Deutsche Arbeiterpartei (NSDAP).

---

3   *Sputnik*, Moscou, outubro de 1988, p.135-138. Erich Honecker, como secretário-geral do SED e presidente do Conselho de Estado, proibiu na RDA a circulação deste número da revista, também editada em alemão e em vários outros idiomas. Fidel Castro fez o mesmo em Cuba.

4   "Teria Havido Hitler sem Stalin?" – Fragmentos da carta de Ernst Henry, jornalista, a Ilia Ereniburg, datada de 30 de maio de 1965, p.135-138.

Diante de tais circunstâncias, Hitler ainda mais se fortaleceu, beneficiado, entre outros fatores, pela radicalização das massas, para a qual o KPD tanto contribuía, influenciado pelas teorias do terceiro período e do social-fascismo, ao rejeitar toda e qualquer aliança com o SPD para enfrentá-lo.

Trotsky, banido da URSS, criticou tal política, segundo a qual a destruição da social-democracia constituía condição preliminar para a derrota do fascismo, e advertiu que a "obra infernal" de Benito Mussolini, na Itália, pareceria "provavelmente insignificante", seria "uma experiência quase humanitária" em comparação com o que Hitler poderia fazer na Alemanha (TROTSKY, 1979, p.29, 30, 38). Por isso ele defendeu até mesmo a luta armada, a fim de impedir a vitória do nazismo, que, conforme também calculava, determinaria, inevitavelmente, uma guerra contra a URSS (TROTSKY, 1979, p.30). Moscou nada previu, ou talvez desejasse o advento do nazismo, como forma de esmagar a social-democracia, sua "ala moderada", e portanto mais perigosa, de acordo com a teoria de Stalin, simplificando o quadro político ao reduzi-lo a um conflito bipolar entre o fascismo e o comunismo. Além do mais, em face do massacre de milhões de cidadãos soviéticos, sobretudo durante o processo de coletivização forçada, o PCUS e a Internacional Comunista não podiam ter, naturalmente, qualquer preconceito político ou repulsa moral contra o terror que viesse a ocorrer na Alemanha. Da mesma forma que Mussolini e Hitler imitaram o bolchevismo, adaptando-o para a defesa dos interesses das grandes indústrias e do capital financeiro, Stalin também neles se inspirou e tomou-os por modelo, como o culto de sua personalidade tão bem evidenciou. E, não obstante a diferença das bases sociais sobre as quais se sustentou, uma grande simetria existiu entre Mussolini, Hitler e Stalin. Daí por que a ambivalência do seu relacionamento, do tipo atração-medo, que, sobretudo, Hitler e Stalin desenvolveram, ao longo dos anos 1930, identificados pela oposição comum às democracias capitalistas do Ocidente. "(...) *Il y a entre le semi-socialisme des fascistes allemands et le semi-fascisme des communistes russes la même sourde haine qu'entre l'imperialisme des Romanov et celui des Honhezolern e des Habsbourg*" – Pierre Drieu La Rochelle, em 1934, observou, acrescentando que "*des deux côtés, même base fortement nationale et par-dessus même tendance à l'évangélisation mondiale*" (apud FURET, 1995, p.354-355).

A ascensão de Hitler ao poder não impediu que a URSS renovasse o Tratado de Rapallo e procurasse manter com a Alemanha relações especialmente amistosas, embora, evidentemente, por motivos econômicos e estratégicos, visando a afastar qualquer ameaça do nacional-socialismo à construção do seu socialismo nacional. Depois, Stalin tratou de estabelecer um acordo defensivo com a França e, a abandonar, contra a vontade, suas concepções sobre o social-

A REUNIFICAÇÃO DA ALEMANHA   81

-fascismo, ordenou aos partidos comunistas que formassem frentes populares com os social-democratas, socialistas e trabalhistas da II Internacional, com o que se inclinou para o lado das democracias ocidentais. Durante a guerra civil na Espanha (1936-1938), ajudou o governo republicano contra as forças fascistas do general Francisco Franco, mas para lá exportou, através da GPU, os métodos de terror, de modo a eliminar os anarquistas e as tendências comunistas que dominavam a Catalunha e não obedeciam à orientação de Moscou. De acordo com a versão oficial, Stalin resolveu então aceitar a proposta de Hitler para renovar o *Neutralitätsvertrag* (Tratado de Neutralidade), de 1926, ou mesmo celebrar novo *Nichtangriffsvertrag* (Tratado de Não-Agressão), por temer, após os acordos de Munique, que a França e a Grã-Bretanha tratassem de desviar a agressão nazista contra a URSS (AUTORENKOLLEKTIV, 1969, p.423-427).

O entendimento entre Moscou e Berlim, negociado por Vyacheslav Molotov, ministro de Relações Exteriores da URSS, e Joachim von Ribbentrop, ministro dos Negócios Estrangeiros da Alemanha, foi muito mais profundo e ultrapassou largamente quaisquer necessidades de segurança e manutenção da paz. Stalin não apenas celebrou com Hitler o Tratado de Não-Agressão de 23 de agosto de 1939, conhecido como o Pacto Molotov-Ribbentrop, permitindo que a Alemanha, em cerca de duas ou três semanas, esmagasse a Polônia e deflagrasse a guerra. Firmou também protocolos secretos não somente "amorais" e sim também "criminosos", conforme as palavras de Alexander Iakovlev[5], mediante os quais os dois países sincronizaram suas ações militares, retalharam a Polônia e dividiram a Europa Oriental, "do Báltico ao Mar Negro", em "esferas de interesses",[6] limitadas pela linha dos rios Narew, Vístula e San. Assim, como qualquer potência imperialista, a URSS apoderou-se pelas armas tanto de parte da Polônia quando das regiões orientais da Lituânia, Estônia, Letônia, Bessarábia e Finlândia, e colaborou ainda mais com o esforço de guerra da Alemanha, ao fornecer-lhe os suprimentos de energia e de matérias-primas de que ela necessitava para a conflagração.

Em 11 de fevereiro de 1940, os dois países firmaram também um acordo comercial, no valor de 640 milhões de Reichsmarks, pelo qual a URSS forneceu à

---

5   IAKOVLEV, 1991, p.124. Iakovlev, um dos conselheiros de Mikhail Gorbachev, presidente do URSS, e teórico da *perestroika*, foi presidente da comissão que o Congresso de Deputados do Povo, em 2 de junho de 1989, encarregou de investigar a verdade sobre o Pacto de Hitler-Stalin. Suas conclusões, confirmando a existência dos protocolos secretos, foram encaminhadas ao Politburo do PCUS.

6   IAKOVLEV. 1991, p.119-129. Os protocolos secretos foram encontrados na Alemanha, depois da Segunda Guerra Mundial, e divulgados no Ocidente pelos Aliados. O protocolo Adicional Secreto está transcrito em SHIRER, 1962, vol. 2, p.365.

Alemanha, já em guerra contra o Ocidente, cerca de 900.000 ton. de petróleo, um milhão de ton. de cereais, 500 mil toneladas de farinha de trigo, 100 mil toneladas de algodão, 500 mil toneladas de fosfatos, consideráveis quantidades de numerosas outras matérias-primas, bem como o transporte de um milhão de toneladas de feijão de soja da Manchúria (SHIRER, 1962, vol. 3, p.74-75). Com isto, comprometendo-se a atuar igualmente como intermediário de negócios da Alemanha com outros países, Stalin ajudou Hitler a superar o bloqueio imposto pela Grã-Bretanha, a desfechar o golpe contra a França, bem como a invadir a Bélgica e a Holanda. Ainda mais, o próprio Stalin e Molotov prestaram solidariedade ideológica ao nazismo, congratulando-se com suas vitórias. A Internacional Comunista determinou a mudança de linha aos partidos comunistas, que passaram, em consequência, a combater as democracias capitalistas do Ocidente. A NKVD (nova denominação da polícia de segurança da URSS) entregou à Gestapo comunistas alemães, muitos dos quais judeus internados em suas prisões por divergência política (IAKOVLEV, 1991, p.119-120). E, no Natal de 1940, Stalin telegrafou a Hitler, afirmando que a amizade dos povos da Alemanha e da URSS, "cimentada pelo sangue" tinha todos os motivos para ser "duradoura" (SHIRER, 1962, vol. 3, p.77).

Não resta dúvida de que a URSS não celebrou o pacto de não-agressão, visando a retardar o ataque da Alemanha e ganhar tempo, enquanto se preparava para resistir e enfrentar a guerra, de acordo com a versão oficial do Kremlin (AUTORENKOLLEKTIV, 1985, p.18). Conforme relatou o historiador alemão Joachim Fest, Stalin tomou Hitler seriamente e, ao assinar o pacto, propôs um brinde a Hitler e dirigiu-se a Joachim von Ribbentrop, ministro dos Negócios Estrangeiros da Alemanha, garantindo, sob palavra de honra, que a URSS não trairia sua parceira (FEST, 1974, p.592-593). O brinde de Stalin a Hitler não constituiu uma frase vazia, Joachim Fest acrescentou, salientando que ele manteve sua promessa com pedante lealdade e, a despeito de todos os sinais e avisos em junho de 1941, ele se recusou até o último momento a crer que a Alemanha ia atacar a URSS (idem, p.593). Joachim Fest atribuiu essa espantosa credulidade ao alto grau de admiração que Stalin sentia por um homem que, como ele, emergira da classe baixa e ganhara importância histórica; respeitava-o como o único homem de sua época que considerava seu igual (ibidem). Tanto o historiador norte-americano Willian L. Shirer (1962, vol. 3, p.260, 261, 331-335, 339 e 345) quanto o historiador soviético Vassili Kulich (SIDOROVA, 1988, p.128-124) também comprovaram que Stalin, embora pudesse alimentar alguma desconfiança quanto aos futuros desígnios de Hitler, não esperou que a Alemanha fosse atacar a URSS. E não acreditou em nenhuma das informações que lhe foram transmitidas, inclusive por Winston Churchill e pelo espião soviético Richard

Sorge, pois sempre as considerava como "provocações" e "intrigas" das potências imperialistas do Ocidente, o que o levou a reprimir alguns agentes do seu serviço secreto (idem, 1988, p.132). O próprio Embaixador da Alemanha em Moscou, o conde Friedrich-Werner von der Schulenburg,[7] atreveu-se a tomar a iniciativa de avisá-lo do ataque (fato inaudito na diplomacia), por divergir de Hitler, temendo que uma guerra em duas frentes levasse seu país a nova derrota (idem, p.136-137; KNIGHT, 1997, p.144-145). E Stalin mais uma vez não considerou a informação.

Hitler, em realidade, nunca renunciara ao propósito de aniquilar a URSS, conforme expressara em seu livro *Mein Kampf* (*Minha luta*). Em 1939, buscara entendimento com Stalin apenas com o objetivo de obter suprimentos e ter as mãos livres para invadir a Polônia, sem correr o risco de enfrentar uma guerra em duas frentes, uma vez que contava, como quase certa, com a reação da França e da Grã-Bretanha. Ele pretendia primeiro dominar a Europa Ocidental, para depois voltar-se então contra a URSS (SHIRER, 1962, p.262). Conseguiu-o. Somente a Grã-Bretanha, que se lhe afigurava também derrotado, escapava ainda ao seu jugo, no final de 1940. Entretanto, se a URSS houvesse acometido a Alemanha em junho daquele ano, o Exército Vermelho possivelmente alcançaria Berlim, antes que qualquer séria resistência se organizasse (idem, p.266). Assim, foi Hitler, e não Stalin, quem ganhou tempo com a assinatura do *Nichtangriffsvertrag*, sem o qual a Alemanha, provavelmente, não haveria invadido a Polônia e desencadeado a guerra. E a decisão de investir contra a URSS, em 1941, consolidou-se, aparentemente, quando Stalin, ao admitir que firmaria o Pacto das Quatro Potências, ampliando o Pacto Tripartite, que formou o Eixo e dividiu o mundo em *Einflusssphären* (esferas de influência), exigiu, como condição, toda a Finlândia, a Bulgária, o domínio sobre o Estreito de Dardanelos e, em consequência, dos campos petrolíferos da Arábia e da Pérsia (idem, p.267-283). Hitler, empenhado em manter Stalin fora da Europa, tratou então de reagir ao que ele denominou como "estratégia de extorsões" (idem, p.342). E, em 22 de junho de 1941, as forças da Alemanha começaram a invasão da URSS.

---

7   O embaixador Friedrich-Werner Graf von der Schulenburg tentou frustrar o ataque à União Soviética após o que foi removido de Moscou para a fronteira da Alemanha com a Turquia. Em 1943, Carlo Friedrich Goerdeler, um dos principais líderes da resistência na Alemanha, atraiu conspiração visando à derrubada de Hitler, e discutiram a possibilidade de uma paz em separado com a União Soviética. Depois do atentado de 20 de 1944 (Operation Walküre), perpetrado contra Hitler pelo coronel Claus Philipp Maria Schenk Graf von Stauffenberg e apoiado por civis e outros oficiais da Wehrmacht, o embaixador von der Schulenburg foi preso, acusado de alta traição, e em 23 de outubro de 1944 foi condenado à morte e executado, poucas semanas depois, em 10 de novembro, na prisão de Plötzensee (Berlim).

CAPÍTULO 5

A POLÍTICA EXTERIOR DA URSS NO PÓS-GUERRA –
STALIN E A REVOLUÇÃO NA EUROPA – A POSIÇÃO DOS EUA
VIS-À-VIS DA URSS – A INVIABILIDADE DO *ROLLBACK* E A POLÍTICA
DE *CONTAINMENT* – O PLANO MARSHALL – DA FORMAÇÃO DA BI-ZONE
À REFORMA MONETÁRIA NA ALEMANHA OCIDENTAL – O BLOQUEIO
DE BERLIM – FUNDAÇÃO DA REPÚBLICA FEDERAL DA ALEMANHA

A URSS terminou por derrotar as tropas de Hitler, mas Stalin não se propôs a aproveitar as condições geradas pela Segunda Guerra Mundial para apoiar, incentivar ou promover a revolução socialista na Alemanha ou em outros países da Europa Ocidental, como Lenin pretendera, entre 1917 e 1921. Demonstrara, clara e inequivocamente, que não alimentava tal intenção ao dissolver a Internacional Comunista, em maio de 1943, após a batalha de Stalingrado. Conduzira toda a campanha militar contra as forças invasoras do Terceiro Reich em termos estritamente nacionalistas, conclamando os povos da URSS para a "Grande Guerra Patriótica", conforme o jargão oficial. E, nas conferências de Teerã (1943), Moscou (1944) e Yalta (1945), tratou de estabelecer com Franklin D. Roosevelt, presidente dos EUA, e com Winston Churchill, primeiro-ministro da Grã-Bretanha, a partilha da Europa em esferas de influência, tal como anteriormente o fizera com Hitler. O que Stalin orientou, prevalecendo sobre quaisquer considerações revolucionárias, foi, como sempre, o interesse do Estado nacional soviético, racionalizado pela concepção do socialismo em um só país, segundo a qual tudo o que se fizesse para defender a URSS favoreceria a causa do proletariado mundial. E a URSS, que travara guerra contra as forças da Alemanha, durante mais de dois anos, dentro do seu próprio território, estava exaurida. Queria a paz, da qual efetivamente precisava, a fim de recuperar-se dos terríveis prejuízos e da destruição que sofrera.

O objetivo de Stalin não consistiu então em expandir o socialismo e sim o domínio da URSS sobre a Polônia e sobre os Bálcãs, de modo que pudesse construir um sistema de defesa e segurança, a partir do restabelecimento das fronteiras e das posições estratégicas, conquistadas mediante o pacto com Hitler de 1939. E o temor de envolver a URSS em uma guerra com os EUA e a Grã-Bretanha tornou sua política exterior, pautada apenas pela *raison d'Etat*, sobremodo defensiva. Stalin procurou, realmente, honrar seus compromissos com Roosevelt e Churchill. Compeliu os comunistas, que, apesar da dissolução da Internacional Comunista, ainda obedeciam às diretrizes do PCUS, a não se apossarem do poder nos países da Europa Ocidental, principalmente na França e na Itália, onde as condições internas lhes foram extremamente favoráveis. Também se opôs à revolução na Grécia e só não conseguiu evitá-la na Iugoslávia devido à recalcitrância do chefe *partisan*, Josip Broz Tito (BERTLETT, 1984, p.143; ABENDROTH, 1977, p.119). Mesmo nos países da Europa Oriental, onde o Exército Vermelho respaldou a reforma agrária e a expropriação dos grandes monopólios industriais, ele não tratou de instituir, depois da derrota do nazismo, o regime soviético e sim o que chamou de democracias populares, com pluralismo econômico (empresas públicas e privadas), liberdade de organização dos partidos políticos e eleições livres, tal como acordara com Roosevelt na Conferência de Yalta (AMBROSE, 1985, p.57), conquanto os comunistas passassem a exercer de fato a hegemonia, à frente ou por trás de governos simpáticos e obedientes a Moscou. Assim também aconteceu na Alemanha.

Um mês e dois dias após a capitulação do que ainda restava das forças do Terceiro Reich, a SMAD (Sowjetische Militäradministration), instalada na Alemanha Oriental, autorizou o funcionamento dos sindicatos e de todos os partidos antifascistas (WEBER, 1988, p.16-23). Em consequência, Wilhelm Pieck, Walter Ulbricht e outros comunistas alemães que voltaram de Moscou, onde viveram durante os anos do nazismo, para Berlim, começaram a reorganizar o KPD (11.6.1945); o SPD logo se constituiu (15.06.1945) e dois outros partidos – a CDU (26.6.1945) e o LDPD (5.7.1945) – foram fundados. Assim, objetivamente, a URSS demonstrou que não se propunha a impor seu regime econômico, social e político nem mesmo à zona ocupada pelo Exército Vermelho, o que acarretaria, como resultado, a divisão da Alemanha. Não lhe convinha fazê-lo, naquelas circunstâncias. Os Aliados, entretanto, tendiam a tratar a Alemanha derrotada como uma unidade econômica, embora, na Conferência de Yalta, decidissem reparti-la, assim como Berlim, em três zonas de ocupação (depois quatro, pois a França foi convidada a integrar o grupo das grandes potências vencedoras e recebeu sua parte, retirada apenas das zonas ocupadas pelas duas outras potências ocidentais), cada qual com uma administração militar, pelo menos por algum tempo.

O próprio Stalin, pessoalmente, declarara, em 1942, que "a experiência da história ensina que os Hitler vão e vêm, mas o povo alemão, o Estado alemão permanece". E, no dia imediato à rendição das forças nazistas, afirmara que a URSS celebrava a vitória, ainda que também não se dispusesse a retalhar ou a exterminar a Alemanha. Talvez Stalin imaginasse ou nutrisse a esperança de que toda ela viesse ainda a cair sob sua influência ou domínio, se os EUA e a Grã-Bretanha admitissem a instalação em Berlim de um governo obediente a Moscou. Em todo caso, também lhe interessava manter a Alemanha como unidade econômica, a fim de que a URSS tivesse direito à exploração de todos os seus recursos, a título de reparações de guerra. O objetivo de Stalin consistiu em obter, além da anexação de territórios, o máximo de indenizações, tão condenadas por Lenin, em 1918, sob o argumento de que quem as pagaria seria, como sempre, a classe operária. E apenas a zona oriental, ocupada pelo Exército Vermelho, não bastava para atender a suas pretensões. Era a menos industrializada, com uma economia baseada principalmente na agricultura e na produção de matérias-primas.

Sob a direção de Stalin, a URSS, sem considerar que o proletariado alemão sofrera, igualmente, as terríveis consequências da guerra, manifestou seu imenso egoísmo nacional, com a voracidade maior do que a de qualquer uma das potências apontadas como imperialistas. Como fora o primeiro a entrar em Berlim, o Exército Vermelho empreendeu, rapidamente, a pilhagem de tudo o que pôde. Dois meses depois, quando em 12 de julho de 1945, as tropas dos EUA e da Grã-Bretanha lá entraram, os soviéticos já haviam removido pelo menos 50% da maquinaria pesada das fábricas existentes naquela cidade (*Jornal do Comércio*, 16-17.7.1945, p.1). Da fábrica Allgemeine Elektrizitätsgesellschaft e da Henningsdorf, que empregavam 8.500 trabalhadores, eles removeram 98% da maquinaria em operação, paralisando-as. E também saquearam a Rheinmetall-Borsie, a fábrica de motores de avião Daimler-Benz, de onde retiraram cerca de quatrocentas máquinas, além de máquinas de escrever, aparelhos de telefone, a fábrica de radares e outras (*Jornal do Comércio*, 16-17.7.1945, p.1). Somente naqueles dois meses, ou seja, entre maio e junho de 1945, cerca de 460 empresas de Berlim foram desmontadas e transferidas para a URSS (DENNIS, 1988, p.128). E, durante a Conferência de Potsdam, Stalin ocupou grande parte das negociações com Churchill e o presidente dos EUA, Harry Truman, sucessor de Roosevelt, com a exigência de reparações, dado que pretendia recebê-las das zonas ocidentais. Ele defendeu, na ocasião, o completo desmantelamento de todo o parque industrial da Alemanha, mesmo nos casos em que tal política implicava a redução do nível de vida do povo e criava um problema econômico, sob o pretexto de eliminar seu potencial bélico e o perigo de outra guerra (*Jornal do Comércio*, 16-17.7.1945, p.1).

O desmantelamento do parque industrial da Alemanha também fora uma ideia acalentada pelos EUA, que pretenderam desmembrá-la em três Estados soberanos. O secretário do Tesouro, Henry Morgenthau, chegara a elaborar um plano para torná-la uma nação predominantemente agrícola, de modo que não mais pudesse desencadear outra guerra. Entretanto, por motivos tanto econômicos quanto políticos e estratégicos, Truman, antes da Conferência de Potsdam, reavaliou-o e não anuiu à sua aplicação. Entendeu que a Alemanha não teria capacidade de pagar as reparações de guerra, em dinheiro ou espécie, a não ser que suas indústrias fossem restauradas e ela recuperasse alguns dos mercados que perdera. E não quis que os EUA incorressem no mesmo erro de 1918, quando os Aliados exigiram o pagamento em dinheiro e, depois, tiveram de fazer-lhe empréstimos, durante muito tempo, a fim de que ela dispusesse de meios para cumprir as obrigações. Isto ele disse claramente a Stalin, que estava a reclamar 20 bilhões de dólares (TRUMAN, vol. 2, 1956, p.111). A Grã-Bretanha apoiou Truman, porquanto também considerava que a desindustrialização da Alemanha retirar-lhe-ia, evidentemente, toda possibilidade de pagar as reparações.

Essas razões econômicas encaparam fortes preocupações políticas e estratégicas com que tanto os EUA quanto a Grã-Bretanha reagiram às pretensões da URSS. O que ali começou a manifestar-se não foi uma contradição ideológica, refletindo a diferença de sistemas econômicos e sociais, mas um agudo conflito de interesses entre grandes Estados nacionais que competiam pelas esferas de influência. O comportamento da URSS não a diferenciava de qualquer potência imperialista. Como fizera quando Hitler lhe propôs, em 1940, a assinatura do Pacto das Quatro Grandes Potências, Stalin igualmente reivindicou de Truman e de Churchill a participação da URSS, juntamente com a Turquia, no controle sobre o Estreito de Dardanelos, velha aspiração da Rússia dos tzares. Mais ainda, entre outras coisas, demandou a partilha das colônias da Itália na África (AMBROSE, 1988. p.68-69). E, apesar de dizer que não se dispunha também a retalhar ou a aniquilar a Alemanha, ele pretendeu efetivamente liquidá-la como potência industrial, com o propósito de robustecer a URSS, à custa dos despojos de guerra, e consolidar sua influência sobre a Europa Ocidental enfraquecida.

Os EUA não estavam dispostos a permitir que a URSS ocupasse o vácuo aberto pelo colapso da Alemanha. Relutaram. Mas, ao final de vários dias de negociações, assumiram o compromisso de que a recuperação das indústrias, a maior parte localizada nas zonas ocidentais, deveria ocorrer, preferencialmente, nos setores voltados para o consumo interno e não poderia exceder determinados limites. E os Aliados, confirmando a decisão de tratá-la como unidade econômica, chegaram a um acordo, mediante o qual a Polônia ficaria com um quarto (100.651 km2) do antigo território do Reich em 1937, acima da linha dos rios Oder-Neiße, e a URSS, além de anexar a região de Königsberg (13.200 km2), que passou a chamar-se Kalingrado, e Memel, incorporada pela Lituânia, assumiria ainda o controle e a administração de cinco *Länder* (Estados) – Mecklenburg, Sachsen, Thüringen, Brandenburg e Sachsen-Anhalt – com 108.333 km2 e 18,3 milhões de habitantes (REXIN, 1988, p.68-69). Esta, a Sowjetische Besatzungszone ou Alemanha Oriental. Dela, a URSS poderia retirar tudo o que lhe aprouvesse, além de receber das zonas ocidentais 15% dos equipamentos industriais utilizáveis e completos das indústrias metalúrgicas, químicas e de maquinaria, em troca de valor equivalente em produtos alimentícios, carvão, potassa, zinco, madeiras, produtos de petróleo e outros, bem como 10% dos equipamentos industriais desnecessários para a economia de paz da Alemanha, a título compensação de reparações, sem pagamento ou troca de qualquer espécie (*Jornal do Comércio*, 3.8.1945, p.1; AUTORENKOLLEKTIV, 1969. p.-537).

Não obstante tais acordos, as divergências sobre o futuro da Alemanha como potência industrial persistiram, a refletir o aguçamento da rivalidade entre os EUA e a URSS pelo predomínio sobre a Europa. Desde o término da Conferência de Yalta, já Roosevelt começara a sofrer severas críticas porque fizera concessões a Stalin ao admitir que a URSS tivesse a preponderância sobre os países do Leste europeu. Após seu falecimento, tais críticas, a recrescerem, recaíram sobre Truman, sob a forma de pressões para que os EUA forçassem o *rollback* da URSS, isto é, empurrassem o Exército Vermelho para dentro de suas fronteiras nacionais (AMBROSE, 1988, p.57). Os círculos norte-americanos mais conservadores estavam assustados, naturalmente, com a possibilidade de que o comunismo se espraiasse por toda a Europa. O Exército Vermelho, ao esmagar a Wehrmacht e avançar até Berlim, emergira como a mais poderosa máquina de guerra da Europa. E os comunistas, que se lançaram à luta contra o nazismo, após a invasão da URSS, e se armaram durante a guerra, não somente conquistaram a hegemonia na Iugoslávia, Polônia, Albânia, Romênia, Hungria, Tchecoslováquia e parte da Alemanha, com o respaldo do Exército Vermelho, como também ganharam importantes posições nos governos da França, onde obtiveram cerca de cinco milhões de votos, Itália, apoiados por 20% do eleitorado, Bélgica, Noruega, Dinamarca. Se Stalin quisesse, eles poderiam tentar a completa captura do poder naqueles países e expandir a revolução por quase toda a Europa Ocidental, uma vez que nunca deixaram de obedecer à orientação do PCUS, apesar da dissolução da Internacional Comunista. E condições objetivas também havia: a maioria dos países da Europa estava em bancarrota, as classes dirigentes desarticuladas, milhões de pessoas não possuíam nem abrigo nem alimentos e a aproximação do inverno engravescia o mal-estar (TRUMAN, 1956, p.2). O próprio Truman, ao fim da reunião de Potsdam, observou que "homens desesperados" poderiam ser levados a destruir a estrutura de sua sociedade, de modo a encontrar algum sucedâneo nas ruínas (*Jornal do Comércio*, 10.8.1945, p.1). E advertiu que os EUA poderiam perder alguns dos fundamentos da ordem sobre a qual a paz mundial deveria apoiar-se, caso deixassem a Europa entregue à fome e ao frio (*Jornal do Comércio*, 10.8.1945, p.1).

A revolução social em diversos países da Europa Ocidental constituía realmente uma possibilidade, conforme Truman nitidamente percebeu. Stalin, porém, não a queria. Tanto temia um confronto com os EUA, aos quais solicitara empréstimos de seis bilhões e de um bilhão de dólares (AMBROSE, 1988, p.6), quanto receava que uma revolução vitoriosa no Ocidente abatesse igualmente a preeminência da URSS sobre o movimento comunista internacional, transformado em instrumento de sua política exterior e de seus interesses como Estado nacional. Seu interesse consistiu em exercer rígido predomínio sobre os países da Europa Oriental, cujas economias tratou de acoplar às necessidades da acumulação de capital na URSS, à qual pretendia também submeter, gradativamente, a Europa Ocidental, mostrando, pela coexistência pacífica, a superioridade do regime soviético sobre as democracias capitalistas. Daí que não lhe convinha a recuperação da Alemanha como potência industrial, ainda que sob a égide do socialismo, se assim fosse possível.

Os EUA, por outro lado, empenhavam-se em dilatar suas áreas de influência, mediante a propagação de políticas liberais, que visavam a estabelecer a completa liberdade de circulação de capitais e mercadorias, assim como a livre conversibilidade das moedas, transformando-as em fundamentos da nova ordem mundial. E logo compreenderam que, se não ajudassem a Europa a rapidamente reconstruir sua economia, ela inflectiria, mais cedo ou mais tarde, para a órbita da URSS. O fato de já possuírem a bomba atômica como instrumento de dissuasão, pouco adiantaria. O Exército Vermelho, com enorme superioridade numérica em homens e armamentos, poderia compensar a destruição de Moscou e de outras cidades soviéticas com a ocupação de toda a Europa Ocidental, até a Península

Ibérica. Assim, uma vez que o *rollback* torna-se impossível, a política de *containment* da URSS – se bem que Truman não descartasse a via militar –, só teria eficácia se os EUA utilizassem outros meios, sobretudo econômicos. E, aí, eles dispunham de todas as vantagens, como a única potência com fontes de recursos disponíveis para cooperar com a reconstrução da Europa, em particular da Alemanha, a fim de que ela tivesse condições de contrapor-se, econômica, política e militarmente, às reais ou supostas pretensões hegemônicas da URSS.

Naquelas circunstâncias, os EUA e a Grã-Bretanha não podiam cumprir os acordos de Potsdam. E não cumpriram. O British Treasury, em 1945, alertou que as demandas de reparações pela URSS retardariam a recuperação da Europa e, em maio de 1946, o Departamento de Estado constatou que a remoção de bens de capital ameaçava enfraquecer seriamente a Alemanha. Em consequência, o general Lucius D. Clay, comandante da Amerikanische Militäradministration (Zona de Administração Americana), decidiu, unilateralmente, suspender a remoção de equipamentos industriais para a URSS, advertindo-a de que não mais esperasse reparações das zonas ocidentais. Pouco tempo depois, o secretário de Estado James F. Byrnes propôs a unificação das zonas ocidentais e anunciou que a Alemanha desenvolveria suas exportações, de modo que viesse a se tornar autossuficiente, pois os EUA entendiam que somente com uma economia sólida ela teria recursos para sustentar as tropas necessárias à contenção do Exército Vermelho (AMBROSE, 1988, p.73 e 89; BARTLETT, 1984. p.260). O propósito do general Clay era promover a reunificação da Alemanha e levantar seus níveis de produção, causando apreensão ao general Charles de Gaulle, como presidente da França, cujo interesse era mantê-la debilitada. De Gaulle manifestou claramente a Truman essa apreensão em fins de 1945, e seu ministro das Relações Exteriores, Georges Bidault, chegou a exigir que as regiões do Reno, do Ruhr e do Saar fossem separadas da Alemanha, e o resto do país, desmembrado em alguns Estados autossuficientes (AUTORENKOLLEKLIV, 1971, p.106). O fato de que a posição da França coincidia com a da URSS levou o Allied Controll Council (ACC) a um impasse e entravou-lhe o funcionamento, uma vez que todos os quatro membros tinham o poder de veto. Nada pôde impedir, no entanto, que os EUA e a Grã-Bretanha, que ocupavam as regiões de maior concentração industrial, inclusive o Ruhr (zona britânica), seguissem adiante com o plano de recuperar economicamente a Alemanha, ainda que à custa de sua unidade, e anunciassem, em 11 de janeiro de 1947, a formação da Bi-Zone, unificando suas administrações.

Essa iniciativa refletiu o aguçamento das tensões internacionais, com a eclosão da Guerra Fria. A URSS, sem ceder às pressões dos EUA e da Grã-Bretanha, cravou ainda mais as garras nos países do Leste europeu. Outrossim, continuou a aplicar pressões sobre o Irã, com o objetivo de arrancar-lhe concessões petrolíferas, e sobre a Turquia, visando a conseguir a participação no controle sobre o Estreito de Dardanelos, o que lhe abriria as portas para o Oriente Médio e influiria na guerra civil da Grécia, onde os comunistas ainda lutavam, não com o apoio da URSS, mas da Iugoslávia. Tais pretensões, por suas implicações estratégicas, alarmaram Truman. O subsecretário de Estado, Dean Acheson, aconselhou o *showdown*. A URSS recuou. Stalin não queria o enfrentamento, nem na Europa nem na Ásia. Da mesma forma que evitara apoiar os comunistas na guerra civil na Grécia, desaconselhara a revolução na China e, pessoalmente, manifestara ao embaixador dos EUA em Moscou, Averrell Harriman, que a julgava uma "loucura" (TRUMAN, 1956, p.91). Ele preferia alcançar um acordo com o general Chiang Kai-Shek, que chefiava o movimento nacionalista Kuomintang, tal como o fizera em 1926-27, talvez, entre outras razões, por não considerar "propriamente comunistas" os revolucionários chineses, sob a liderança de Mao Zedong – opinião manifestada diretamente a Truman, durante a Conferência de Potsdam (TRUMAN, 1956, vol. 2, p.91). Truman não acreditou. Não confiava em Stalin. Supôs que a URSS estava por trás das rebeliões na Manchúria, respaldando os comunistas. Porém, teve lucidez suficiente para perceber que não alcançaria a paz mundial por meio de outras guerras e, sobretudo, que a URSS e a China constituíam duas massas de terra que nenhum moderno exército do Ocidente fora até então capaz de conquistar (TRUMAN, 1956, p.91). Por isso, depois de proclamar, em 12 de março de 1947, que os EUA se dispunham a prestar colaboração política, econômica e, acima de tudo, militar aos "povos livres", isto é, a qualquer governo anticomunista (não importava se democrático ou ditatorial) ameaçado por insurreição, invasão estrangeira ou mesmo pressões diplomáticas (como no caso da Turquia), ele lançou o European Recovery Programme, ou Plano Marshall. Esse programa de maciça ajuda econômica à Europa, o qual tomou o nome de seu secretário de Estado, George Marshall, constituiu a maneira mais eficaz de viabilizar a política de *containment*.

Conquanto os EUA, de acordo com a Doutrina Truman, estivessem determinados a enfrentar e a conter o que quer que se lhes afigurasse como real ou suposta ameaça comunista, o povo norte-americano não se dispunha a empreender uma cruzada contra a URSS, a sacrificar suas próprias vidas ou pagar altos impostos para sustentar um vasto aparato militar na Europa. O Partido Republicano, com tendência para o isolacionismo, vencera em novembro de 1946 as eleições para o Congresso e começara a pressionar a administração de Truman a fim de cortar as despesas públicas e promover a desmobilização militar. No começo de 1947, exatamente quando a Guerra Fria se desencadeava, o Exército norte-americano fora reduzido de oito milhões para um milhão de homens; a Marinha, de 3,5 milhões para menos de um milhão; e a Aeronáutica, de mais de duzentos para menos de 50 grupos de combate (AMBROSE, 1988, p.79-80). A Doutrina Truman só teria eficácia, portanto, se os EUA contribuíssem, decisivamente, para a reconstrução da Europa, de modo que ela não apenas superasse os riscos de uma revolução (ainda bastante fortes na França e na Itália) como tivesse condições tanto de manter suas forças armadas quanto de arcar com pelo menos parte das despesas de estacionamento das tropas norte-americanas no seu território. E isso não seria possível sem o completo soerguimento da Alemanha, o que significava antagonizar a URSS, cuja intenção consistia em não permitir a recuperação de seu parque industrial e conservá-la desmilitarizada.

Assim, embora o Plano Marshall não discriminasse, aberta ou formalmente, os países da Europa Oriental, Stalin percebeu-o como um ato de hostilidade, inclusive porque, em maio de 1947, os comunistas foram expelidos dos governos da França e da Itália, dos quais participavam. E a resposta da URSS não tardou. Com a percepção maniqueísta de que o mundo estava a cindir-se em dois blocos e que as "forças imperialistas" pretendiam restabelecer a Alemanha capitalista, mesmo ao custo de criar um Estado alemão ocidental separado, ela endureceu sua posição. Molotov abandonou a reunião do Conselho de Ministros dos Negócios Estrangeiros, em Paris (julho de 1947), denunciando que os EUA desejavam dividir a Europa em dois grupos de Estados e advertindo que a Alemanha, renascida das cinzas, terminaria por dominar a Europa Ocidental (AMBROSE, 1988, p.91-92). Pouco depois, a Internacional Comunista ressurgiu sob o manto do Kominform (Kommunistisches Informotionsbüro). E os comunistas não só esmagaram a oposição democrática na Hungria como assumiram, mediante um golpe de estado, o total controle do poder na Tchecoslováquia (fevereiro de 1948), ao mesmo tempo em que os países da Europa Oriental recusavam qualquer cooperação econômica dos EUA.

Tais fatos concorreram para quebrar, no Congresso norte-americano, as resistências à aprovação do Plano Marshall e estimularam as articulações das potências ocidentais com o objetivo de se unirem em um pacto contra a URSS, do qual, posteriormente, a Alemanha deveria participar. Àquela altura, efetivamente, os EUA já abandonavam a ilusão de mantê-la unificada. A conferência do Conselho de Ministros dos Negócios Estrangeiros, realizada em Londres, entre 25 de novembro e 15 de dezembro de 1947, evidenciou a impossibilidade de alcançar qualquer entendimento com a URSS. E, diante do impasse, os representantes da Grã-Bretanha, França, Bélgica, Holanda e de Luxemburgo, reunidos em Londres, aceitaram a proposição dos EUA, favorável à organização de um Estado Alemão Ocidental, sob a forma de federação, e autorizaram os chefes de governo dos Länder (países/Estados alemães) a convocarem, para 1º de setembro de 1948, uma assembleia geral constituinte. Em consequência, como demonstração de protesto, o comandante da SMAD, general W. D. Sokolowski, retirou-se do Allied Control Council, cujo funcionamento desde então cessou, facilitando a *Währungsreform* (reforma monetária) que introduziu o marco alemão nas três zonas ocidentais, transformadas em Tri-Zone, com a adesão do França.

Essa reforma monetária tornara-se necessária a fim de impedir que a inflação, alimentada deliberadamente pela contínua emissão do velho e desvalorizado *Reichsmark*, na Zona de Ocupação Soviética, estorvasse os esforços de recuperação econômica a que o Plano Marshall visava (TRUMAN, 1956, p.122). Ela, no entanto, aprofundou a divisão do país. E a URSS imediatamente reagiu, com o estabelecimento do total bloqueio de Berlim, situada na região oriental, sob o argumento de que as potências ocidentais não mais deveriam ali manter suas zonas de ocupação, uma vez que, ao tentarem a criação de um Estado separado, abandonaram a ideia de reunificação da Alemanha e romperam os acordos de Yalta e Potsdam (AUTORENKOLLEKTIV, 1978, p.168,172 e 173; 1969, p.112-117; 1981, p.93-96; HEITZER, 1987, p.73-75; AMBROSE, 1988, p.99-104; BARTLETT, 1984, p.273-278). O que Stalin então pretendeu foi compelir EUA, Grã-Bretanha e França a saírem das zonas ocidentais de Berlim, de forma que toda a cidade se integrasse na Zona de Ocupação Soviética. Ernst Bevin, ministro do Exterior da Grã-Bretanha (gabinete de Clement Attle) sugeriu a Truman que furasse o bloqueio, despachando para Berlim, por via terrestre, um comboio de víveres, acompanhado por tanques e outros veículos militares. Alguns círculos políticos em Washington, Londres e Paris entenderam, porém, que Berlim não valia o risco de uma guerra mundial. E os EUA e a Grã--Bretanha, dispostos a não capitular, optaram pela organização de uma ponte aérea (*vozdushnyi most*) para abastecer Berlim Ocidental, ao mesmo tempo em que promoviam o contra-bloqueio de toda a Alemanha Oriental. Esse acontecimento concorreu para que os EUA decidissem apressar sua adesão ao pacto militar de Bruxelas, com a formação, em 4 de abril de 1949, da Organização do Tratado do Atlântico Norte (OTAN). E a URSS mais uma vez recuou. Em 12 de maio, pouco mais de um mês depois, Stalin ordenou a suspensão do bloqueio de Berlim, que havia durado quase um ano. E a República Federal da Alemanha, em 23 de maio, constituiu-se, com a promulgação da *Grundgesetz* (Lei Fundamental), aprovada quinze dias antes pelo Conselho Parlamentar, denominação que tomara a assembleia geral constituinte e do qual 27 representantes da CDU/

CSU, 27 do SPD, 5 do FDP, 2 do DP, 2 do KPD e 2 do Zentrum participaram. Konrad Adenauer, líder da CDU, assumiu a chefia do governo, com sede em Bonn, cidade construída pelos romanos à margem do Reno em 10 a.C. e incorporada à Renânia do Norte-Vestfália (*Nordrhein-Westfalen*).

CAPÍTULO 6

A FORMAÇÃO DO SED E A CONSTITUIÇÃO DA RDA –
A TRANSFORMAÇÃO DO SED EM PARTIDO DE NOVO TIPO –
O PAGAMENTO DAS REPARAÇÕES DE GUERRA À URSS – O DECLÍNIO
DA INFLUÊNCIA COMUNISTA NA RFA E NA RDA – A PROPOSTA
DE STALIN PARA A REUNIFICAÇÃO DA ALEMANHA

A repartição da Alemanha em dois Estados antagônicos e rivais não ocorreu como simples reflexo da divisão do mundo em duas esferas de influência, uma sob o domínio da URSS e a outra, dos EUA (WOLFFSOHN, 1986, p.9). Também não constituiu o pressuposto da Guerra Fria. A repartição resultou, sobretudo, da vontade das potências vitoriosas, que não se dispunham a permitir que a Alemanha, qual Fênix, outra vez ressurgisse das cinzas e ameaçasse a nova ordem mundial. De qualquer forma, fossem quais fossem os interesses e os desígnios dos EUA ao tomarem a iniciativa de precipitar a divisão da Alemanha, a RFA legitimou-se, desde sua fundação, não apenas pelo fato de que se formara democraticamente, com base em eleições livres, mas, principalmente, porque também representava um projeto de desenvolvimento, prosperidade e reconstrução do destino nacional, o qual correspondia às aspirações e ao grau de consciência de seu povo. O mesmo não aconteceu com a criação da República Democrática da Alemanha, em 7 de outubro de 1949, no território da Zona de Ocupação Soviética.

Ainda que Stalin sempre defendesse, pelo menos com palavras, a unidade da Alemanha, a URSS concorreu, prática e decisivamente, para sua divisão. Em realidade, ela jamais pretendera reconstruir a Alemanha, mas, sim, destruí-la como potência industrial, o que implicava a redução, senão o aniquilamento da classe operária, negando qualquer eventual propósito de implantar o socialismo naquela parte do país sob seu domínio, isto é, na Zona de Ocupação Soviética. Aliás, estabelecer o socialismo na Alemanha fora, em 1945, o objetivo do SPD, não do KPD, cujo principal dirigente, Walter Ulbricht, de acordo com a orientação de Moscou, afirmara, publicamente, que seu interesse imediato consistia na construção da democracia (McCAULEY, 1979, p.7). De qualquer forma, a desmontagem do parque industrial, empreendida avidamente pelas tropas do Exército Vermelho, inviabilizava não apenas o socialismo como também a própria democracia, na medida em que empobrecia o povo, piorava-lhe as condições de vida e violentava seu sentimento nacional, impedindo a legitimação do regime ou governo, fosse qual fosse, que lá se instituísse sob os auspícios da URSS.

A democracia pela qual Ulbricht e o KPD se interessavam não reconhecia o conceito de liberdade dos *Andersdenkenden*, que Rosa Luxemburg defendera. Exauria-se na *Bodenreform* (reforma agrária), com a eliminação do *Junkertum* (aristocracia rural), na expropriação dos grandes monopólios industriais e dos bancos, enfim, na erradicação do que apontavam como as bases econômicas e sociais do militarismo e do fascismo alemães (AUTORENKOLLEKTIV, 1978, p.101,104). E atingindo igualmente até mesmo as empresas médias, tais medidas, executadas a partir de 1945 pela SMAD, agravaram ainda mais a situação interna na Zona de Ocupação Soviética e concorreram para diferenciá-la, no sentido do pior, do resto da Alemanha, favorecendo, em consequência, sua divisão. Os métodos totalitários do stalinismo, aos quais tanto a SMAD quanto o KPD viciosamente recorriam, impuseram-se, assim, com o objetivo de criar as condições e estabelecer os fundamentos do que denominavam *eine Demokratie neuen Typus* (uma democracia de novo tipo), a *Volksdemokratie* (democracia do povo), de acordo com a teoria elaborada por Stalin (STARITZ, 1990, p.375).

O SPD-oriental, que, sob a liderança de Otto Grotewohl, Gustav Dahrendorf e Engelbert Graf, tomara, nos princípios de 1945, a iniciativa de propor a união com o KPD, a fim de evitar a repetição dos conflitos dos anos 1920 e 1930, cedo se desiludira. Os social-democratas não tiveram maior liberdade de ação. Quando ocupavam postos de direção na Zona de Ocupação Soviética, logo caíam sob o cerco e o controle dos comunistas, sempre favorecidos e privilegiados pela SMAD, com a qual intimamente colaboravam. Até mesmo seus jornais, ao advogarem a implantação de uma economia socialista, sofriam censura, uma vez que esta não era a orientação de Stalin, e o programa do KPD, dirigido por Walter Ulbricht, resumia-se, quase um século depois, em completar a revolução democrático-burguesa de 1848. Tais dificuldades recresceram e convenceram

Grotewohl, em setembro de 1945, de que ainda não chegara o momento para a unificação dos dois partidos de esquerda. Ele estava praticamente a recuar da proposta feita ao KPD e o aparecimento, àquele tempo, do SPD-ocidental, em Hannover (Zona Britânica), ameaçou obstaculizar ainda mais a fusão dos dois partidos. Seu líder, Kurt Schumacher, repelia qualquer vinculação com a URSS. Sua opinião era de que o SPD não devia tornar-se um instrumento autocrático de *"irgendeines fremden imperiailen Interesses"* (quaisquer interesses estrangeiros imperiais) (MILLER, POTTHOFF, 1988, p.174). Diante de tal situação, o KPD, que antes evadira a proposta de Grotewohl, Graf e Dahrendorf até que conquistasse todas as posições e impusesse sua autoridade na Zona de Ocupação Soviética, passou a pressionar o SPD, com o apoio da SMAD, no sentido de forçá-lo a aceitar, o mais rápido possível, a unificação. Dahrendorf energicamente a ela se opunha e por essa razão preferiu trasladar-se para Hamburgo. Mas Grotewohl não resistiu à pressão. E, em 7 de abril de 1946, o SPD-oriental, cujo Comitê Central se dividira, unificou-se com o KPD, sob o nome de Sozialistische Einheitspartei Deutschlands (SED), que passou a defender *"ein besonderer deutscher Weg zum Sozialismus"* (um especial caminho alemão para o socialismo), como concessão aos social-dermocratas (STARITZ, 1990, p.374). Contra os recalcitrantes, a SMAD recorreu a outros argumentos, tais como coerção, hostilidade e mesmo o encarceramento, com o fito de convencê-los a aderir ao SED.

Não obstante, a integração com o KPD custou a própria unidade do SPD. Embora a fusão dos dois partidos não conviesse a qualquer das três outras potências ocupantes, o fato era que a imensa maioria dos social-democratas rejeitava, tenazmente, a unidade orgânica com o KPD, condicionada, sobretudo, pelas amargas recordações do terror stalinista, que dizimara, até mesmo todos os velhos bolcheviques, os companheiros de Lenin, durante os processos de Moscou nos anos 1930. Em consequência, não só a seção oriental do SPD se dividiu, como nenhum dos dirigentes social-democratas das zonas ocidentais, a começar por Schumacher e Erich Ollenhauer, acompanhou ou sequer admitiu a posição de Grotewohl. E a cisão do SPD, separando o Oriente do Ocidente, prenunciou a divisão do próprio país, cujo processo de diferenciação política, a mudança do sistema de dominação e da sociedade, imposta de cima para baixo pelo Exército Vermelho, determinava.

Com efeito, na medida em que, sem considerar o pensamento de todo o resto da social-democracia, encorajou, diretamente, a formação do SED, a SMAD deu mais um passo para o estabelecimento da *Volksdemokratie*, pelo menos na Zona de Ocupação Soviética, conforme Ulbricht desejava, o que conduzia à divisão da Alemanha. Outras iniciativas seguiram a mesma direção. Em 1947, a SMAD criou a Deutsche Wirtschaftskommission (Comissão Econômica Alemã) e, após o 11° Congresso do SED, realizado poucos dias antes da anunciação do Kominform (setembro), o Deutscher Volkskongress für Einheit und gerechten Frieden (Congresso do Povo Alemão pela Unidade e Justa Paz) reuniu-se em Berlim Oriental, onde o Deutscher Volksrat (Conselho do Povo Alemão) se instituiu, com quatrocentos membros do SED. Os órgãos do novo Estado, segregando-se do resto da Alemanha, começaram a surgir. Conquanto outros partidos como a CDU e o LDPD continuassem formalmente a existir e dois novos fossem fundados – o NDPD e o DPD –, todos tiveram de integrar as Antifaschistisch--demokratischen Organisationen (Organização Democrática-Antifascista), o Antifas-Block, que se transformaria em Nationale Front (Frente Nacional) sob a direção do SED.

Espaço para divergências ou mesmo simples discrepâncias não podia haver. A liberdade não era a liberdade dos que pensavam de modo diferente, mas a dos que pensavam de modo igual. Como na URSS, a unanimidade, burocraticamente forjada, constituiu o fundamento da *Volksdemokratie* em gestação. Evidentemente, a longa tradição militarista da Prússia, cujo território, em grande parte, a Zona de Ocupação Soviética compreendia, e a cultura autoritária, que doze anos de nazismo exacerbaram, favoreceram a implantação de tal regime, cada vez mais monolítico, em virtude da aplicação dos métodos de Stalin, não menos eficazes que os de Hitler. E essa situação sobremodo se agravou depois do rompimento da Iugoslávia, sob o governo de Tito, com a URSS (1948), desencadeando gravíssima dissidência no movimento comunista internacional. De acordo com as diretrizes do Kominform, os comunistas alemães, a partir daí, trataram de implementar a bolchevização do SED, e torná-lo *eine Partei neuen Typus* (um partido de novo tipo), mediante a adoção do chamado centralismo-democrático como princípio organizacional, e de toda a dogmática do marxismo-leninismo-stalinismo, o que significava submetê-lo à mais férrea disciplina e à mais estrita obediência ao comando do PCUS. Como resultado, os dirigentes comunistas começaram a afastar os antigos social-democratas, com os quais até então partilharam, paritariamente, os postos de direção do partido, e a executar uma série de expurgos, embora não tão sangrentos como ocorreram, à mesma época, na Hungria e na Tchecoslováquia. O número de seus membros, dessa forma, caiu de 2 milhões, em 1948, para 1,2 milhão em 1952 (REXIN, 1962, p.53). E a conversão do SED de partido de massas em partido de quadros acarretou, igualmente, o abandono da concepção do "especial caminho alemão" para o socialismo, apontado pelos ideólogos do PCUS e do Kominform como desvio nacionalista, incompatível com o internacionalismo proletário, ou seja, com os interesses da URSS.

A evolução dos acontecimentos na Zona de Ocupação Soviética refletiu, em larga medida, a percepção da URSS, segundo a qual o mundo se dividira, econômica, política e ideologicamente, em dois blocos antagônicos e rivais. Em janeiro de 1949, o Bloco Socialista iniciou sua institucionalização, quando a URSS organizou o Conselho para Assistência Mútua Econômica (Rat für Gegenseitige Wirtschaftshilfe – RGW), conhecido como CAME ou COMECON, com a participação da Bulgária, Hungria, Polônia, Romênia, Tchecoslováquia, e a adesão da Albânia, pouco depois (fevereiro). Tornara-se, portanto, inevitável a metamorfose da Zona de Ocupação Soviética em outro Estado alemão, desmembrado do resto do país, devido às iniciativas tanto dos EUA quanto da URSS. Assim, enquanto o Parlamentarische Rat (Conselho Parlamentar), no lado ocidental, concluía a elaboração da Grundgesetz, a lei fundamental da RFA, o Deutscher Volksrat (Conselho do Povo Alemão), em Berlim Oriental, concordou com o fazimento da Constituição para uma Deutsche Demokratische Republik (República Democrática Alemã), cujo projeto, o III Volkskongress (Congresso do Povo), aceitou, em 30 de maio de 1949. E, pouco mais de um mês depois, o SED, com Ulbricht como secretário-geral, enfeixou os demais partidos, sob sua direção, no Nationale Front des Demokratischen Deutschlands (Frente Nacional da Alemanha Democrática) e o Conselho do Povo instituiu a RDA, transformando-se, provisoriamente, em Volkskammer (Câmara do Povo). Grotewohl, que se ajustara perfeitamente às diretrizes de Moscou, recebeu o encargo, como primeiro-ministro, de formar o governo, e Wilhelm Pieck, o mesmo que em 1919 fora preso com Rosa Luxemburg e Karl Liebcknecht e delatara os esconderijos e depósitos de armas dos spartakistas, assumiu a presidência da RDA. E, em 1950, novas eleições realizaram-se para o Volkskongress, manipuladas, como as anteriores, uma vez que o SED, violando a Constituição recém-promulgada, só permitiu a apresentação de lista única de candidatos e pré-fixou o número de cadeiras, as quais destinou, na Volkskammer, a cada partido do Nationale Front. A isso se cognominou de *Arbeiter-und-Bauem-Macht* (poder operário e camponês), cujo objetivo, a completar a *antifaschistisch-demokratische Umwälzung* (revolução democrática-antifascista), consistia na "construção do socialismo" (AUTORENKOLLEKTIV, 1978. p.218-223), em cerca de um quarto do território da Alemanha de 1937, o que significava, naquelas circunstâncias, tanto a socialização das ruínas quanto a ruína da socialização.

As condições econômicas e sociais da Zona de Ocupação Soviética/RDA eram terrivelmente mais precárias, piores do que em 1945, como resultado, principalmente, da ação predatória da URSS, que não só obstaculizara qualquer esforço de reconstrução como agravara os danos causados pela guerra mundial deflagrada em 1939. Mesmo Erich Honecker, futuro secretário-geral do SED e presidente do Conselho de Estado da RDA, reconheceria que a desmontagem das fábricas e até do segundo trilho das ferrovias, executada pelos soviéticos, havia tornado o processo de reconstrução ainda mais difícil (ANDERT, HER-ZBERG, 1990. p.413). De fato, o desmantelamento do parque industrial, na Zona de Ocupação Soviética, prosseguira até 1948, não obstante o general W. D. Sokolowski, comandante da SMAD, haver proclamado, em 1946, o encer-ramento. Assim, quando se constituiu, a RDA já se encontrava extremamente debilitada. Perdera metade da capacidade industrial que possuía em 1936, ha-vendo o Exército Vermelho removido para a URSS dois terços das indústrias químicas e metalúrgicas, e um quarto de outras indústrias básicas e de bens de consumo. Mesmo as fábricas em funcionamento continuaram a produzir para o pagamento das reparações, sem previsão de fim. Em 1948, o montante pago à URSS representou 15,6% do Produto Bruto da Zona de Ocupação Soviética (o que correspondia, na realidade, a 25% do Produto Líquido), em 1949, 12,4% e, em 1950, 6,3% (STARITZ, 1984, p.56). Até 1953, a Zona de Ocupação Sovié-tica/RDA pagou cerca de US$ 13,9 bilhões (STARITZ, 1984, p.57) à URSS, que ainda incorporou ao seu estoque de companhias, denominado Sowjetische Aktiengesellschaft (Sociedades Anônimas Soviéticas), 213 empresas, no valor de 2,5 bilhões de marcos. O total de tais perdas, como consequência dos vários tipos de reparações pagas à URSS, alcançou, entre 1945 e 1953, o valor de US$ 15,8 bilhões (DENNIS, 1988, p.128), embora outros autores, como Heinz Köhler, estimassem montantes ainda mais altos, da ordem de US$ 17,1 bilhões, naquele período, ou de US$ 19,3 bilhões, entre 1945 e 1960 (McCAULEY, 1979, p.69). De qualquer forma, a soma dos recursos retirados da Zona de Ocupação So-viética/RDA, convertida em colônia da URSS, situou-se muito acima dos dez bilhões de dólares fixados durante a Conferência de Potsdam, quando Stalin exigira a quantia de vinte bilhões (TRUMAN, 1956, p.111).

A brutal exigência de reparações de guerra, agravando os desmandos e a violência com que o Exército Vermelho retaliara as atrocidades dos nazistas, e a expulsão em massa das populações alemãs dos territórios (Silésia e Pomerânia) anexados pela URSS e pela Polônia, assim como da Tchecoslováquia, aviventa-ram e expandiram o sentimento antissoviético, mesmo nas zonas ocidentais da Alemanha. E, ademais da pilhagem de laboratórios e fábricas e de tudo o mais que pudesse ser útil ao Estado soviético, os soldados do Exército Vermelho também saquearam, para si próprios, os bens que encontravam, como botim de guerra, e violentaram brutalmente as mulheres alemãs. Calcula-se que pelo menos 2 milhões foram estupradas (BEEVOR, 2004, p.501; NAIMARK, 1995, p.121, 127, 133). O professor Norman M. Naimark observou que o estupro marcou a psicologia social das mulheres e dos homens na Zona de Ocupação Soviética desde os primeiros dias da invasão até, pelo menos, a fundação da RDA, em 1949 (NAIMARK, 1995, p.132-133). E esse foi um dos fatores que tiveram forte impacto negativo e solaparam os esforços dos comunistas alemães para legitimar a existência da RDA. E o SED só pode constituir o governo, na RDA, graças ao suporte do Exército Vermelho, que lhe permitia aplicar os métodos de terror stalinista e manipular as eleições. E não tinha condições de manter o domínio, senão pela força.

Também, na Alemanha Ocidental, o KPD, na medida em que se identificava com a URSS, sentiu profundamente os reflexos dos desmandos praticados pelos soldados do Exército Vermelho. Seus militantes, com o recrudescimento da Guerra Fria, foram afastados dos postos de governo dos Länder ocidentais, sem que contassem com qualquer manifestação de apoio ou simpatia. E, nas primeiras eleições para o Bundestag (Parlamento Federal) da RFA (14 de agosto de 1949), o KPD obteve apenas 5,6% dos votos, enquanto o SPD, que o repulsara por considerá-lo um instrumento da política exterior da URSS, porém apresentara um programa socialista ainda mais radical de nacionalizações de empresas, alcançou 29,2%, pouco menos do que a CDU/CSU, com 31% (MILLER, POTTHOFF, 1982, p.192). Dali por diante sua influência, caindo para 2,2% nas eleições de 1953, declinou cada vez mais, de sorte que, quando o Governo da RFA, em 1956, proibiu seu funcionamento, ele praticamente já desaparecera como força política.

Outrossim, a chamada revolução democrática-antifascista, empreendida pelo SED na RDA, não produzira qualquer benefício para o povo. O consumo individual, no território do RDA, baixara de 60% do Produto Bruto, em 1936, para 30,9%, em 1949 (McCAULEY, 1979, p.69, 71). E o padrão de vida da classe operária continuava inferior ao de antes da guerra, ao passo que, na RFA, ele se elevara a níveis muito superiores, em virtude do Plano Marshall e das constantes pressões dos sindicatos, que a democracia política possibilitava. Esse contraste também concorreu para aprofundar, na população das duas partes da Alemanha, o repúdio à URSS e ao modelo de Estado – a Volksdemokratie (democracia popular) – que ela disseminara nos países do Leste Europeu. Ninguém até então conseguira resultados tão fantásticos no combate ao comunismo quanto o próprio Stalin, não só por levar os EUA a contribuir, decisivamente, para a recuperação da Alemanha Ocidental, impedindo sua completa desindustrialização, mas, sobretudo, ao arrasar a capacidade produtiva da Alemanha Oriental, onde Pieck, Grotewohl e Ulbricht, após a tal da revolução democrática-antifascista promovida pela SMAD, trataram de realizar o socialismo.

Alguns *scholars* levantaram a hipótese de que Stalin não estava certo de que a URSS poderia manter-se na Alemanha e por essa razão ordenara a desmontagem e a transferência das fábricas (e até mesmo das linhas ferroviárias), ao invés de permitir que lá continuassem em funcionamento, a fim de apropriar-se de sua produção. Provavelmente, ele sabia que não tinha condições de dominar todo o país, cuja reconstrução, como potência industrial não lhe convinha, fosse qual fosse o sistema econômico que adotasse, dado que sua concepção sobre o socialismo em um só país privilegiava, acima de tudo, os interesses nacionais da URSS, em função dos quais manipulava o chamado internacionalismo proletário. A única maneira de impedir que as zonas ocidentais se recuperassem era conservar a Alemanha unida, porém desindustrializada e desmilitarizada, mediante um acordo com as demais potências vencedoras na Segunda Guerra Mundial. Tal objetivo, aparentemente, nunca se alterou.

A instituição da RDA não deu nova qualidade ao caráter do poder estatal na Zona de Ocupação Soviética nem marcou decisiva mudança na história do movimento operário alemão e do povo alemão, conforme os comunistas passaram a proclamar (AUTORENKOLLEKTIV, 1981, p.117-118). Stalin decerto não julgava viável implantar um "Estado operário e camponês" em apenas um pedaço da Alemanha, embora Pieck e Ulbricht o desejassem. A fundação da RDA, efetivamente, representou muito mais uma réplica à formação da RFA do que o resultado das intenções revolucionárias que os velhos comunistas acalentavam. A política dúplice e ambígua, executada por Stalin desde 1945, entremostrava que ele a promovera com o fito de dispor de algo para barganhar nas negociações com o Ocidente. De qualquer modo, o território do antigo *Reich*, partido em dois Estados, tornou-se o principal *front* da Guerra Fria, que então se intensificava, com a explosão da primeira bomba nuclear pela URSS, em agosto de 1949, e a proclamação da República Popular da China, em outubro do mesmo ano, pelos comunistas vitoriosos, sob a liderança de Mao Zedong. Porém, em meados de 1951, o Conselho de Segurança Nacional dos EUA previu que, dentro de algum tempo, a URSS haveria de preferir a reunificação de todo o país, e sua neutralização, ao rearmamento da Alemanha Ocidental (BARTLETT, 1984, p.308-309).

O rápido e vigoroso progresso da Alemanha Ocidental, realmente, não só surpreendeu como assustou Stalin. Constituída como RFA, ela restabelecera relações comerciais e diplomáticas com todos os países do Ocidente. Em 31 de outubro de 1949, a RFA entrara na Organization for European Economic

Cooperation (OEEC), entidade encarregada de coordenar a aplicação do Plano Marshall. Em seguida, aceitou a proposta formulada em 9 de maio de 1950 pelo ministro dos Negócios Estrangeiros de França, Robert Schumann, de modo a colocar a produção franco-alemã de carvão e do aço, sob a alta autoridade de uma organização, aberta à adesão de outros países da Europa, e celebrou com a França, Itália e os Estados conhecidos como Benelux, o Tratado sobre a Comunidade Europeia do Carvão e do Aço (Montaunion). Outrossim, entrando em pleno *boom* econômico, chamado de "milagre alemão", a RFA estabeleceu relações comerciais e diplomáticas com os mais diversos países, exceto os integrantes do Bloco Socialista ou que reconhecessem diplomaticamente a RDA.

À mesma época, os EUA, por temerem que a URSS, após a invasão da Coreia do Sul, em 1950, pelas tropas da Coreia do Norte, tentasse desencadear também um conflito na Europa, trataram de restabelecer a soberania da RFA (MÉNU-DIER, 1990, p.27). Juntamente com a Grã-Bretanha e França, concederam-lhe, em 6 de março de 1951, certa autonomia, ao permitir, com a reforma do estatuto de ocupação, que ela criasse seu próprio Ministério de Negócios Estrangeiros e abrisse embaixadas em outros países. E, em 26 de maio de 1952, firmaram The Contractual Agreement e The Bonn Convention, mediante os quais aquelas potências aliadas restituíram à RFA a soberania, ainda que com certas limitações, e a reintegraram na comunidade internacional. O European Defense Comunity Treaty, assinado em Paris, na noite daquele mesmo dia 26 de maio de 1952, transformou as tropas de ocupação, estacionadas no território da RFA, em forças de defesa, ao mesmo tempo em que a obrigava a fornecer um contingente de quinhentos mil homens para o exército europeu, e em 25 de julho de 1952 o tratado da Comunidade Europeia do Carvão e do Aço entrou em vigor.

A adesão da RFA à Europäische Verteidigungsgemeinschaft – EVG (Comunidade de Defesa Europeia) tornava-se, portanto, iminente e Stalin procurou evitá-la. Em nota de 10 de março de 1952, propôs às potências ocidentais a reunificação da Alemanha, mediante a assinatura de um Tratado de Paz, que a submetesse a um estatuto de neutralidade, com a retirada de todas as tropas estrangeiras de seu território dentro de um ano, e a limitação de suas forças armadas à estrita necessidade da defesa nacional (AUTORENKOLLEKTIV, 1988, p.46-50; MOLTMANN, 1963, p.38-42). Naquelas circunstâncias, com a Guerra Fria a alcançar o clímax, os EUA, apesar das resistências internas e externas, sobretudo da França, preferiam, evidentemente, uma Alemanha rearmada, ainda que dividida, a uma Alemanha unificada e neutra. Truman considerava que, sem participação da RFA na aliança militar do Ocidente, as linhas de defesa da Europa deslocar-se-iam para as costas do Oceano Atlântico (TRUMAN, 1956, p.253). Ele previa a possibilidade de que Stalin viesse igualmente a desencadear um conflito na Europa, como ocorrera com a invasão da Coreia do Sul pelas tropas da Coreia do Norte. Assim, o temor de que a URSS, possuindo a bomba atômica, desde 1949, tratasse de expandir o comunismo no Ocidente, alarmou os EUA e pautou sua política exterior. Os entendimentos sobre a reunificação da Alemanha, propostos pela URSS, não poderiam, por conseguinte, alcançar qualquer resultado e fracassaram, ao esbarrarem no problema de prévia realização de eleições livres e secretas, conforme os EUA exigiam.

CAPÍTULO 7

O *NEUER KURS* DE ULBRICHT E A CONSTRUÇÃO DO SOCIALISMO –
MORTE DE STALIN – AS MUDANÇAS EM MOSCOU – O LEVANTE DE 17
DE JUNHO DE 1953 EM BERLIM – A REPRESSÃO DAS TROPAS SOVIÉTICAS
– O PAPEL DE BERIA – A *KONFÖDERATION* PROPOSTA POR ULBRICHT –
O *ULTIMATUM* DE KRUSCHEV E A CRISE DE 1958

A iniciativa de Stalin, ao dirigir às três potências ocidentais – EUA, Grã-Bretanha e França – a nota de 10 de março de 1952, refletiu o desejo de reduzir os focos de tensão internacional, em virtude das dificuldades internas com que a URSS então se defrontava. Seu Produto Nacional Bruto somente se restabelecera ao nível de 1940 e, debatendo-se com grandes e graves problemas econômicos, especialmente na agricultura, ela necessitava deslocar recursos da defesa para a produção de bens de consumo. Assim, apesar de Stalin ter consentido ou mesmo estimulado a invasão da Coreia do Sul pela Coreia do Norte, com o objetivo de intimidar o Japão e forçá-lo a optar pela neutralidade no conflito Leste-Oeste, a URSS precisava da paz, em favor da qual, de acordo com a orientação do *Kominform*, os partidos comunistas, internacionalmente, desfecharam intensa campanha no início dos anos 1950. E não poderia afastar ou eliminar a ameaça de guerra, se não conseguisse convencer o Ocidente a admitir o princípio da coexistência pacífica dos sistemas socialista e capitalista. Para tanto, Stalin estava disposto a desmantelar o *Arbeiter- und Bauernstaat* (Estado operário e camponês) e extinguir a RDA, pouco mais de dois anos depois de sua fundação, desde que as potências ocidentais aceitassem a neutralização da Alemanha unificada, como a nota de 10 de março de 1952 entremostrara. Ao que tudo indica, a sugestão partira de Lavrenti P. Beria. Como chefe do MGB (Ministério para Segurança do Estado) e do NKVD (Comissariado do Povo para os Assuntos Internos), a controlar os serviços de inteligência e a polícia secreta, ele dispunha de todas as informações sobre as dificuldades da URSS e induzira Stalin, de quem era íntimo colaborador, a voltar-se para o consumo e a aceitar a discussão sobre algumas reformas na agricultura, porquanto os soldados do Exército Vermelho, ao retornarem da guerra, ficaram revoltados com seu padrão de vida, quando o compararam com o que viram no Ocidente da Europa.

Essa preocupação, que se manifestara a partir de 1950, tomou contornos mais nítidos em 1953 (ADLER, 1989, p.149-154). Depois da morte de Stalin, em 5 de março daquele ano, a URSS implementou certas medidas de liberalização, como a anistia a algumas categorias de presos políticos e o fim da perseguição aos judeus, e começou a modificar o programa de maciços investimentos na indústria pesada, em favor da produção de bens de consumo e da agricultura. Tal diretriz também foi imposta à RDA. O *Neuer Kurs* (Novo Curso), como se tornou conhecida a nova política, daria ênfase à melhoria do padrão de vida da população da RDA, o que implicaria o abandono do ambicioso programa de "construção do socialismo" (*Aufbau des Sozialismus*), aprovado havia menos de um ano pela 2ª Conferência de Partido do SED, com o objetivo de fomentar rápido processo de industrialização (ou melhor, reindustrialização) e coletivização, tal como no Plano Quinquenal da URSS (1928-1933). Uma vez que o socialismo se convertera em via de desenvolvimento, de acumulação de capital, conforme a concepção stalinista, Ulbricht recalcitrou, embora a RDA estivesse, àquela época, a enfrentar grave crise de abastecimento, tanto de carvão quanto de alimentos, e a URSS não se dispusesse a ajudá-la. Seu padrão de vida, em 1952, era tão baixo como em 1947 (TAYLOR, 2009, p.113).

O 13° *Plenum* do Comitê Central do SED, ao mesmo tempo em que iniciava um processo de expurgos dos adversários de Ulbricht, como Fritz Dahlem, recomendou, em 14 de maio, um aumento de no mínimo 10% nas normas de trabalho, o que acarretava de fato uma redução dos salários da classe operária da RDA, na medida em que a compelia a aumentar o ritmo de produção, sem qualquer contrapartida financeira, apenas em benefício da "construção do socialismo". O Conselho de ministros, presidido por Grotewohl, aprovou-o em 28 de maio, apresentando à URSS a nova medida como *fait accompli* (BARAS, 1975, p.381-395). Uma semana depois, Vladimir Semyonov, nomeado Alto Comissário da URSS em Berlim Oriental, deu a Ulbricht um *ultimatum* para que o SED adotasse o quanto antes o *Neuer Kurs*, cujo plano trouxera de Moscou, e pediu extraoficialmente a Rudolf Herrnstadt, editor do órgão oficial do SED,

Neues Deutschland, que elaborasse uma lista com novos nomes para compor o Politburo (BARAS, 1975, p.384).

O Conselho de Ministros da URSS estava consciente de que, como resultado de "uma linha política incorreta executada", uma situação econômica e política insatisfatória se haviam desenvolvido na RDA, levando ampla massa da população – trabalhadores, camponeses e a *intelligentsia* a passar para a Alemanha Ocidental.[1] Beria pretendeu que a RDA renunciasse à política de "construção do socialismo", ao perceber que em pouco tempo sua situação se tornaria insustentável. Em relatório ao Presidium do PCUS, informou que o número dos cidadãos da RDA que se refugiavam na Alemanha Ocidental saltara de 52.734, no primeiro semestre de 1952, para 78.831, no segundo semestre, e que já atingia 84.034 nos primeiros meses de 1953 (BARAS, 1975, p 392; MURPHY et al., 1997, p.156-158). Com efeito, de janeiro de 1951 até fins de abril de 1953, cerca de 447.000 pessoas haviam abandonado a RDA (MURPHY et al., 1997, p.133). Somente nos quatro primeiros meses de 1953, escaparam para a RFA mais de 120.000 pessoas – entre as quais 18.000 trabalhadores, cerca de 9.000 camponeses médios, pobres, artesãos, aposentados, e aproximadamente 17 empregados representativos da *intelligentsia* trabalhadora. E dos corpos de polícia aquartelados fugiram 8.000 efetivos, 2.718 membros e candidatos do SED e 2.610 membros da Juventude Alemã Livre (ibidem). Com essa fuga em massa para a Alemanha Ocidental, mais de qinhentos mil hectares de terra foram abandonados ou negligenciados. E o Conselho de Ministros da URSS percebeu claramente que uma situação como essa ameaçava a estabilidade da RDA (MURPHY op. cit., p.134).

Beria não atribuía o recrudescimento da fuga de milhares de cidadãos da RDA apenas à propaganda hostil do Ocidente, mas ao descontentamento com a coletivização das terras e a organização de cooperativas, nas quais os camponeses eram forçados a entrar pelo governo do SED. Ordenou então a Pavel Sudoplatov, agente do NKVD e na época um dos seus principais colaboradores, a fazer sondagens secretas sobre a possibilidade de reunificação da Alemanha (SUDOPLATOV, 1995, p.363). No seu entendimento, o melhor caminho para fortalecer a posição da URSS no mundo seria criar uma Alemanha unificada e neutra, dirigida por um governo de coalizão, de maneira que ela se tornasse fator de equilíbrio nas relações Leste-Oeste. O interesse de Beria, entretanto,

---

1   "On Measures to Improve the Health of the Political Situation in the GDR". Top Secret. Council of Ministers of the USSR – Order – 2 June 1953, N° 7576-rs, Moscow, Kremlin. Document No. 18, em Ostermann (ed.), 2001, p.133-136.

110 LUIZ ALBERTO MONIZ BANDEIRA

era mais econômico e financeiro do que propriamente político. O Kremlin estava sob pressão de Ulbricht para receber recursos e Beria sabia que não havia alternativa, senão fornecê-los sempre, caso a RDA não se unificasse com a RFA, ao passo que o governo soviético, ainda a título de reparações de guerra, poderia obter de uma Alemanha unificada dez bilhões de dólares, a mesma quantia que esperava da comunidade judaica internacional, para a reconstrução da URSS (SUDOPLATOV, 1995, p.364-365).

O programa aprovado pelo Presidium do Conselho de Ministros, em 27 de maio de 1953, previa, entre outros pontos, o "abandono da política de construção forçada do socialismo" e "criação de uma Alemanha unida, democrática, independente e amante de paz" (KNIGHT, 1997, p.243-244). Fora proposto por Beria, que estava a articular a remoção de Ulbricht do posto de secretário-geral do SED, apoiando a ação de Rudolf Herrnstadt e em estreito contato com Wilhelm Zaisser, ministro para a Segurança do Estado (Stasi) da RDA, sobre o qual exercia influência e controle, na condição de superior, como chefe do combinado NKVD-MGB (SUDOPLATOV, 1995, p.392; KNIGHT, 1997, p.243-245). E o SED não teve alternativa senão adotar, em 11 de junho, o *Neuer Kurs*, reconhecendo, em declaração publicada pelo *Neues Deutschland*, os erros cometidos e a necessidade de melhorar o nível de vida do povo. Mas não revogou o aumento das normas de trabalho. Em 16 de junho de 1953, cerca de dez mil operários da construção civil saíram à Stalinallee, em Berlim Oriental, a protestar contra a manutenção daquela medida. Zaisser não prevenira o governo do SED sobre a gravidade da situação e as forças do Stasi foram proibidas de intervir, aparentemente, por ordem de Beria (BARAS, 1975, p.392; FRICKE, 1989, p.207; McCAULEY, 1979, p.78). No dia seguinte, a demonstração recresceu e se transformou em revolta, alastrando-se de Berlim Oriental a 274 cidades, como Brandenburg, Oranienburg, Bitterfeld, Jena, Gera, Dresden, Halle, Leipzig, Magdeburg, Gera e Merseburg, e paralisando todos os centros industriais, onde mais de trezentos mil trabalhadores entraram em greve e, por vários dias, continuaram ainda a lutar.[2]

Aquartelados na RDA, os soldados e os tanques das forças de ocupação do Exército soviético intervieram, "*im Geiste des proletarischen Internationalismus*" (no espírito do internacionalismo proletário) (AUTORENKOLLEKTIV, 1978, p.295), e sufocaram a insurreição popular, que resultou em milhares de mortos

---

2 "Situation Report from Andrei Grechko and A. Tarasov to Nikolai Bulganin, 17 June 1953, as of 5:30 p.m. CET. Document No 31, em OSTERMANN (ed.), 2001, p.192-193; DENNIS, 1988, p.23-24; WEBER, 1980, p.80-83; McCAULEY, 1979, p.74-77.

(SUDOPLATOV, 1995, p.366). O SED qualificou-a como tentativa de *putsch* contra-revolucionário, estimulado por *agents provocateurs*, sob a direção dos serviços de inteligência dos EUA, com base no território da RFA (SUDOPLATOV, 1995, p.288-289; AUTORENKOLLEKTIV, 1981, p.157-158; HEITZER, 1987, p.110-112). "*Putsch* – isto é um exagero" – Yevgeny Pitovranov, alto oficial do MVD, escreveu ao comandante do quartel-general do Exército soviético, em Karlshorst (Berlim), acrescentando que a revolta foi uma reação popular aos graves erros da liderança do país, um "abscesso que, naquelas circunstâncias, não se podia curar, mas romper-se" (MURPHY et al., 1997, p.163). Pavel Sudoplatov, em suas memórias, levantou as hipóteses de que ou os líderes da rebelião imaginaram que não haveria reação da URSS ou o próprio Ulbricht pretendeu provocá-la, recusando-se a atender à reivindicação dos trabalhadores (SUDO-PLATOV, 1995, p.365-366). De qualquer forma, o levante de 17 de junho foi espontâneo e surpreendeu a própria estação da CIA em Berlim (MURPHY et al., 1997, p.169-170), embora ela não deixasse de aproveitá-lo para implementar a estratégia de guerra psicológica, com o objetivo de desestabilizar a RDA. Mas a repressão pelas tropas soviéticas foi brutal. Milhares de participantes das demonstrações foram aprisionados e submetidos a tribunais de exceção. Cerca de 42 foram condenados à morte (vários sumariamente executados, nos dias do levante, em diversas cidades da Alemanha Oriental) e 25 mil receberam penas de prisão. E, desde então, o serviço de segurança da RDA tornou-se um dos mais coercitivos e efetivos do Bloco Socialista (MURPHY et al., p.181).

O dramático e sangrento levante de 17 de junho de 1953, que levou o próprio Bertolt Brecht, o grande dramaturgo comunista, a sugerir satiricamente que seria mais simples que o governo da RDA dissolver o povo e eleger outro, uma vez que aquele não lhe inspirava mais confiança,[3] repercutiu profundamente em Moscou e comprovou que a RDA não era "mesmo um Estado real", que somente existia graças ao suporte das tropas soviéticas," como certa vez Beria dissera, em reunião do Politburo (GROMYKO, 1989, p.317). Ele, porém, pretendeu impulsionar o processo além dos limites admitidos pelos demais dirigentes do PCUS, sem calcular o efeito desestabilizador que a súbita liberalização na RDA produziria sobre todo o Bloco Socialista. E o levante de 17 de junho, abalando toda a Alemanha Oriental, coincidiu com o auge da luta pelo poder, desencadeada no Kremlin, após a morte de Stalin (GROMYKO, 1989, p.234-235). Os rivais de Beria aproveitaram, então, o pretexto para eliminá-lo (MURPHY et al., 1997, p.151). O todo-poderoso dirigente do combinado NKVD-MVB caiu. Preso em

---

3   "Die Lösung" em BRECHT, Band X, p.1009).

112 LUIZ ALBERTO MONIZ BANDEIRA

10 de julho, foi logo fuzilado como traidor, sob a acusação de capitulacionismo e de pretender liquidar o socialismo na RDA, por não apoiar sua existência como Estado separado, pretendendo entregá-la à RFA, conforme Kruschev aludiu em suas memórias (FRICKE, 1989, p.207; BARAS, 1975, p.392-393; DENNIS, 1988, p.25; McCAULEY, 1979, p.78- 79), e criar uma Alemanha neutra, unida e burguesa (KNIGHT, 1997, p.243-244).

Nada comprovou tais acusações (MURPHY et al., 1997, p.155-158). Amy Knight, biógrafa de Beria, ressaltou que ele, decerto, não pretendia restaurar o capitalismo nem tinha a intenção de introduzir uma verdadeira democracia na RDA. Apenas reconhecera a "necessidade urgente" de abandonar a rigidez stalinista e, recuando estrategicamente de alguns preconceitos ideológicos, promover uma política com maior respaldo popular (KNIGHT, 1997, p.246), inclusive na URSS. De fato, em 24 de março de 1953, poucos dias depois da morte de Stalin, o próprio Beria, em documento enviado ao Presidium do PCUS, propusera a anistia para grande número de prisioneiros (mais de 2,5 milhões, dos quais apenas 221.435 eram considerados "criminosos especialmente perigosos para o Estado"), dos quatro milhões, aproximadamente, que se encontravam em campos de trabalho forçado do MVD.[4] Outros dirigentes do PCUS, inclusive Kruschev, desejavam promover algum tipo de liberalização do regime de terror, cuja legitimidade, até então, o culto da personalidade de Stalin sustentara.

A execução de Beria foi a última ocorrida na cúpula do PCUS, cimentando a decisão de acabar com a prática de mútuos assassinatos (FURET, 1995, p.508-509), usual desde os tempos de Stalin. Com ela, Ulbricht salvou e fortaleceu sua posição como dirigente máximo do SED. Expurgou o grupo Zeisser-Herrnstadt, do qual participavam vários outros membros do Comitê Central e do Politburo, como Anton Ackermann, Elli Schmidt, Hans Jendretzky e Max Fechner, ministro da Justiça. Conseguiu ajuda financeira da URSS, que em março a recusara, porém, alarmada pela insurreição popular de Berlim Oriental e percebendo a gravidade da situação social e política na RDA, decidiu conceder-lhe um crédito de 485 milhões de rublos, a juros de 2%, para a compra de bens de

---

4   KNIGHT, 1997, p.235. Em 27 de março, o Presidium aprovou o decreto, libertando os que cumpriam penas de cinco anos ou menos, mulheres com crianças menores de dez anos, grávidas e jovens com menos de 18 anos – aproximadamente 1 milhão de prisioneiros. Entre 1948 e 1953, o número de colonos confinados em campos especiais de trabalho (Gulags) subiu de 2.342.000, no começo de 1946, para 2.753.000, em janeiro de 1953. COURTOIS *et al.*, 1997, p.262 a 265. Também havia 2.572.819 *deportées* ou *special deportees*, que tinham sido condenados à deportação perpétua na Sibéria e Cazaquistão, por ordem do Presidium do Soviet Supremo, datada de 26 de novembro de 1948. Vide VOLKOGONOV, 1998, p.195.

consumo, bem como concordou, finalmente, em suspender a exigência de reparações de guerra, renunciando a receber ainda 2,5 bilhões de dólares, e fixou em 5% do orçamento do Estado o pagamento dos custos de manutenção das tropas do Exército Vermelho em seu território, além de devolver-lhe 33 empresas incorporadas ao patrimônio da SAG-Betriebe (AUTORENKOLLEKTIV, 1981, p.159; McCAULEY, 1979, p.89; MOLTMANN, 1963, p.60). As conversações com as potências ocidentais sobre a unificação da Alemanha continuaram, entretanto, sem que alcançassem qualquer resultado. À URSS não convinha a prévia realização de eleições gerais, livres e secretas, pois não restava dúvida de que o SED e o KPD sofreriam contundente derrota e a Alemanha unificada, ainda que neutra, ficaria sob a mais completa influência do Ocidente. Aos EUA, Grã-Bretanha e França, por outro lado, não interessava reconhecer a RDA como Estado no mesmo nível em que a RFA, e incluí-la nas negociações, de modo que a URSS na Alemanha neutralizada, mas unida, pudesse conservar sua influência. E aí o impasse se cristalizou, diante do irredutível conflito de interesses, expresso nas propostas de Molotov, ministro dos Negócios Estrangeiros da URSS, e de *sir* Anthony Eden, ministro do Foreign Office da Grã-Bretanha.

Aliás, no início dos anos 1950, nem mesmo os dirigentes dos dois Estados alemães queriam, de fato, reunificar a nação. Ulbricht não se dispunha a resignar ao projeto de implantar o socialismo, ainda que restrito aos 108.333 km2 da Zona de Ocupação Soviética, e receava que Moscou chegasse a um acordo com Washington, Londres e Paris por sobre sua cabeça. Konrad Adenauer, por sua vez, estava convencido de que a integração com o Ocidente era preferível a uma unificação em termos que pudessem aumentar a influência soviética no coração da Europa (BARTLETT, 1984, p.305). Por isso, Erich Ollenhauer, presidente do SPD, acusou-o de renunciar à política de reunificação e acolher a ilusão de que a URSS podia ser forçada a consentir eleições livres e secretas e, voluntariamente, liberar a parte da Alemanha sob sua ocupação (OLLENHAUER, 1957). Segundo ele, o governo de Adenauer fora incapaz de coordenar as concepções de segurança das potências do Ocidente com a política de reunificação da Alemanha, reunificação esta que se tornava, em consequência, mais distante e difícil (OLLENHAUER, 1957). Adenauer, em realidade, não renunciara ao propósito de reunificar o país. Pelo contrário, a fim de consolidar a RFA como Estado, integrado no Ocidente, opôs-se vigorosamente a qualquer possibilidade de aceitação e reconhecimento da RDA, sempre chamada, nos documentos ou declarações oficiais de *Sovjetische Besatzungszone* (Zona de Ocupação Soviética). E, apesar do esforço para modificar a imagem negativa da Alemanha, demonstrando a distância moral e a diferença política que separavam a nova ordem democrática do regime de

Adolf Hitler, ele jamais considerou a RFA um novo Estado. Reivindicou para ela a condição de sucessor jurídico do *Reich*, sua continuidade histórica como representante de todo o povo alemão, tanto do Ocidente como do que habitava a Zona de Ocupação Soviética, não só assumindo a responsabilidade de indenizar as vítimas do nazismo, como apoiando suas legítimas reivindicações, inclusive a restauração das fronteiras de 1937.

O problema da reunificação da Alemanha, o qual, para Adenauer, abrangia não apenas a existência dos dois Estados de fato existentes, mas os territórios situados além da linha Oder-Neisse e incorporados à Polônia e à URSS, condicionou assim a política exterior RFA e o secretário de Estado do *Auswärtiges Amt* (Ministério dos Negócios Estrangeiros), Walter Hallstein, formulou, em 1955, a doutrina, segundo a qual o governo de Bonn devia romper relações diplomáticas com qualquer país que reconhecesse a RDA. A *Hallstein-Doktrin* consubstanciou então dois princípios fundamentais, que pautaram as relações exteriores da RFA, ou seja, a política de não-reconhecimento da RDA (*Nichtanerkennungspolitik*) e o direito de representação exclusiva (*Alleinvertretungsanspruch*) do povo alemão. Seu objetivo fora conservar as condições que permitissem, no futuro, o governo de Bonn reunificar a nação, sob a égide da Aliança Atlântica, e restabelecer a integridade do seu território, na medida em que também não aceitava a linha de fronteiras demarcadas pelas potências vencedoras sobre os rios Oder-Neisse. Adenauer entendera, porém, que devia aceitar todas as formas de cooperação com as potências ocidentais e favoreceu a integração da RFA na Aliança Atlântica, bem como seu rearmamento. Essa diretriz de política exterior se lhe afigurou como a única que possibilitaria a RFA obter a igualdade de direitos (*Gleichberechtigung*), com as outras potências do Ocidente, perdida durante a guerra, mesmo que ela implicasse a divisão definitiva da nação alemã, como aos social-democratas parecia. De fato, depois de levemente modificados, os Aliados ocidentais, em 5 de maio de 1955, puseram em vigor os Acordos de Paris, mediante os quais reconheceram a soberania da RFA, ainda que se reservassem o direito de assumir as funções governamentais, em caso de emergência interna ou externa,[5] permitindo-lhes o rearmamento e sua adesão à Organização do Tratado do Atlântico Norte (OTAN), em 9 de maio de 1955. Como resposta, a URSS, dias depois, formou o Pacto de Varsóvia, com a posterior participação da RDA.

Apesar de tais iniciativas, o relaxamento das tensões internacionais, iniciado com o acordo de paz na Coreia (1953), entretanto, prosseguiu. Georgi Malenkov

---

5   Só em 28 de junho de 1968, com a entrada em vigor, na RFA, da legislação sobre o estado de emergência, as potências ocidentais renunciaram a esse direito.

e, depois, Nikita Kruschev, sucessores de Stalin, começaram a modificar seu modo de conduzir a política exterior, que consistira em formular propostas de paz, atraentes, mas inaceitáveis, apenas com o objetivo de denunciar os supostos propósitos de guerra do Ocidente. E a URSS, em 1955, conseguiu finalmente concertar com os EUA um tratado multilateral, restaurando a soberania da Áustria, sob a condição de que ela se conservasse neutra e jamais voltasse a unir-se à Alemanha, ao mesmo tempo em que também reconheceu e estabeleceu relações com a RFA. A partir de 1956, Kruschev, após denunciar, durante o XX Congresso do PCUS (1956), os crimes de Stalin e o culto de sua personalidade,[6] valorizou como fundamento de política exterior o princípio da coexistência pacífica, o que significava nova forma de emulação entre os sistemas socialista e capitalista, mediante a qual, sem recorrer à guerra ou provocar insurreições armadas, a URSS trataria de demonstrar suas vantagens econômicas e sociais, ao alcançar a superioridade estratégica sobre o Ocidente.

Essa política Ulbricht procurou também seguir e, evocando o princípio da coexistência pacífica, encaminhou a Adenauer, em princípio de 1957, uma proposta no sentido de que a RDA e a RFA viessem a constituir uma espécie de *Konföderation*, governada por um conselho, com representações paritárias dos dois Estados alemães, o qual convocaria eleições livres e um *referendum* sobre a reforma agrária e a nacionalização das grandes indústrias (AUTORENKOL-LETIV, 1981, p.187-188; ZIEGER, 1988, p.84-85). A RFA evidentemente a rechaçou. Seu ministro das Relações Exteriores, Heinrich von Brentano, acentuou que uma democracia e uma ditadura jamais poderiam constituir uma confederação e reafirmou que a reunificação da Alemanha deveria ser feita pelo próprio povo alemão, através de eleições livres, e não de negociações entre governos (LILGE, 1965, p.53, 16). Não era provável que Ulbricht esperasse que Adenauer aceitasse aquela proposta. Talvez ele receasse que uma sublevação nacionalista, como na Polônia e na Hungria ocorrera (1956), pudesse também convulsionar a RDA e quisesse configurar a imagem de que lutava pela paz e pela unificação do país. Sua proposta de unir a RDA e a RFA em uma confederação abrigava, por conseguinte, todos os elementos da confrontação com que Stalin conduzira a política exterior da URSS. O que Ulbricht pretendera, de fato, fora responsabilizar Adenauer pelo fracasso da reunificação, acusá-lo de militarismo e revanchismo, bem como forçar a revogação da *Hallstein-Doktrin*, baseada na qual a RFA recusava-se a estabelecer relações diplomáticas (salvo com a URSS,

---

6 *"Le discours 'secret' de Khrouchtchav au XXe Congrès constitue probablement, pour l'historien de l'idée communiste, le texte plus important qui ait écrit au cours du siècle"*. FURET, 1995, p.512.

como potência ocupante) ou as rompia com os países (a exemplo da Iugoslávia) que reconhecessem a RDA como Estado soberano (idem, p.59-6).

A *Hallstein-Doktrin*, naquela conjuntura, foi deveras eficaz e impediu que a comunidade internacional aceitasse a existência de outro Estado alemão. Mesmo os países neutralistas não reconheceram a RDA ao perceberem que ela, com graves problemas estruturais, não podia oferecer senão pequenos créditos e cooperação em projetos de pouca relevância. Porém, a RFA pagou alto preço para isolar diplomaticamente a RDA, ao ser extorquida por alguns países da África e da Ásia, que ameaçavam reconhecê-la (KOSTHORST, 1993, p.90--93; BOROVSKY, 1993, p.160), e teve de agir com muita flexibilidade e buscar acomodações, como aconteceu, em 1956, quando concedeu crédito e vantagens comerciais à RAU (Estado resultante da união do Egito e da Síria), a fim de evitar que seu presidente Gamal Abdel Nasser mandasse abrir uma representação comercial, com direitos consulares, em Berlim Oriental. O isolamento internacional da RDA, ao concorrer para seu enfraquecimento econômico, preocupou ainda mais a URSS, depois dos levantes populares na Polônia e na Hungria. Daí por que Kruschev defendeu, como um sério passo, a iniciativa de Ulbricht, tomada, sem dúvida, com seu prévio conhecimento, e ressaltou que a *Konföderation* constituía o único caminho para a unidade alemã, que, segundo ele, não poderia ocorrer em detrimento da RDA. Depois, propôs que as potências ocupantes assinassem o tratado de paz com os dois Estados alemães, o que significaria a consolidação da RDA. Pelos mesmos motivos, essa proposta, como a da *Konföderation*, não germinou. EUA, Grã-Bretanha e França rejeitaram-na, por considerá-la que ela tinha propósito de propaganda, que de fato tinha, conforme o próprio Mikhail Gorbachev admitiu, embora ressaltasse que aquelas potências jamais tentaram segurar Moscou pela palavra (GORBACHEV, 199, p.201). A verdade é que nem os EUA, Grã-Bretanha e França nem a URSS queriam, realmente, a reunificação da Alemanha.

Kruschev estava convencido de que a URSS suplantara econômica, tecnológica e militarmente os EUA. Seu PNB havia crescido 7% (quase duas vezes mais do que a taxa do norte-americano),[7] graças, em grande parte, à transplantação de fábricas da Alemanha e aos acordos lesivos que firmara com países como Hungria e Polônia. Também lançara o primeiro Míssil Balístico Intercontinental Ballistic (ICBM) e o primeiro satélite espacial, o Sputnik (1957). Em tais circunstâncias, Kruschev resolveu partir para a ofensiva e desafiar as

---

7   No início dos anos 1960 a economia soviética cresceu significativamente mais depressa que as economias das potências ocidentais. KAGARLITSKY, 1993, p.37-38.

potências ocidentais, ameaçando assinar um tratado em separado com a RDA. Em 27 de novembro de 1958, anunciou que a URSS estava disposta a devolver à RDA o controle das vias de acesso para Berlim. E propôs que Berlim Ocidental fosse transformada em cidade livre, neutra e desmilitarizada, ameaçando assinar um tratado de paz em separado com a RDA, se EUA, Grã-Bretanha e França, dentro de seis meses, não chegassem a um acordo sobre a reunificação da Alemanha. A crise outra vez sobreveio. Se Kruschev cumprisse o ultimato e assinasse o Tratado de Paz com a RDA, o regime de ocupação cessaria e as potências ocidentais não teriam como alternativa senão reconhecê-la como Estado soberano, para negociar com o governo do SED sobre as vias de acesso a Berlim Ocidental, ou abandonar definitivamente a cidade. O general Dwight Eisenhower, então presidente dos EUA, evitou aceitar a provocação e exacerbar os ânimos. Ele já percebera que o custo da Guerra Fria era muito maior do que os EUA podiam suportar e que a melhor maneira de aumentar sua segurança não consistia em produzir, cada vez mais, maior número de mísseis e ogivas nucleares, mas através de negociações com a URSS (AMBROSE, 1988, p.171-172). E tinha razão. Kruschev também pretendia reduzir as forças armadas da URSS e não desejava aguçar o conflito. Recuou e aceitou o convite para visitar os EUA em fim de 1959.

CAPÍTULO 8

A SITUAÇÃO DE BERLIM EM 1960 – O *BOOM* DA RFA E O
ESVAZIAMENTO POPULACIONAL DA RDA – A CONSTRUÇÃO DO MURO
DE BERLIM – A POSIÇÃO DE KENNEDY NA LINHA DO APAZIGUAMENTO –
O ENTENDIMENTO ENTRE ADENAUER E DE GAULLE –
A QUEDA DE ADENAUER – A ASCENSÃO DO SPD E A *OSTPOLITIK*

A situação de Berlim era realmente *"abnormal"*, conforme o próprio Eisenhower reconhecera, durante as conversações privadas que mantivera com Kruschev, em Camp David (Maryland) (AMBROSE, 1988, p.171). Aparentemente ele estava disposto a fazer algumas concessões. Repartida entre as forças da URSS, EUA, Grã-Bretanha e França, incrustada cerca de 110 milhas no território da antiga Zona de Ocupação Soviética, Berlim gerava ou refletia todas as tensões do conflito Leste-Oeste, ao mesmo tempo em que dificultava a sobrevivência da RDA, em consequência não tanto das ações dos EUA ou do governo de Bonn quanto das próprias políticas da URSS e do SED. Lá, no setor ocidental, os EUA derramaram cerca de 600 bilhões de dólares e o governo de Bonn, outros bilhões de marcos (AMBROSE, 1988, p.169), enquanto, no setor oriental, a URSS não só nada investira como quase tudo esbulhara, e os poucos recursos aplicados pelo SED, após a sublevação popular de 17 de junho de 1953, não foram sequer suficientes para a remoção dos destroços que ainda lá restavam desde o término da guerra em 1945. Esse contraste espelhava o desnível entre os padrões de vida nos dois Estados alemães. O da RDA, conquanto melhorasse, gradativamente, a partir de 1956, continuava ainda um terço abaixo do existente na RFA por volta de 1960.[1] A expectativa da URSS e do SED era a de acabar com esse desequilíbrio, que funcionava como devastadora munição para a propaganda do Ocidente. Tornara-se, porém, muito tarde. A emulação entre os campos socialista e capitalista, como Kruschev desejava, não favorecia a RDA, cuja recuperação, durante vários anos, a própria URSS se incumbira de impedir, com o saque das indústrias e a cobrança das indenizações de guerra. A RFA, onde a economia social de mercado demonstrara eficiência, estava em pleno *boom*, e sua indústria, em expansão, apresentava, em 1960, cerca de seiscentas mil vagas de emprego para apenas cem mil pretendentes, o que gerava a aguda necessidade de importar operários de outros países.[2]

Esse *boom* econômico, chamado de *milagre alemão*, que a reforma monetária (*Währungsreform*) de 1948 havia possibilitado, não se deveu tanto ao Plano Marshall, mas à cultura do trabalho, ao elevado nível educacional e à alta capacitação tecnológica do povo alemão. Ludwig Erhard, ministro da Economia da RFA nos anos reconstrução da Alemanha (entre 1949 e 1963), escreveu que a importância do Plano Marshall foi mais de caráter moral e político do que material, uma vez que a RFA, entre meados de 1945 e 1952, recebera apenas US$ 4,5 bilhões, dos quais dois terços como doação, do montante de US$ 32 bilhões destinados pelos EUA aos países da Europa Ocidental, a título de ajuda econômica (ERHARD, 1988, p.848). Por sua vez, o professor Charles Kindleberger, que havia trabalhado (1947-1948) no Office of Economic Security Policy, do Departamento de Estado, como conselheiro na elaboração do European Recovery Program, informou que à RFA coube apenas o total de US$ 3,6 bilhões, entre 1946 e 1953, e acentuou que, embora necessária, a ajuda dos EUA não foi suficiente para promover a recuperação econômica da Europa Ocidental (KINDLEBERGER, 1987, p.196 e 246). E o embaixador do Brasil em Bonn, Luiz de Faro Jr., observou que, conquanto fosse importante, o apoio dos Estados Unidos através do Plano Marshall não representou mais do que 6% dos investimentos realizados na Alemanha Ocidental.[3] O grande mérito dos EUA, juntamente com a Grã-Bretanha e a França, consistiu em não desmantelar as indústrias da Alemanha, como a URSS o fizera, e permitir que as zonas ocidentais recuperassem sua capacidade produtiva e cooperassem na reconstrução

---

1 Informação fornecida ao autor pelo Sr. Gocht, do Ministério da Economia da RFA, em Bonn, 20.10.1960).

2 Números colhidos pelo autor durante viagem à RFA, em outubro-novembro de 1960.

3 Ofício n. 200, embaixador Luiz de Faro Jr. ao chanceler Vicente Rao, Bonn, 24.8.1953, AHI-MDB 7/5/6.

da Europa Ocidental, de modo a poupar o contribuinte americano de maiores encargos financeiros com a política de contenção do comunismo.

A RDA, em virtude tanto da política repressiva do SED quanto da precariedade de sua situação econômica, transformara-se em um dos grandes fornecedores da força de trabalho de que a RFA estava a carecer e tudo fazia para atrair. A antiga Zona de Ocupação Soviética já perdera mais de 15% de sua população, da ordem de 18,3 milhões de habitantes em 1945. Entre 1947, quando a Guerra Fria irrompeu, e 13 de agosto de 1961, cerca de três milhões de pessoas, das quais quase 50% com menos de 25 anos de idade, trasladaram-se para a Alemanha Ocidental, descontentes com o regime imposto pela SMAD/SED e/ou em busca de melhores condições de vida (LILGE, 1965, p.82; RÜHLE, HOLZWEISSIG, 1981, p.154). E esse êxodo recresceu, extraordinariamente, depois da coletivização do campo, promovida pelo SED, e atingiu o número de 207.026 pessoas, apenas nos sete primeiros meses de 1961 (RÜHLE, HOLZWEISSIG, 1981, p.154), de sorte que, se continuasse em tal ritmo, a RDA ficaria despovoada dentro de cinco ou seis anos. Mas o que inviabilizava o "Estado operário e camponês" não era apenas a evasão dos operários e dos camponeses, bem como de técnicos, engenheiros, médicos, cientistas e outros profissionais para o Ocidente. Também, sob outros aspectos, sua economia não suportava o impacto da competição, na medida em que a da RFA cada vez mais se avigorava. A diferença de câmbio entre o forte marco alemão e o débil marco oriental, que alcançava, no mercado negro, a taxa de 1:4, propiciava o contrabando e enorme drenagem de mercadorias, principalmente gêneros alimentícios, cujos preços eram subsidiados e, por conseguinte, mais baixos na RDA.[4] Controle algum, por mais eficiente que fosse, podia impedir a espe-

---

4 O marco alemão valia quatro marcos da RDA, em Berlim Ocidental, enquanto sua cotação em Berlim Oriental era paritária: 1:1. As lojas em Berlim Oriental só vendiam a quem apresentasse o documento de residência naquela parte da cidade ou o certificado de que lá fizera o câmbio. Essa diferença cambial, uma caixa de compensação da RDA procurava corrigir, pagando aos operários que moravam em Berlim Oriental e trabalhavam em Berlim Ocidental parte em marcos da RFA, o marco alemão, e parte em marcos orientais, porque se assim não fosse, a diferença salarial tornar-se-ia imensa. Tais medidas não evitavam, contudo, a evasão de mercadorias, sobretudo gêneros alimentícios. Muitas pessoas compravam, uma só vez, os marcos da RDA, em Berlim Oriental, na base de 1:1, e depois lá voltavam várias vezes, mas com marcos comprados em Berlim Ocidental na cotação de 1:4, no entanto, apresentavam o mesmo certificado da compra anterior para a compra de mercadorias, sobretudo gêneros alimentícios.

culação, quando na mesma cidade, como Berlim, dois diferentes Estados, com economias desiguais e antagônicas, coexistiam e rivalizavam. Segundo Egon Krenz, depois secretário-geral do SED e presidente do Conselho de Estado, o prejuízo da RDA, até 1961, alcançara o montante de 130 bilhões de marcos,[5] em consequência tanto da fuga de profissionais qualificados quanto do contrabando de mercadorias.[6] E, tornando ainda mais graves as dificuldades econômicas e sociais, várias agências de espionagem operavam em Berlim Ocidental, onde as estações de rádio constantemente emitiam propaganda política para o setor oriental, com o objetivo de desestabilizar o governo do SED (AMBROSE, 1988. p.169). Ao mesmo tempo, a URSS e a RDA, apenas com menos recursos, mantinham igualmente emissoras e programas de propaganda política, e o Stasi tratava de infiltrar seus agentes na Alemanha Ocidental. Era uma inevitável decorrência da Guerra Fria.

De qualquer forma, ao contrário da situação existente em Berlim Ocidental e na RFA, as condições internas da RDA, tanto econômicas quanto sociais e políticas, eram tão negativas e desfavoráveis que condenavam o regime do SED

---

5 Krenz, 1990, p.171. Ele se referiu, ao que tudo indica, a marcos da RDA, os quais convertidos ao DM à taxa de 1:5 (corrente na época) representariam 26 bilhões.

6 "O marco da Alemanha comunista, trocado em Berlim Ocidental, perde quatro vezes o valor, ou seja, um marco ocidental vale quatro marcos orientais. Entretanto, em Berlim Oriental, pelo controle de câmbio, é trocado ao par, isto é, um por um. Para quem entrar em Berlim Oriental com marcos da Alemanha comunista, sem apresentar comprovante de que lá dentro é que foram trocados, a penalidade de, no mínimo, dois anos de cadeia. Os estrangeiros gozam de tolerância, depois de passar alguns dias e, às vezes, até semanas de aborrecimentos e apuros. Não fosse assim, porém, Berlim Oriental entraria em colapso, porquanto, além de ser a vida mais barata, os habitantes do lado ocidental correriam para comprar tudo no outro setor. Um sabonete, que custasse quatro marcos em Berlim Oriental, sairia por um marco para quem fizesse o câmbio do lado ocidental. O padrão de vida do povo na Alemanha comunista está, no entanto, 1/3 abaixo do padrão de vida do povo na República Federal. Há um grande número de operários que moram no setor oriental e trabalham no lado ocidental e vice-versa. Para estes, há uma caixa de compensações, que lhe paga o salário, parte na moeda ocidental e parte na moeda oriental, fazendo o equilíbrio cambial. O povo, no entanto, não se sente dividido e há livre trânsito entre os dois setores, sendo que, atualmente, os alemães, para entrar em Berlim Oriental, precisam de uma autorização provisória ou permanente que obtém logo na fronteira. O metrô passa livremente de um lado a outro da cidade." (BANDEIRA, 1960).

à derrocada. Ulbricht percebeu-o e, em reunião do Pacto de Varsóvia (março), advertiu que a RDA não mais poderia cumprir suas obrigações com o Comecon se aquele fluxo de refugiados continuasse (RÜHLE, HOLZWEISSIG, 1981, p.17). Clamou por uma solução radical. Aparentemente, seu verdadeiro propósito era compelir a URSS a assinar o Tratado de Paz em separado com a RDA, o que lhe permitiria fechar o trânsito através de seu território. No entanto, as potências ocidentais não admitiam a modificação do *status* político de Berlim. E, diante do impasse e da perspectiva de que, mais cedo ou mais tarde, a RDA entraria em total colapso, os integrantes do Pacto de Varsóvia, reunidos outra vez entre 5 e 7 de agosto, decidiram pela construção de uma barreira em Berlim, que o próprio Ulbricht, conforme as evidências, sugerira, embora dois meses antes declarasse que *"niemand hat die Absicht, eine Mauer zu bauen"* (RÜHLE, HOLZWEISSIG, 1981, p.16-17; HILLGRUBER, 1987, p.75) (ninguém tem a intenção de construir um muro).

Assim, em 13 de agosto de 1961, soldados da Grenzpolizei, da Volkspolizei e da Nationale Volksarmee, sob a coordenação de Erich Honecker, membro do Politburo do SED, começaram a levantar um muro com tijolos, e depois com placas de concreto, para isolar Berlim Oriental de Berlim Ocidental (ver mapa 1). Essa brutal e desumana decisão, separando milhares de famílias, aumentou, interna e externamente, o desprestígio e a impopularidade do regime do SED, ainda que Ulbricht procurasse, depois, melhorar as condições materiais de vida naquele socialismo de campo de concentração, mediante a implantação do novo sistema econômico. As potências ocidentais protestaram contra a violação do *status* de Berlim e Adenauer anunciou que a RFA adotaria, juntamente com os EUA, a Grã-Bretanha e a França, medidas de pressão econômica contra a RDA e o Bloco Soviético. Aparentemente ele estava disposto a denunciar o *Interzonenhandelsabkomen* (Ajuste de Comércio Interzonal), existente entre as duas Alemanhas, caso as autoridades da RDA dificultassem ou suprimissem a liberdade de trânsito em Berlim. Mas o ministro da Economia, Ludwig Erhard, bem como o ministro da Defesa, Franz Joseph Strauß, que até se presumia fosse favorável a medidas mais duras, e outros membros do governo manifestaram-se contra e defenderam, até, a manutenção do ajuste comercial entre os dois Estados alemães. Como o próprio Adenauer não pretendeu contribuir para o agravamento da crise, a reação do governo de Bonn limitou-se a pronunciamentos, mais prudentes que agressivos, e a alguns atos simbólicos, como o cancelamento de competições esportivas entre equipes dos dois Estados e a suspensão, pelo Senado de Berlim Ocidental, da *avant-première* de uma peça de Bertolt Brecht no Teatro Schiller.

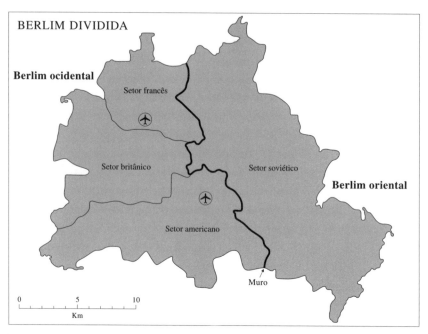

Mapa 1 – Berlim dividida

Kennedy, quando soube da construção do Muro de Berlim, particularmente, confidenciou: *"It's not a very nice solution... but a hell of a lot better than a war".*[7] Mas o comedimento de Adenauer não significou que ele estivesse de acordo com Kennedy e aceitasse sua política de *flexible response*, na linha do apaziguamento com a URSS. Não obstante Kennedy declarar em carta a Kruschev, datada de 2 de dezembro de 1961, que as forças ocidentais estavam naquela cidade e lá permaneceriam enquanto o povo alemão o desejasse,[8] Adenauer, que mantivera bom entendimento com Eisenhower, desconfiava de sua política (WOLF, 1997, p.137) e estava alarmado com a possibilidade de que os EUA, em favor de um *modus vivendi* com a RDA, sacrificassem Berlim Ocidental. Daí que, em tais circunstâncias, Adenauer tratou de aprofundar os entendimentos com o general Charles de Gaulle, então presidente da França e cuja aspiração era superar aquele cenário de confrontação bipolar nas relações Leste-Oeste mediante uma política de independência, baseado no conceito de Europa de todas

---

7   Apontamentos do secretário de Kennedy, Kenneth O'Donnel, *apud* Dennis, 1988, p.32.
8   Letter from presidente Kennedy to Chairman Khrushchev, Washinton, December 2, 1961; Letter from Chairman Khrushchev to President Kennedy, Moscow, December 13, 1961. FRUS, vol. VI - Kennedy - Khrushchev Exchanges, 1961 - 1963, p.65 a 78).

as pátrias, sob a égide da *entente* entre a França e a Alemanha (MENUDIER, 1990, p.31), tomando o império de Carlos Magno por modelo e predecessor. A estreita amizade com Adenauer – que se tornaria, com o decorrer do tempo, o único e mais fervoroso degaullista fora da França – começara logo após o retorno de De Gaulle ao poder, em junho de 1958, e estendeu-se além dos limites protocolares. Os dois uniram-se não só na oposição à URSS, mas, também, na resistência à hegemonia dos EUA, cuja *dual containment policy* visou também a impedir que a RFA pudesse dominar a Europa (T. SCHWARTZ, 1991, p.299). De fato, da mesma forma que, sem a cooperação da RFA, os EUA não tinham condições de conter a URSS, na Europa, os EUA, sem a ameaça da URSS, não podiam segurar a RFA, porquanto Adenauer não era e nunca fora um títere dos americanos, como os comunistas quiseram caracterizá-lo. Era um nacionalista alemão que se identificava com os Estados Unidos na oposição à URSS.

Adenauer, desde que optara pelo alinhamento na Aliança Atlântica, em 1949, repelira qualquer fórmula de reunificação nacional que implicasse *de jure* ou *de facto* a neutralização política e militar da Alemanha (H. SCHWARZ, 1991, p.732 e 733). E, porquanto essa era a única fórmula aceitável pela URSS, ele temeu que, no *appeasement-Kurs* (curso do apaziguamento), Kennedy pudesse alcançar um entendimento com Kruschev, à custa de Berlim (H. SCHWARZ, 1991, p.742 e 743; PFETSCH, 1993, p.157). Essa possibilidade não lhe parecia remota. Por um lado, Berlim, que era militarmente insustentável e nada representaria em caso de guerra, perdera importância para os EUA, como centro de propaganda política, situada em pleno coração do Bloco Socialista, desde que a construção do muro estancara as fugas em massa através da linha divisória da cidade. Do outro, a adesão de Cuba ao comunismo, a noventa milhas da costa de Miami, provocara verdadeiro pânico entre os americanos, e a URSS, destarte, adquiriu poderoso trunfo para qualquer negociação com os EUA, cuja posição *vis-à-vis* a questão de Berlim afigurou-se mais flexível, dado que, com a perda de suas funções, aquela cidade se lhes afigurava desinteressante, tanto do ponto de vista militar quanto político.[9]

Ao perceber as tensões no relacionamento entre Adenauer e Kennedy, que tendia a aceitar um *modus vivendi* com a RDA, Kruschev entendeu que podia provocar a maior crise dentro da Aliança Atlântica e tentou alcançar com um

---

9   "O Problema Alemão", informação do Ministério das Relações Exteriores anexa ao dossiê para a "Visita de Sua Excelência o Senhor Ministro de Estado das Relações Exteriores, Doutor Francisco Clementino de San Tiago Dantas à RFA – maio de 1962", em Arquivo Particular de Francisco Clementino de San Tiago Dantas – AP 47, Caixa 40, Pacote 5 – Arquivo Nacional – Rio de Janeiro.

só golpe a saída para o impasse de Berlim, instalando em Cuba mísseis nucleares, o que, se fosse bem-sucedido, tornaria esmagador o poder de barganha da URSS (KISSINGER, 1994, p.591). Cuba, convertendo-se em valioso ativo para a URSS na confrontação com os EUA, e Berlim passaram a representar duas faces do mesmo problema. E pela primeira vez durante a Guerra Fria, a perspectiva da confrontação nuclear configurou-se quando Kennedy decretou o bloqueio e compeliu a URSS a retirar de Cuba suas bases de foguetes (outubro de 1962), mediante negociações secretas, comprometendo-se a não invadir a ilha e a retirar os mísseis que os EUA haviam instalado na Turquia. Assim, superada a crise dos mísseis com o recuo de Kruschev, o conflito Leste-Oeste começou a esmaecer e tanto a situação da RDA se estabilizou quanto os atritos em torno de Berlim Ocidental arrefeceram-se. Provavelmente, a questão de Berlim entrou nos ajustes de Kennedy com Kruschev, que não mais voltou a recorrer às ameaças de concluir um Tratado de Paz em separado com a RDA e entregar ao governo do SED o controle das rotas para Berlim Ocidental.

Também a situação política na RFA, internamente, começou a modificar-se, acompanhando a tendência para o relaxamento das tensões internacionais, ainda que a guerra no Vietnã estivesse a recrudescer. A CDU/CSU, um mês após a construção do Muro de Berlim, perdera a maioria absoluta nas eleições para o Bundestag (Parlamento Federal), ao obter apenas 45% dos votos nas eleições de 17 de setembro de 1961. Adenauer, quase a completar 86 anos, teve de buscar, não sem dificuldades, um entendimento com os liberais, integrantes do FDP (Freie Demokratische Partei), que emergiam como a terceira força política do país, enquanto a SPD, ao rever seu programa, abdicando do marxismo, no Congresso de Bad Godesberg (1959), ampliava seu espaço de manobra e se configurava como alternativa de poder (MILLER e POTTHOFF, 1988, p.207-209).

Essa mudança na correlação de forças políticas internas ocorrera, em larga medida, devido à moderação com que Adenauer reagira quando do levantamento do Muro de Berlim, o que provocou no povo alemão o desencanto e a desesperança de que a Alemanha pudesse ser reunificada. E a necessidade de incluir os liberais na coligação para formar o novo governo colocou em pauta a revisão da política exterior da RFA. Conquanto coincidisse com a CDU-CSU no apoio à Otan no fortalecimento do Bundeswehr (exército federal) e no objetivo de reunificação da Alemanha, o FDP, que representava, sobretudo, a elite dos industriais e homens de negócios enriquecidos durante o *Wirtschaftswunder* (milagre econômico) dos anos 1950, desejava que a RFA normalizasse suas relações com os países do Leste Europeu, a fim de ampliar seu comércio, o que a *Hallstein-Doktrin* obstaculizava.

A REUNIFICAÇÃO DA ALEMANHA   127

A *Hallstein-Doktrin*, sobretudo depois da construção do Muro de Berlim, afigurou-se ainda mais inútil. Não conseguira reunificar a Alemanha e a sua eficácia relativa, no isolamento da RDA, implicou sérios prejuízos para RFA, impedindo suas exportações para mercados do Leste Europeu, na medida em que obstava o estabelecimento de relações com a Tchecoslováquia, Hungria, Polônia, Iugoslávia, Romênia e Bulgária. O entendimento com o FDP impunha sua revisão e, portanto, a mudança na chefia do Auswärtiges Amt (Ministério do Exterior), o que tornou inevitável o afastamento de Heinrich von Brentano, expoente da linha de intransigência *vis-à-vis* a URSS, adverso a qualquer concessão dos princípios de *Nichtanerkennung* (não reconhecimento) da RDA e *Alleinvertretung*, (o princípio de que só a RFA representava o povo alemão) (KOSTHORST, 1993, p.390-394). Mas o próprio Adenauer não mais tinha condições de continuar como *Bundeskanzler* (chefe do governo da RFA). Em 15 de outubro de 1963, renunciou devido às pressões tanto de forças econômicas e políticas internas quanto do próprio Kennedy, que pretendia forçá-lo a rever sua política exterior, aceitando o *statu quo*, isto é, a divisão da Alemanha, o Muro de Berlim e a linha de fronteira sobre o Oder-Neiße, possibilitando que os EUA e a URSS pudessem chegar a um entendimento. Ludwig Erhard, de cuja habilidade política Adenauer tinha um conceito altamente crítico, substituiu-o na chefia do governo da RFA e Heinrich Krone, líder da coligação CDU-CSU, imaginou que ele seria vítima da política norte-americana de distensão (*Entspanung*). Porém Erhard, se não podia aceitar, conforme publicamente declarou, qualquer acordo com os EUA e a URSS à custa da RFA mediante a entrega de Berlim Ocidental à RDA, também não persistiu no *rapprochement* com a França, em meio às divergências que marcaram os últimos anos do governo Adenauer, dividida a coligação CDU-CSU entre os *Atlantiker*, defensores da colaboração multilateral com os demais membros da OTAN, e os *Gaullisten*, favoráveis a certo bilateralismo franco-alemão, por temerem o sacrifício de Berlim e, em consequência, da RFA, em prol da distensão entre os EUA e a URSS.

Em 1966, três anos depois da queda de Adenauer, mudança ainda mais profunda ocorreu na política exterior da RFA, quando o SPD, favorável ao diálogo com a RDA, como demonstrara, em 1959, ao apresentar o *Deutschlandplan* para a reunificação do país, concordou em formar com a CDU/CSU a *Grosse Koalition* (grande coalizão). Com Kurt Georg Kiesinger (CDU), substituindo Erhard, Willy Brandt, líder do SPD e ex-*Bürgermeister* (prefeito) de Berlim Ocidental, assumiu direção do Auswärtiges Amt, e passou a promover a abertura para o Leste Europeu. Essa política, a *Ostpolitik*, tomou rápido impulso a partir de 1969, quando ele próprio, Willy Brandt, tornou-se *Bundeskanzler*, após as eleições para o Bundestag (Parlamento Federal), em que o FDP obteve trinta cadeiras e rompeu a com a coligação CDU-CSU (242 cadeiras), dando a maioria parlamentar para a formação do governo com o SPD (224 cadeiras).

Willy Brandt, defrontando-se com enormes dificuldades internas para conciliar os valores tradicionais da social-democracia com a política de defesa nuclear implementada pela Otan, tratou de regularizar as relações da RFA com a RDA através do mútuo reconhecimento dos dois Estados alemães, não obstante a oposição conservadora dentro do Bundestag. A França, associada ao acordo tripartite, apoiou publicamente suas iniciativas, mas não sem reservas, em virtude do receio de que a *Ostpolitik* detonasse o processo de reunificação da Alemanha, mediante sua neutralização (DREYFUS, 1990, p.57). Contudo, de modo geral, a política de abertura para os países do Bloco Socialista encontrou boa receptividade (ROSOLOWSKY, 1987, p.49). Os EUA, esgotados pela guerra no Vietnã, buscavam formas menos dispendiosas de conter o comunismo e reorientavam sua política *vis-à-vis* a Europa, dando maior ênfase à *détente* e à não-proliferação das armas nucleares.

A URSS necessitava, igualmente, reduzir suas despesas militares e lhe interessava promover a distensão. Ainda que ordenasse a intervenção militar na Tchecoslováquia (1968) para esmagar o movimento reformista e liberalizante, e reafirmasse, como doutrina, o papel dirigente da URSS dentro do Bloco Socialista, Leonid Brejnev, secretário-geral do PCUS, queria efetivamente maior diálogo com o Ocidente. A URSS estava a enfrentar grave crise nas relações com a China, da qual temia que os EUA se aproximassem, e pretendia obter, sobretudo da RFA, tecnologia e equipamentos que possibilitassem a modernização de alguns setores de sua indústria, de modo que pudesse aumentar a produtividade e, consequentemente, a oferta de bens de consumo para a população. Esse diálogo com a URSS interessava à RFA. Abrir-lhe-ia os mercados do Leste, e Willy Brandt começou a remover os obstáculos que o dificultavam. Admitiu respeitar a linha dos rios Oder-Neiße como fronteira da Polônia e reconheceu oficialmente a existência de dois Estados dentro da mesma nação, a Alemanha, de modo que a RFA pudesse estabelecer relações, de fato, com a RDA e acabar com a *Hallstein-Doktrin*. Com essas concessões, negociadas pelo secretário de Estado da Chancelaria Federal, Egon Bahr, um dos artífices da *Ostpolitik*, a RFA desobstruiu o caminho para o Tratado de Moscou (*Vertrag über Gewaltverzicht und Zusammenarbeit*), firmado com a URSS em 12 de agosto de 1970, e do Tratado de Varsóvia, em 7 de dezembro do mesmo ano.

O governo do SED não se conformou. Insistiu no reconhecimento pleno (*de jure*) da soberania da RDA, como condição, segundo a *Ulbricht-Doktrin*, para que a URSS normalizasse suas relações com a RFA. E tratou de estorvar os entendimentos. Willi Stoph, sucessor de Grotewohl no posto de ministro-presidente, reclamou o pagamento de 100 bilhões de marcos pelos alegados prejuízos que a economia da RDA sofrera antes da construção do Muro de Berlim. E Ulbricht, comunista do estilo stalinista, com forte sentido de poder e sem escrúpulos, conforme o próprio Markus Wolf, chefe do serviço de espionagem da RDA, descreveu-o (WOLF, 1997, p.255-256), exigiu que o estabelecimento das relações entre a RFA e a RDA precedesse o Acordo das Quatro Potências sobre o trânsito para Berlim, o que lhe permitiria impor seus próprios termos às negociações, se isso acontecesse. Ele não mais queria reconhecer os direitos de EUA, Grã-Bretanha e França sobre Berlim Ocidental, para a qual pretendeu uma definição do *status* político especial, antes da conclusão do acordo sobre as vias de acesso. E colocou, assim, os interesses da RDA acima das conveniências políticas da URSS, que, assustada com a crescente aproximação entre os EUA e a China, precisava consolidar os acordos com a RFA, não só por necessidades econômicas, mas também porque imaginava afrouxar seus vínculos com a Otan e desejava, ao mesmo tempo, impulsionar os acertos para a realização da Conferência sobre Segurança e Cooperação na Europa (CSCE), conhecida como o Processo de Helsinque.

Essa intransigente oposição ao acordo sobre a garantia de trânsito para Berlim Ocidental, ameaçando a ratificação do Tratado de Moscou pelo Bundestag, irritou Brejnev, que, após o XXIV Congresso do PCUS (abril de 1971), decidiu remover Ulbricht do posto de primeiro-secretário do SED (MCCAULEY, 1979. p.171-176; SPITTMANN, 1990, p.5-6; DENNIS, 1988, p.34-35). E condições internas havia: a posição de Ulbricht se enfraquecera, dentro do próprio SED; sua política econômica, executada desde 1968, não produzira qualquer melhoria na situação da RDA, antes provocara resistência e dificuldades (NAIMANN, TRÜMPLER, 1990, p.41). Isso facilitou as articulações do embaixador da URSS em Berlim Oriental, Pyotir Abrassimov, e a maioria do Politburo, de acordo com a orientação de Moscou, compeliu-o a renunciar durante o XVI Plenum do Comitê Central, em 3 de maio de 1971, antes mesmo da realização do VIII Congresso do SED, convocado para 15 de junho daquele ano. Erich Honecker, o *Kronprinz* (príncipe herdeiro) e ex-dirigente do FDJ, substituiu-o. Os habitantes da RDA puderam respirar ares mais frescos (WOLF, 1997, p.257) e as negociações com o Ocidente fluíram.

O *Transitvertrag* das Quatro Potências foi assinado em 3 de setembro de 1971 e, juntamente com os acordos suplementares entre a RFA e a RDA (3.12.1971), entrou em vigência em 3 de setembro de 1972, consolidando os acertos para a

Conferência de Helsinque. Em dezembro de 1972, a RFA e a RDA firmaram o primeiro Tratado Básico (*Vertrag über die Grundlagen der Beziehungen*), por meio do qual estabeleceram relações, não no nível de embaixadas, e sim de troca de simples representações, de acordo com a fórmula de que não eram países estrangeiros, mas dois Estados da mesma nação, a Alemanha. Com a revogação da *Hallstein-Doktrin*, o governo do SED, até então reconhecido apenas por 19 países (a maioria do Bloco Socialista), passou a estabelecer relações com dezenas de outros (68), já no ano seguinte. Ulbricht, entrementes, faleceu, em 1° de agosto de 1973, pouco antes da admissão da RFA e da RDA como membros da ONU, em 18 de setembro daquele ano. E Honecker continuou a construir o que ele próprio denominou de *real existierender Sozialismus*, empenhado em manter o diálogo com a RFA. Entretanto, não obstante a reconciliação entre os dois Estados alemães, o Stasi infiltrou um agente (Günter Guillaume) como assistente pessoal de Willy Brandt, escândalo que o levou a renunciar em 6 de maio de 1974, e fomentou ações terroristas da Rote-Armee-Fraktion (Fração do Exército Vermelho) e de organizações árabes, permitindo inclusive que elas usassem o território da RDA para preparar o atentado contra uma discoteca, frequentada pelos soldados americanos em Berlim Ocidental (WOLF, 1997, p.385-386; KOEHLER, 1999, p.387-401).

CAPÍTULO 9

A URSS e a alta dos preços das matérias-primas no
mercado mundial – Reflexos da crise sobre a RDA –
Os empréstimos da RFA à RDA – A intermediação de Franz
Joseph Strauß – As relações entre os dois Estados alemães –
As primeiras desavenças entre Honecker e Moscou –
A visita oficial de Honecker à RFA

Àquele tempo, primeira metade dos anos 1970, o abalo que o Ocidente sofrera, com do primeiro choque do petróleo, ocorrido após a Guerra do Yom-Kippur (1973), repercutia também na URSS, cuja crise econômica começara a então aguçar-se. Tal crise fora prevista. Na década de 1930, ao mostrar a inviabilidade do socialismo em um só país, conforme Stalin defendia, Trotsky demonstrou que o ponto fraco da economia na URSS, além do atraso que herdara do passado, consistia no seu isolamento, dado que não podia aproveitar os recursos da economia mundial, nem de acordo com os princípios socialistas, nem mesmo de acordo com os princípios capitalistas, sob a forma de crédito internacional normal, do financiamento, cuja importância era decisiva para os países atrasados (TROTSKY, 1936, p.11). As crises agudas da economia soviética – Trotsky ponderou – avisavam que as forças produtivas, criadas pelo capitalismo, não podiam adaptar-se à moldura nacional e só podiam ser coordenadas e harmonizadas, de forma socialista, em um plano internacional. Essas crises, ele acrescentou, representavam "alguma coisa de infinitamente mais grave que as moléstias infantis ou de crescimento": elas constituíam "severas advertências" do mercado internacional, ao qual a URSS estava subordinada e ligada e do qual não podia separar-se (idem, p.12). Conforme sua previsão, se não houvesse uma revolução política e não fosse restabelecida na URSS a democracia, com plena liberdade dos sindicatos e dos partidos políticos, a restauração da propriedade privada dos meios de produção tornar-se-ia ali inevitável e a nova classe possuidora, para as quais as condições estavam criadas, encontraria seus servidores entre os burocratas, técnicos e dirigentes, em geral, do Partido Comunista (idem, p.285, 286, 306, 324, 325)..

A Segunda Grande Guerra (1939-1945), não obstante os imensos danos que causara à URSS e seu imenso atraso em relação ao Ocidente, aliviou-lhe, de certo modo, as dificuldades, ao possibilitar que incorporasse a seu espaço econômico os países do Leste Europeu, se impusesse como potência política e militar à frente do chamado Bloco Socialista, e começasse a transformar-se em uma sociedade de consumo (KAGARLITSKY, 1993, p.36). Esses países – Tchecoslováquia, Hungria, Polônia, Romênia, Bulgária e RDA – haviam instituído com o Comecon[1] um sistema monetário internacional próprio, submetendo o comércio dentro do bloco a acordos de longo prazo, de conformidade com planos quinquenais. Contudo, a tentativa de implantar o socialismo mediante a estatização dos meios de produção e a planificação da economia em países atrasados, de escassa industrialização ou onde não havia riqueza para distribuir, estava, naturalmente, destinada ao fracasso, em consequência de suas contradições internas e externas. De um lado, burocratização do sistema produtivo e a equalização social empeciam a acumulação de capital necessário ao esforço de desenvolvimento econômico. Por outro, apesar do estabelecimento de sua própria comunidade econômica – o Comecon – os países do Bloco Socialista nunca puderam nem podiam libertar-se do mercado mundial, subordinado às leis do capitalismo. Era impossível criar dentro dos marcos nacionais um sistema produtivo harmonioso e autossuficiente, com todos os setores da economia, fora da divisão internacional do trabalho, independente da técnica estrangeira e da importação de matérias-primas e manufaturas produzidas por outros países. Inevitável tornara-se, portanto, que também suas economias viessem a sofrer as consequências da alta de preços das matérias-primas, sobretudo o petróleo e outras *commodities*.

Na medida em que passara a importar do Ocidente, a custos cada vez mais elevados, a URSS não mais podia manter suas exportações dentro do Comecon com subsídios que, somente à RDA, entre 1971 e 1978, alcançaram o valor de US$ 4,8 bilhões, conforme algumas estimativas (DENNIS, 1988, p.150).

---

1 Mongólia, Vietnã e Cuba também haviam aderido ao Comecon. Porém, a Albânia, que também aderira, abandonou-o, ao entrar em atritos com a URSS.

A REUNIFICAÇÃO DA ALEMANHA   133

Em 1974, ela começou a orientar-se a fim de promover certos ajustes nas relações comerciais com os países do próprio Bloco Socialista (McCAULEY, 1979, p, 185; DENNIS, op. cit., p.131-138). Reuniu os demais membros do Comecon e todos acertaram que também aumentariam, a partir de 1975, os preços de suas exportações, periodicamente, tomando sempre como base a média do mercado mundial nos últimos cinco anos (AUTORENKOLLEKTIV, 1981, p.343; 1978, p.626). Essa decisão desequilibrou a balança comercial da RDA em favor da URSS, de onde, desde 1970, tratara de incrementar, com a execução do novo Plano Quinquenal, as importações de energia (80%), ou seja, petróleo, gás e carvão betuminoso, que atendiam, no final dos anos 1970, a cerca de 30% de suas necessidades internas de consumo (DENNIS, op. cit., p.138).

De acordo com as estatísticas apresentadas pelos autores do SED, a renda nacional da RDA cresceu em quase um terço, durante a execução do Plano Quinquenal 1971-1975, e o intercâmbio com a URSS e os demais membros do Comecon, que representava 70% do total do seu comércio exterior, aumentou em 87% (HEITZER, 1987, p.252, 254). Efetivamente, o desenvolvimento daquele Estado alemão tomou forte impulso no período. A RDA tornou-se o mais eficiente produtor no Bloco Socialista, com alta renda *per capita* (MAIER, 1997, p.82), e passou a ocupar a 10° ou 11° posição entre os países mais industrializados no mundo, necessitando até mesmo importar força de trabalho (p.78).[2] Por volta de 1975, suas exportações alcançaram nível equivalente ao da RFA, isto é, atingiram o montante de 25% em proporção ao PNB (DENNIS, op. cit., p.131). Esse incremento do comércio exterior, contudo, não lhe propiciou realmente qualquer alívio financeiro. A RDA falhou na tentativa de compensar o déficit com a URSS, mediante o aumento do preço de suas exportações. E as transações com o Ocidente também continuaram a acumular, crescentemente, saldos negativos, como ocorria desde 1970, em consequência da deterioração dos termos de intercâmbio. Enquanto os preços dos produtos importados pela RDA subiram cerca de 34%, os preços dos produtos que exportava apenas se elevaram em 17% (ibidem). Devido ao atraso tecnológico e à má qualidade, eles não apresentavam condições de competir nos mercados do Ocidente. Somente alguns poucos produtos, tais como instrumentos de precisão, guindastes e máquinas-impressoras a RDA conseguia vender a países fora da órbita do Comecon. Mas, para tanto, tinha de fixar preços inferiores aos custos de produção, bastante altos em decorrência da baixa produtividade e do excessivo número

---

2   Por volta de 1989, quando o Muro de Berlim caiu, estava a negociar a ida de seis mil operários de Moçambique para trabalhar nas suas indústrias.

de trabalhadores que suas empresas absorviam, a fim de manter artificialmente uma situação de pleno emprego.[3] E não lhe restava senão essa alternativa, dada a premente necessidade de captar divisas, qualquer que fosse o meio, para comprar as matérias-primas no mercado mundial.

As dificuldades econômicas e financeiras com que a URSS se defrontava compeliram a RDA a se voltar cada vez mais para o Ocidente. A partir de 1975, quando a URSS suspendeu virtualmente os fornecimentos de grãos, a RDA passou a importar, em média, cerca de quinhentas mil toneladas por ano, especialmente dos Estados Unidos, aos quais tinha de pagar com moeda forte. O governo do SED empenhou-se para fomentar a produção interna. Conseguiu derrubar as importações de grãos, entre 1981 e 1982, mas a RDA não se tornou autossuficiente, pois sua produtividade na agricultura, assim como na indústria, era inferior em 50% à da RFA (idem, p.143). E logo outros problemas se agravaram. A URSS não só, mais uma vez, majorou fortemente o preço do petróleo, acompanhando a nova alta no mercado mundial (1979), como reduziu seus fornecimentos de 19 milhões de toneladas, em 1980, para 17,1, em 1983, o que obrigou a RDA a recorrer a outras fontes, fora do Comecon, e a gastar divisas com a compra do produto. Seu endividamento líquido com o Ocidente alcançou então o montante de 11,6 bilhões de dólares (1981), o maior, depois da Polônia, entre os países do Bloco Socialista (idem, p.39 e 131), o que tornou sua economia altamente vulnerável. E, a partir de meados de 1982, a RDA não mais obteve crédito dos bancos ocidentais, assustados com o colapso financeiro do México, evidenciando o agravamento da crise da dívida externa nos países do Terceiro Mundo.

O que atenuou os problemas financeiros da RDA foi o seu relacionamento especial com a RFA, que não apenas lhe possibilitava o acesso aos mercados da Comunidade Econômica Europeia (CEE), sem a aplicação de quotas e tarifas, como lhe facilitava os pagamentos, através do balanço em *Verrechnungseinheiten* ou VEs (unidade contábil que correspondia de fato ao marco alemão), ao mesmo tempo em que lhe concedia anualmente enormes somas de marcos, a título de compensação pelo uso de suas estradas, vistos, serviços postais, libertação de presos políticos[4], etc. Somente em 1982, o governo do SED recebeu, conforme os acordos formais entre os dois Estados alemães, a soma de 2,18 bilhões de marcos alemães, dos quais 410 milhões destinados ao melhoramento das vias e

---

3   Entrevista de Heinz März, ex-embaixador da RDA, ao autor, Berlim, 24.1.1991. Entrevista de Günter Severin, ex-embaixador da RDA, ao autor, Berlim, 2.1.1991.

4   Entre 1963 e 1989, a RFA pagou à RDA cinco bilhões de marcos alemães para libertar 34 mil prisioneiros políticos. KOEHLER, 1999, p.17.

meios de transporte entre a RFA e Berlim Ocidental, 525 milhões como tarifas de trânsito (*Transitpauschale*), cinquenta milhões pela utilização das estradas dentro da RDA, duzentos milhões através do câmbio mínimo obrigatório para o ingresso no seu território e um milhão da receita dos Intershops, Intertank e Genex (idem, p.151-152), empreendimentos sob o controle direto da Kommerzielle Koordinierung (Koko), um departamento do Comitê Central responsável pela captação de divisas. Mesmo assim, ao fim de 1982, a RDA tinha um débito com a RFA superior a um bilhão VEs (idem, p.152) e devia ao Ocidente uma importância, que oscilava entre 9 e 13 bilhões de dólares, dos quais 40% venciam dentro de um ano, com juros muito altos (SPITTMANN, 1990, p.94). A URSS, abalada também por seus próprios problemas, não tinha condições de socorrer a RDA. E os bancos ocidentais recusavam-se a lhe abrir novos créditos, sem os quais ela não poderia financiar suas obrigações.

Não fosse a intermediação de um político extremamente conservador da RFA, Franz Joseph Strauß, dirigente da CSU da Baviera, a aguda crise financeira da RDA talvez evoluísse, com graves consequências para o regime do SED. Ele conseguiu que o novo governo eleito e inaugurado na RFA (1983), sob a direção do chanceler Helmut Kohl, da CDU, avalizasse, junto aos bancos alemães, empréstimos à RDA, da ordem de um bilhão de marcos alemães em 1983, e 950 milhões, em 1984 (DENNIS, op. cit., p.151-152). O total dos financiamentos, segundo o próprio Honecker posteriormente revelaria, chegou até três bilhões de marcos (ANDERT, HERZBERG, 1990, p.352), embora na época se informasse que seu interesse era obter o montante de quatro bilhões (SPITTMANN, 1990, p.94). Apesar das explicações de Strauß, os motivos que o levaram a intervir para salvar a RDA da bancarrota sempre despertaram suspeita. Honecker justificou-o, qualificando Strauß como um *Realpolitiker*, que ele muito considerava (ANDERT, HERZBERG. 1990, p.352). De qualquer forma, a Bavaria-Connection[5] foi de fundamental importância para a RDA, porém, o *Hintergründe* do negócio permaneceu um segredo guardado por Strauß, Honecker e Alexander Schalck-Golodkowski, o *Valuta-Zauberer* (feiticeiro do câmbio) (SCHABOWSKI, 1991, p.322), como diretor da Kommerzielle Koordinierung (KoKo), empresa encarregada de captar recursos para a RDA[6].

---

5   Sobre a Bavaria-Connection, vide PRZYBYLSKI, 1992, p.278-290.
6   Sobre o tema, vide WOLF, 1997, p.189-193. Alexander Schalck-Golodkowski devia ser filho de mãe judia, que fora levada para um campo de concentração, e de um soldado da cavalaria polonesa, que morreu quando as tropas alemãs invadiram a Polônia. Alexandre foi encontrado em Krakau ao fim da guerra por um comando da SS e adotado por Richard Schalck, um SS-Sturmbannführer (alto oficial da SS). Vide PRZYBYLSKI, 1992, p.231.

A concessão de tais empréstimos, naquelas circunstâncias, constituiu, naturalmente, um negócio bastante lucrativo. Não implicou qualquer risco para os bancos da RFA. O governo de Bonn deu-lhes uma declaração de garantia de pagamento com a soma das tarifas de trânsito (*Transitpauschale*), que anualmente fornecia à RDA. Não desembolsou qualquer recurso. Não obstante, essa atitude, politicamente, foi de extrema generosidade, para muitos, inexplicável. Ela evitou que a aguda escassez de divisas viesse a paralisar a economia da RDA, com consequências imprevisíveis, ao desestabilizar todo o seu sistema social e político. Talvez o propósito de Kohl realmente fosse esse, por temer que uma intervenção militar da URSS para defender a ordem e salvar o regime instituído pelo SED prejudicasse os esforços de aproximação entre as duas Alemanhas. E a RFA, desde que Willy Brandt começara a promover a *Ostpolitik*, sempre justificou a ajuda à RDA como forma de humanizar a divisão do país.

Conquanto permitisse ao governo do SED sustentar suas políticas econômicas e sociais, o objetivo de tal assistência econômica e financeira era estreitar os vínculos entre os dois Estados, de maneira a que a RFA, como exemplo de democracia, pudesse influir diretamente sobre a RDA, mantendo as possibilidades de reunificação, para quando as condições se apresentassem na política internacional. Kohl não modificou a *Ostpolitik*, que correspondia aos interesses econômicos e políticos da RFA. Ela alcançara seus objetivos, particularmente na RDA. Ainda que a ampliação dos contatos pessoais, telefônicos e postais com a RFA, a partir de 1972, acentuasse na população oriental a percepção de que o chamado "socialismo real" não lhe propiciara os altos padrões de conforto, bem-estar e segurança existentes no lado ocidental, o próprio Honecker sempre demonstrara forte interesse no desenvolvimento das relações entre as duas Alemanhas (PRZYBYLSKI, 1992, p.68). Ele chegara à conclusão de que a RFA podia tanto ajudar realmente o desenvolvimento da sociedade socialista no RDA, quanto, ao mesmo tempo, absorvê-la (ANDERT, HERZBERG, 1990, p.79). E comentou, como exemplo, que autorizar crescente número de cidadãos orientais a viajarem para a RFA, a pretexto de visitar parentes ou outros, constituía uma política de abertura (*Politik der Öffnung*), com risco (ANDERT, HERZBERG, p.79).

Esse risco Honecker tinha que correr, sobretudo depois de 1982, quando os problemas econômicos e financeiros da RDA, e também da URSS, agravaram-se e empeceram as relações comerciais dentro do Comecon, dado que a renda nacional crescera mais rapidamente que a produção (MAIER, 1997, p.78). A única opção que se lhe afigurava era buscar ainda maior entendimento com a RFA, da qual já estava a obter muitas vantagens. E a RFA, a maior potência econômica da Europa Ocidental e o mais importante aliado dos EUA na Otan, sempre ocupara um lugar predominante na política de Honecker (SCHABOWSKI, 1990, p.35). Sem sua cooperação, a RDA não mais teria condições de manter o padrão de vida lá alcançado, o qual, embora inferior ao da RFA, tornara-se, pelo menos, o melhor entre os países do Bloco Socialista, em virtude, principalmente, do programa de construção de moradias *(Wohnungsbauprogramm)*, embora a população estivesse a demandar mais e mais bens de consumo e se frustrasse com a frequente escassez de produtos, que buscava nas lojas estatais.

Maior aproximação entre os dois Estados alemães ocorreu, coincidentemente, quando o presidente dos EUA, Ronald Reagan, tratou de retomar a corrida armamentista, com o projeto de construir a SDI, conhecido popularmente como a Guerra nas Estrelas, e o governo de Bonn autorizou o estacionamento de novos mísseis da Otan, de médio alcance, no seu território, o que não convinha à URSS. Moscou sempre viu a aproximação entre os dois Estados alemães com desconfiança (WOLF, 1997, p.259 e 322). Os dirigentes do Kremlin não queriam que a RDA seguisse, independentemente, seu próprio caminho nas relações com a RFA,[7] nem que aprofundasse com ela uma espécie de *mini-détente*, quando as tensões Leste-Oeste recresciam. Por isto passaram a olhar com suspicácia e desconfiança a movimentação de Honecker, que tendia a contrariar os interesses gerais da política exterior da URSS, e trataram de impedir sua visita oficial à RFA, a convite do chanceler Helmut Kohl, formulado pessoalmente em Moscou, onde ambos se encontraram por ocasião das exéquias de Yuri Andropow, secretário-geral do PCUS (fevereiro de 1984).

O *Prawda*, órgão oficial do PCUS, publicou, entre julho e agosto de 1984, dois artigos sobre supostas "tendências revanchistas" da RFA, os quais representavam, ao mesmo tempo, um ataque aberto à *Politik des Dialogs und des Realismus* (política do diálogo e do realismo), proposta pelo próprio Honecker, na 7a Reunião do Comitê Central do SED (KRENZ, 1990, p.118). Então, acompanhado por outros dirigentes do SED e Erich Mielke, chefe do Stasi, Honecker viajou para Moscou, a fim de discutir a questão com o secretário-geral do PCUS, Konstantin Tchernenko, substituto de Andropow. Porém, não teve êxito. E, cedendo à pressão do dirigente soviético, redarguiu: "Nós nos submetemos ao vosso desejo, contudo mantemos que a ideia é mais adiante realizável" (SCHABOWSKI, 1990, p.36, 25). A visita, primeira de um chefe de Estado da RDA a Bonn, prevista para setembro de 1984, não se concretizou. Honecker teve de postergá-la. Mas sua posição estava a tal ponto abalada no Kremlin que, àquele tempo (1984), Valentin Alexeivitsch Koptzev, ministro-

---

7   Entrevista de Egon Krenz ao autor, Berlim, 11.3.1991.

-conselheiro da Embaixada da URSS em Berlim Oriental e membro do Comitê Central do PCUS, responsável pelo setor da Alemanha, revelou ao embaixador do Brasil na RDA, Mário Calábria, o propósito de derrubar Honecker. Em meio de comentários contra o secretário-geral do SED, durante encontro na Ópera de Berlim Ocidental, disse-lhe: "Nós vamos acabar com ele".[8] E, respondendo à pergunta sobre quem o iria substituir, respondeu: "Hans Modrow, de Dresden"[9].

O que então evitou a derrubada Honecker foi, provavelmente, a morte de Tchernenko (dezembro de 1984). Mas o propósito permaneceu. Mikhail S. Gorbachev, apoiado pelo KGB,[10] em virtude de suas ligações com Yuri Andropow, ascendeu ao posto de secretário-geral do PCUS e à chefia do governo soviético. A mudança na alta cúpula do Kremlin, paralisou as articulações. Mas continuaram as desavenças e, em 1985, Erich Mielke, chefe do Stasi, começou a falar na necessidade de afastar Honecker da secretaria-geral do SED e da presidência do Conselho de Ministros da RDA[11], refletindo, sem dúvida, o pensamento do KGB. Essas desavenças não tinham apenas como causa as dificuldades econômicas e comerciais que surgiram dentro do Comecon. Com efeito, embora com sentido inverso à atitude de Ulbricht, nos início dos anos 1970, a orientação da política exterior de Honecker entrara também em rota de colisão com a do PCUS, dado os termos em que as relações entre a URSS e a RDA se estabeleceram, desde 1949, e evoluíram. Ulbricht, com a intenção de resguardar o que julgava constituir o interesse da RDA, opôs-se aos esforços da URSS para chegar a um entendimento com a RFA. E caiu. Honecker, pelo contrário, tratou de aproximar-se da RFA, mas independentemente da URSS, o que igualmente contrariava sua política exterior do Kremlin, na primeira metade dos anos 1980.

O objetivo de ambos, como alemães e comunistas, era essencialmente o mesmo, ou seja, conduzir a RDA como Estado autônomo, de acordo com seus próprios interesses e seu projeto de socialismo, ainda que ela representasse menos da metade da antiga Alemanha. Mas a URSS, de fato, nunca a deixou de considerar como sua zona de ocupação, apesar dos tratados pelos quais lhe reconhecera a soberania. Seu embaixador em Berlim Oriental, Piotr Abrassimov, o mesmo que em 1971 participara das articulações para derrubar Ulbricht, não mais tolerava Honecker, o que não escondia, e demonstrava completo desprezo pela RDA.

---

8 Entrevista de Mário Calábria, ex-embaixador do Brasil na RDA (1978-1984), ao autor, Berlim, 26.1.1991.
9 *Idem.*
10 Entrevista de Günter Schabowski ao autor.
11 Entrevista de Egon Krenz ao autor.

Participava das reuniões do Politburo e do Comitê Central do SED, como se efetivamente o integrasse, não respeitava o protocolo diplomático e, nas comitivas oficiais, seguia com seu automóvel à frente do automóvel de Honecker[12]. Em suma, conforme Günter Schabowski, membro do Politburo, confirmou, Piotr Abrassimov comportava-se "como um alto comissário soviético e não queria compreender que a RDA era um país soberano, com um próprio chefe de Estado". Obviamente, Honecker não o suportava (SCHABOWSKI, 1990, p.27). Era um velho comunista, que passara, desde a juventude, por todas as agruras da militância revolucionária – e não se julgava, com tal experiência e folha de serviços, inferior a nenhum dos novos dirigentes soviéticos. E, se a URSS surgira com a Revolução Russa de 1917, liderada por Lenin, a Alemanha fora o berço onde Marx e Engels nasceram e possuía uma vasta tradição revolucionária, da qual, segundo ele pensava, a RDA constituía a herdeira.

Assim, não obstante permanecer leal à URSS e conservar, firmemente, a crença no marxismo-leninismo, Honecker não aceitava, tranquilamente, que as posições do PCUS sempre devessem prevalecer sobre as do SED. Daí porque recalcitrou quando também Gorbachev, em 1986, tentou evitar que ele enfim realizasse a pretendida visita oficial à RFA. Em abril daquele ano, quando visitou Berlim Oriental por motivo do XI Congresso do SED, o secretário-geral do PCUS, com o propósito de ponderar sobre a inconveniência de sua viagem a Bonn, perguntou-lhe: "Que devo dizer ao meu povo, se tu agora visitas a revanchista RFA?" A argumentação da URSS contra a viagem, desde 1984, concentrava-se no fato de que as tensões Leste-Oeste recrudesceram e o governo de Bonn autorizara a instalação pelos EUA de novos mísseis, de médio alcance, em seu território. Desta vez, porém, Honecker não se intimidou. Com impertinência, retrucou, devolvendo a Gorbachev outra pergunta: "E o que devo eu dizer ao meu povo, que desejava a paz?". E acrescentou: "Eu insisto nisto, em que devo para viajar para a RFA" (SCHABOWSKI, 1990, p.35-36).[13] Houve então duradouro constrangimento entre os dois no curso da reunião do Politburo do SED. Apesar disso, a rebeldia de Honecker ainda não chegou a ponto de levá-lo a desobedecer à diretriz do secretário-geral do PCUS, que só um ano depois concordaria com a sua tão desejada visita oficial a Bonn, onde Helmut Kohl e o presidente da RFA, Richard von Weizsäcker, o receberam com todas as honras de um chefe de Estado.[14]

---

12 Entrevista do embaixador Mário Calábria ao autor.

13 Diálogo confirmado por Egon Krenz no entrevista ao autor.

14 Sua viagem estendeu-se à Baviera, governada por Franz Joseph Strauß, que intermediara a concessão dos créditos à RDA em 1983.

Foto 1. Karl Marx, filho do advogado e depois membro do Conselho de Justiça de Trier, Hirschel Marx, judeu convertido ao catolicismo e batizado como Heinrich Marx, e de Henriette Preßburg, judia holandesa.

Foto 2. Johanna Bertha Julie (Jenny) von Westphalen, esposa de Karl Marx, pertencia à pequena nobreza da Prússia. Teve grande influência sobre a obra de Marx. Funcionava como sua secretária, copiando não só seus escritos como sua correspondência.

Foto 3. Friedrich Engels nasceu em Barmen (atual Wuppertal), na Alemanha. Era filho de Friedrich Engels, próspero empresário da indústria têxtil, que em 1837 fundou uma fábrica para fiação de algodão em Manchester, na Inglaterra.

Foto 4. Ferdinand Lassalle, nascido em Breslau (Polônia), fundou, em 23.5.1863, a Associação Geral dos Trabalhadores Alemães (Allgemeiner Deutscher Arbeiterverein – ADAV).

Foto 5. Dirigentes da social-democracia alemã no Congresso da Internacional Socialista, em Zurique (1893): Clara Zetkin, Ferdinand Simon, Frieda Bebel, Friedrich Engels, Julie Bebel, August Bebel, Ernst Schaffer, Regina Bernstein, Eduard Bernstein. Archiv der sozialen Demokratie – Friedrich-Ebert-Stiftung.

Foto 6. Karl Kautsky, discípulo direto de Marx e Engels, organizou os manuscritos do terceiro volume de *O Capital*. Archiv der sozialen Demokratie – Friedrich-Ebert-Stiftung.

Foto 7. Eduard Bernstein, um dos teóricos da social-democracia alemã, empreendeu uma revisão da doutrina de Marx, por entender que o capitalismo cada vez mais se centralizava e que se podia chegar ao socialismo por meio da evolução do capitalismo. Archiv der sozialen Demokratie – Friedrich-Ebert-Stiftung.

Foto 8. Eduard Bernstein e Karl Kautsky em 1910. Archiv der sozialen Demokratie – Friedrich-Ebert-Stiftung.

Foto 9. Vladimir I. Lenin, líder da revolução bolchevique de 1917, cujos métodos, suprimindo a democracia na Rússia, Karl Kautsky e Rosa Luxemburg condenaram.

Foto 10. Leon Trotsky, que juntamente com Lenin chefiou a revolução bolchevique, organizou e comandou o Exército Vermelho durante a guerra civil (1918-1922). Foto tirada em 11.3.1937, quando exilado no México. Archiv der sozialen Demokratie – Friedrich-Ebert-Stiftung.

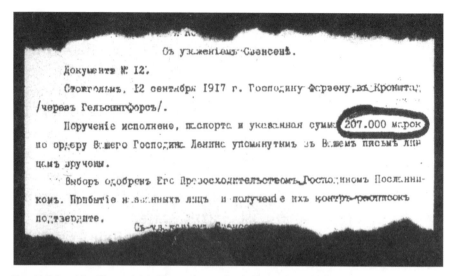

Foto 11. Sob o códice (Signatur) 4-3-52, no antigo arquivo do Comitê Central do PCUS (ZK-KPdSU – Archiv) está a tradução russa do Documento n° 12, confirmando a transferência pelo Diskontogesellschaft do montante de 207 mil marcos para a conta de Lenin, em Kronstad, por ordem do magnata da indústria de carvão do Ruhr, Emil Kirdorf. Foto cedida gentilmente pelo jornalista Ulrich Völklein e pela revista *Stern*.

Foto 12. Da esquerda para a direita, almirante Vassillj M. Altvater, chefe da missão naval russa, Leon Trotsky, Leo Kamenev e Adolf Joffe, foto tirada entre 13 e 15.12.1917, quando a Rússia negociava a paz em separado com a Alemanha, em Brest-Litowsk, cidade na Bielorrússia, próxima à fronteira com a Polônia. Deutsches Historisches Museum (DHM).

Foto 13. Frota da Marinha alemã, estacionada no porto de Kiel, no Mar Báltico. Ali irrompeu a revolução quando, em 3.11.1918, os marinheiros se sublevaram por causa da prisão de seus camaradas. Archiv der sozialen Demokratie – Friedrich-Ebert-Stiftung.

Foto 14. Os marinheiros amotinados, após conquistar base naval de Kiel, comandada pelo almirante Wilhelm Souchon, uniram-se aos operários e formaram conselhos, como acontecera na Rússia, em 1917. Archiv der sozialen Demokratie – Friedrich-Ebert-Stiftung.

Foto 15. *Vorwärts*, jornal do MSPD, anuncia em 10 de novembro que Friedrich Ebert, Hugo Haase, Philipp Scheidmann, Wilhelm Dittmann e George Bath haviam constituído o novo governo do Reich.

Foto 15A – Demonstração de massa na cidade de Kiel. Archiv der sozialen Demokratie – Friedrich-Ebert-Stiftung.

Foto 16. Dirigentes social-democratas integrantes do Conselho dos Comissários do Povo. Friedrich Ebert; Wilhelm Dittmann; Otto Landsberg; Hugo Haase; Georg Barth; e Philipp Scheidemann. Archiv der sozialen Demokratie – Friedrich-Ebert-Stiftung.

Foto 17. Friedrich Ebert, como membro do Conselho dos Comissários do Povo, discursando na praça da Porta de Brandenburgo, durante a revolução, em novembro de 1918. Archiv der sozialen Demokratie – Friedrich-Ebert-Stiftung. Fotógrafo desconhecido.

Foto 18. Friedrich Ebert ocupou o cargo de *Reichkanzler* (Chanceler do Império Alemão), entre 9 de novembro, após a erupção revolucionária em Kiel, e exerceu o cargo de primeiro presidente da Alemanha republicana (*Reichspräsident*) entre 11.2.1919 e 28.2.1925, quando faleceu. Archiv der sozialen Demokratie – Friedrich-Ebert-Stiftung.

Foto 19. Philipp Scheidemann. Foto de 1924, quando ocupava o cargo de prefeito da cidade de Kassel. Archiv der sozialen Demokratie – Friedrich-Ebert-Stiftung.

Foto 20. Karl Liebknecht, falando para seus companheiros, em frente ao Ministério do Interior, em Berlim, janeiro de 1919. Foi sua última aparição em público.

Foto 20. A – Karl Liebknecht, juntamente com Rosa Luxemburg, Clara Zetkin e outros liderou uma cisão e fundou a Liga Spartakus (Spartakusbund). Archiv der sozialen Demokratie – Friedrich-Ebert-Stiftung

Foto 21. Operários spartakistas armados desfilam pelas ruas de Berlim em 5.1.1919. Archiv der sozialen Demokratie – Friedrich-Ebert-Stiftung.

Foto 22. Operários spartakistas, em 5.1.1919, estão atrás de barricadas. Archiv der sozialen Demokratie – Friedrich-Ebert-Stiftung. Origem, *Der Rote Stern*, 1929.

Foto 23. Tropas do governo, em cima da Porta de Brandenburgo, aguardam o ataque dos revolucionários spartakistas em Berlim. Archiv der sozialen Demokratie – Friedrich-Ebert-Stiftung.

Foto 24. Rosa Luxemburg (Rozalia Luksenburg), Karl Kautsky, sua esposa Louise e outros membros da família Kautsky, em 1902. Archiv der sozialen Demokratie – Friedrich-Ebert-Stiftung.

Foto 25. Rosa Luxemburg falando no II Congresso da Internacional Socialista, em 1907, em Stuttgart.

Foto 26. Rosa Luxemburg em 1910. Archiv der sozialen Demokratie – Friedrich-Ebert-Stiftung.

Foto 27. Rosa Luxemburg, após sair da prisão, em novembro de 1918. Archiv der sozialen Demokratie – Friedrich-Ebert-Stiftung.

Foto 28. A ponte Lichtsteinbrücke, de onde foi jogado o cadáver de Rosa Luxemburg, em 15.1.1919. A ponte está situada perto do Tiergarten (jardim zoológico).

Foto 29. O capitão Waldemar Pabst e outros militares do "comando da morte", celebrando o assassinato de Rosa Luxemburg.

Foto 30. Kurt Eisner, foto tirada no dia do seu assassinato, 21.2.1919. Archiv der sozialen Demokratie – Friedrich-Ebert-Stiftung.

Foto 31. Franz Mehring, membro do SPD desde 1891, escreveu a história da social-democracia alemã e a biografia de Karl Marx. Archiv der sozialen Demokratie – Friedrich-Ebert-Stiftung.

Foto 32. O *Reichkanzler* Joseph Wirth, e Georg Tschitscherin, chefe da delegação soviética (Leonid B. Krassin e o embaixador Adolf A. Joffe), na celebração do Tratado de Rapallo – em 16.4.1922. Archiv der sozialen Demokratie – Friedrich-Ebert-Stiftung. Fotógrafo desconhecido.

Foto 33. Ernst Thälmann, secretário-geral do KPD, no início dos anos 1930. Archiv der sozialen Demokratie – Friedrich-Ebert-Stiftung.

Foto 34. Ernst Thälmann diante de militantes do KPD, em 1.5.1931. Archiv der sozialen Demokratie – Friedrich-Ebert-Stiftung.

Foto 35. Os tipógrafos em Berlim, em julho de 1932, protestaram contra os atos terroristas das SA, que destruíam as gráficas onde eram impressos os jornais que se opunham à ascensão de Adolf Hitler ao poder. Archiv der sozialen Demokratie – Friedrich-Ebert-Stiftung.

Foto 36. Demonstração de massa da *Sturmabteilung*, tropa de assalto paramilitar do partido nazista, conhecida como SA, ou como "camisas-pardas", na Bülow-Platz, em frente à sede do Comitê-Central do KPD. Manifestação ocorrida em 22.1.1933.

Foto 37. Mesmo após as eleições parlamentares de 1930, quando os nazistas obtiveram cerca de 6 milhões de votos (18,3%) contra apenas 800 mil em 1928 (2,6%), os comunistas continuaram a subestimar a ameaça que Hitler representava.

Foto 37A – Adolf Hitler, Joseph Goebels e Hermann Göring, em demonstração do partido nazista, em 1931.

Foto 38. Adolf Hitler foi nomeado *Reichanzler* (chefe do governo) pelo presidente Paul von Hindenburg, em 30.1.1933.

Foto 38A. Primeiro gabinete de Hitler, em 30.1.1933. Sentados, da esquerda para a direita, Hermann Göring, Adolf Hitler e Franz von Papen. Em pé, da esquerda para a direita, Franz Sedte, Dr. Günther Gereke, Lutz Graf Schwerin von Krosigk, Wilhelm Frick, Werner von Blomberg e Alfred Hugemberg.

Foto 39. Agentes da Gestapo induziram Marinus van der Lubbe, doente mental e fichado como comunista, a empreender o incêndio do Reichstag (Parlamento alemão), conforme planejado pelos próceres do nazismo, Joseph Goebbels e Hermann Goering.

Foto 40. Logo após o incêndio do Reichstag, Ernst Thälmann foi preso pela Gestapo em Berlim (3.3.1933) e mantido onze anos em confinamento solitário. Na foto, Ernst Thälmann na penitenciária de Bautzen.

Foto 41. Adolf Hitler, em 1935, conversando com Franz von Papen, que induzira o presidente Paul von Hindemburg a nomeá-lo *Reichkanzler*. Franz von Papen foi *Vizekanzler* de Hitler entre 30.1.1933 e 7.8.1934. Archiv der sozialen Demokratie – Friedrich-Ebert-Stiftung.

Foto 42. "Teria havido Hitler sem Stalin?". Sob esse título, a revista soviética *Sputnik*, em 1988, durante a *glasnost*, publicou a carta ao escritor Ilia Erenburg, na qual o jornalista Ernst Henry, contemporâneo dos acontecimentos, recordou que a teoria do social-fascismo, com que Stalin e demais dirigentes da Internacional Comunista atacavam a social-democracia, abriu o caminho para Hitler assumir o poder.

Foto 43. Ulrich Friedrich Wilhelm Joachim von Ribbentrop, ministro das Relações Exteriores da Alemanha nazista, e Stalin, após a assinatura do Pacto de Não-Agressão (Pacto Molotov-Ribbentrop), em 23.8.1939. Arquivo do jornalista Manuel Salazar.

Foto 44. Stalin com farda de marechal do Exército Vermelho, durante a Segunda Guerra Mundial.

Foto 45 – Na Conferência de Yalta, realizada entre 4 e 11.2.1945, Winston Churchill, Franklin Roosevelt e Joseph Stalin decidiram o desmembramento, o desarmamento e a desmilitarização da Alemanha, como requisito para a paz e a segurança. O país seria dividido em zonas entre os Aliados, uma das quais caberia à França.

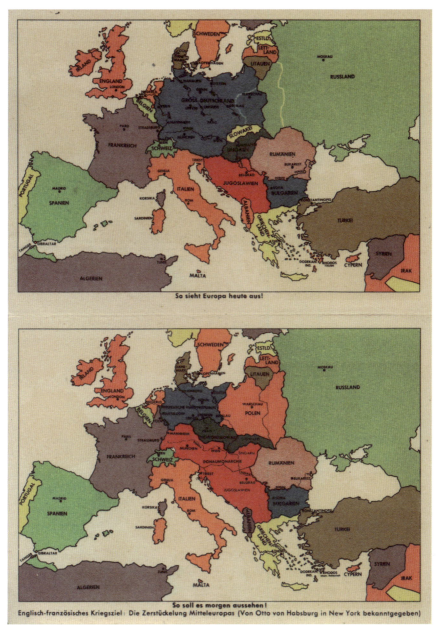

Mapa 1. Propaganda difundida pelo governo nazista durante a Segunda Guerra Mundial, comparando dois mapas da Europa. No mapa de cima, a Grande Alemanha (Groß Deutschland), assim denominada depois de anexar a Áustria; os Sudetos (*Sudetenland*), região de maioria alemã na antiga Tchecoslováquia; e parte da Polônia, que repartiu com a URSS, em 1939, mediante o Pacto Molotov-Ribbentrop. Embaixo, o mapa da Europa, mostrando a Alemanha retalhada, como objetivo de guerra da França e da Inglaterra. Esse, de fato, foi o propósito não só da França e da Inglaterra, mas também dos EUA. Arquivo do Autor.

Foto 46. Em 30.4.1945, dia em que Hitler se suicidou, soldados dos Exército Vermelho içaram a bandeira da URSS no alto do Reichstag.

Foto 47. Na madrugada de 2.5.1945, dois dias depois de haver içado a bandeira vermelha no alto do Reichstag, soldados soviéticos implantaram outra sobre os escombros da Porta de Brandenburgo. Arquivo do Autor.

Foto 48. Vista de Berlim, arrasada pelos bombardeios dos Estados Unidos e da Inglaterra, logo após o término da Segunda Guerra Mundial, em 1945. Arquivo do Autor.

Mapa 2. Mapa da Alemanha retalhada pelos Aliados após a II Guerra Mundial. À esquerda, a RFA, separada por uma fronteira estatal da Zona de Ocupação Soviética, constituída como RDA. À direita da linha dos rios Oder-Neiße, em cor rosa clara, os territórios incorporados à Polônia (100.651 km^2, equivalente a um quarto do antigo território do Reich, em 1937), e à URSS (13.200 km^2, isto é, a Prússia Oriental). Arquivo do Autor.

Foto 49. Os Aliados estabeleceram uma ponte aérea, furando o bloqueio implantado pela URSS, que durou de 24.6.1948 a 11.5.1959. Konrad-Adenauer-Stiftung e.V – ACDP – Bildarchiv.

Foto 50. O presidente do Conselho Parlamentar, Konrad Adenauer, promulga a *Grundgesetz* (Lei Fundamental), constituindo a RFA. Da esquerda para a direita, Helene Weber (Zentrum), Hermann Schäfer (FDP), Konrad Adenauer (CDU), Adolf Schönfelder (SPD), Jean Stock (SPD). Bundesbildstelle – Bonn. Fotógrafo: Munker. Press- und Informationsamt der Bundesregierung.

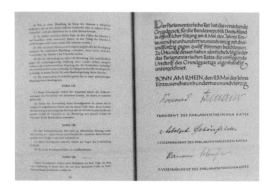

Foto 51. Facsímile da Grundgesetz (Lei Fundamental), com as assinaturas. Bundesbildstelle – Archiv für Christlich-Demokratische Politik – Bildarchiv. Konrad--Adenauer-Stiftung e.V.

Foto 52. Konrad Adenauer, líder da CDU, *Kanzler* da República Federal da Alemanha, de 1949 até 1963. Konrad-Adenauer-Stiftung e.V – ACDP-Bildarchiv.

Mapa 3. Na Alemanha Oriental, a Zona de Ocupação Soviética, em 1949, antes da fundação da RDA. IN-Press/Koob.

Foto 53. Wilhelm Pieck, secretário-geral do SED, anuncia a fundação da RDA, em sessão do Deutscher Volksrat (Conselho do Povo Alemão). A seu lado, sentados, da direita para a esquerda Otto Nuschke (CDU) e Lothar Bolz, do NDPD. Konrad-Adenauer-Stiftung e.V – ACDP-Bildarchiv.

Foto 54. Walter Ulbricht, stalinista, principal responsável pela construção do Muro de Berlim, em 13.8.1961. Konrad-Adenauer-Stiftung e.V – ACDP-Bildarchiv.

Foto 55. Em 16.6.1953, cerca de dez mil operários da construção civil saíram à Stalinallee, em Berlim Oriental, a protestar contra o aumento das normas de trabalho impostas pelo governo do SED. Konrad-Adenauer-Stiftung e.V – ACDP-Bildarchiv.

Foto 56. Operários em Berlim enfrentam com pedras os tanques soviéticos. Konrad-Adenauer-Stiftung e.V – ACDP-Bildarchiv.

Foto 57. Tanques soviéticos investem contra a população em Berlim. Press- und Informationsamt der Bundesregierung.

Foto 58. Tropas de fronteira (*Grenztruppen*) da RDA, diante da Porta de Brendenburgo, para garantir a construção do Muro de Berlim, em 13.8.1961. Arquivo do Autor.

Foto 59. Outro aspecto da mobilização militar da RDA, 13.8.1961. Soldados da Volksarmée bloqueiam a passagem para Berlim Oriental. Konrad-Adenauer-Stiftung e.V – ACDP-Bildarchiv.

Foto 60. Carros blindados foram postos diante da Porta de Brandenburgo, voltados para o lado ocidental. A Porta de Brandenburgo estava no setor soviético, na divisa dos setores ocidentais. Arquivo do Autor.

Foto 63. Em 13.8.1961, guardas da República Democrática Alemã (RDA) começaram a fechar com arame farpado e concreto a fronteira entre as partes oriental e ocidental de Berlim, bem como Berlim Ocidental do território da Alemanha Oriental. Press- und Informationsamt der Bundesregierung.

Foto 62. Construído com arame farpado e concreto, o Muro de Berlim, com 155 km de extensão, interrompeu estradas e linhas férreas, separando famílias e cortando o acesso de 15 milhões de alemães ao Ocidente. Press- und Informationsamt der Bundesregierung.

Foto 63. O Muro de Berlim visto do alto. Era composto por 66,5 km de gradeamento metálico, 302 torres de observação, 127 redes metálicas, eletrificadas com alarme, e 255 pistas de corrida para cães de guarda. IN-Press/Bundesbildstelle.

Foto 64. No início da construção do Muro, dezenas de pessoas tentaram sair de Berlim Oriental por diversas vias, até saltando das janelas. Press- und Informationsamt der Bundesregierung.

Foto 65. Apenas 11 dias após a construção, morreu um alemão-oriental, abatido a tiros quando tentava atravessar o Muro. Konrad-Adenauer-Stiftung e.V – ACDP-Bildarchiv.

Foto 66. O soldado da Volksarmée da RDA desertou para o setor francês de Berlim Ocidental, pulando o arame farpado, em 22.8.1961. Press-und Informationsamt der Bundesregierung.

Foto 67. Checkpoint Charlie, posto de controle pelo qual estrangeiros, diplomatas e militares das forças de ocupação podiam passar de Berlim Ocidental para Berlim Oriental. Press-und Informationsamt der Bundesregierung.

Foto 68. Em 27.10.1961, no Checkpoint Charlie, houve grave confrontação entre 33 tanques soviéticos e americanos, que demandavam liberdade ilimitada de movimento para os membros das forças armadas, em ambas as partes de Berlim. O confronto durou 16 horas e foi resolvido por entendimento direto entre Kennedy e Kruschev. Arquivo do Autor.

Foto 69. Instalações para espionagem eletrônica, montadas em Berlim Ocidental, pelos serviços de inteligência dos Estados Unidos. Arquivo do Autor.

Foto 70. Willy Brandt, líder do SPD, foi prefeito (*Oberbürgemeister*) de Berlim Ocidental entre 1957 e 1966. Press-und Informationsamt der Bundesregierung.

Foto 71. Helmut Schmidt, também do SPD, governou a RFA entre 1974 1982, e deu continuidade à *Ostpolitik* de Willy Brandt. Press-und Informationsamt der Bundesregierung.

Foto 72. Erich Honecker, primeiro-secretário do SED e presidente do Conselho de Estado da RDA, e Helmut Schmidt, chefe do governo da RFA, na Conferência sobre Segurança e Cooperação na Europa, realizada em Helsinki, em 30.7.1975. Press-und Informationsamt der Bundesregierung.

Foto 73. Erich Honecker troca idéias com Helmut Schmidt na sessão de encerramento da Conferência sobre Segurança e Cooperação na Europa. Fotógrafo Reineke – Press-und Informationsamt der Bundesregierung.

Foto 74. Helmut Kohl, da CDU, sucedeu Helmut Schmidt como *Kanzler* e governou a RFA de 1982 a 1996. Konrad-Adenauer-Stiftung e.V – ACDP-Bildarchiv.

Foto 75. Erich Honecker passeia com o presidente Richard von Weizsäcker no jardim do Palácio Schaumburg, em Berlim, durante sua primeira visita oficial à RFA, de 7 a 11.9.1987. Fotógrafo Reineke – Press-und Informationsamt der Bundesregierung.

Foto 76. Acampamento no jardim da embaixada da RFA em Praga, onde se alojaram os refugiados da RDA que atravessaram a fronteira da Hungria. Fotógrafo A.A. Press-und Informationsamt der Bundesregierung.

Foto 77. Cerca de 2.500 cidadãos da RDA acamparam no jardim da Embaixada da RFA em Praga. Konrad-Adenauer-Stiftung e.V – ACDP-Bildarchiv.

Foto 78. Egon Krenz sucedeu Erich Honecker como primeiro secretário do SED e chefe do Conselho de Estado da RDA. Press-und Informationsamt der Bundesregierung.

Foto 79. Günter Schabowski, ao anunciar à imprensa, em 9.11.1989, que o governo do SED permitiria a todos os cidadãos da RDA ir e voltar livremente da RFA.

Foto 80. Habitantes de Berlim Ocidental assistiram ao interminável desfile de automóveis Trabant, nos quais viajavam os visitantes de Berlim Oriental. Fotógrafo Specht. Press-und Informationsamt der Bundesregierung.

Foto 81. Após a abertura do Muro, na noite de 9.11.1989, milhares de cidadãos da RDA, depois de 28 anos, começaram a afluir em seus automóveis para visitar Berlim Ocidental. Fotógrafo Specht. Press-und Informationsamt der Bundesregierung.

Foto 82. Habitantes de Berlim Ocidental, em 10.11.1989, subiram no Muro para comemorar a abertura, em frente à Porta de Brandenburgo.

Foto 83. Hans Modrow era o homem de confiança de Gorbachev; em 13.11.1989, foi eleito pela Volkskammer ministro-presidente da RDA, cargo que manteve até 12.4.1990. Fotógrafo Faßbinder. Press-und Informationsamt der Bundesregierung.

Foto 84. Helmut Kohl, ao lado de Hans Modrow, quando discursava na abertura da passagem para os transeuntes pela Porta de Brandenburgo, em 22.12.1989. Fotógrafo Lenartz. Press-und Informationsamt der Bundesregierung.

Foto 85. Moradores de Berlim Oriental comemoraram, no dia 22.12.1989, a abertura da passagem na Porta de Brandenburgo para os transeuntes. Fotógrafo Lehnartz. Press-und Informationsamt der Bundesregierung.

Foto 86. Na noite de 19 para 20.2.1990, soldados da polícia de fronteira da DDR iniciaram o desmantelamento do Muro. Fotógrafo Lehnartz. Press-und Informationsamt der Bundesregierung.

Foto 87. Lothar de Maizière, membro da CDU oriental, que venceu a eleição na RDA, em 18.3.1990 venceu a eleição para a Volkskammer. Substituiu Hans Modrow e foi o último ministro-presidente da RDA, entre 18.3.1990 a 2.10.1990. Fotógrafo Schambeck. Press-und Informationsamt der Bundesregierung.

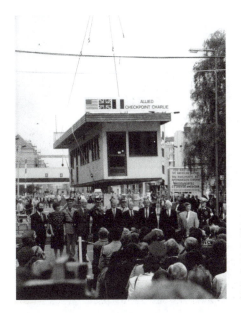

Foto 88. O Checkpoint Charlie foi fechado em 22.6.1990. Ao evento compareceram os ministros das Relações Exteriores dos dois Estados Alemães, Hans-Dieter Genscher (RFA) e Markus Meckel (RDA), e das quatro potências ocupantes, além de outras autoridades. Fotógrafo Lehnartz. Press- und Informationsamt der Bundesregierung.

Foto 89. O presidente da RFA, Richard von Weizsäcker, assinou em 20.9.1990 o Tratado de Unificação, firmado pelos dois Estados alemães e aprovado pela Volkskammer e pelo Bundestag. Fotógrafo Reineke. Press-und Informationsamt der Bundesregierung.

Foto 90. Entre 2 e 3.10.1990, realizou-se, a primeira sessão do Bundestag da Alemanha reunificada, com a participação de representantes e líderes políticos da RFA. Da esquerda para a direita: Oscar Lafontaine, Willy Brandt, Hans-Dieter Genscher, Hannelore Kohl, Helmut Kohl, Richard von Weizsäcker e Marianne von Wiszäcker. Fotógrafo Stutterheim. Press-und Informationsamt der Bundesregierung.

Foto 91. Diante do prédio do Reichstag, o povo alemão celebrou em 3.10.1990 reunificação do país. Fotógrafo Lehnartz. Press-und Informationsamt der Bundesregierung.

Mapa 4. Alemanha reunificada, com a incorporação dos cinco Estados – Brandenburgo, Mecklenburg-Vorpommern, Sachsen-Anhalt e Thüringen – que antes integraram a extinta RDA. Press-und Informationsamt der Bundesregierung.

Foto 92 – Frente da Porta de Brandenburgo em Berlim Oriental. Arquivo do Autor.

CAPÍTULO 10

A CONVERSÃO DE GORBACHEV À POLÍTICA DE ENTENDIMENTO COM A RFA – O DÉFICIT ORÇAMENTÁRIO DA URSS E OS FATORES ECONÔMICOS DA *PERESTROIKA* – A REVOGAÇÃO DA DOUTRINA BREJNEV – HONECKER, A *PERESTROIKA* E A *GLASNOST* – O KGB, MARKUS WOLF E O COMPLÔ CONTRA HONECKER – A OPOSIÇÃO INTERNA NA RDA – A MANIFESTAÇÃO DOS QUE PENSAVAM DE MODO DIFERENTE

A conversão de Gorbachev à *Politik des Dialogs und des Realismus*, em 1987, decorreu de vários fatores. Não apenas ele se convencera, com a vitória de Helmut Kohl nas eleições de dezembro de 1986, de que não haveria mudança de governo em Bonn, como também percebera que, através do intermediação de Honecker, poderia até mesmo obter vantagens econômicas da RFA, que tendia a afastar-se da política de segurança e de armamentos dos EUA, agastada com a falta de consideração de Reagan pelos interesses dos seus aliados europeus. Além do mais, a crise econômica e financeira da URSS cada vez mais se aprofundava e ela não mais dispunha de recursos para sustentar a competição armamentista com os EUA, contrapondo-se ao projeto de construção da SDI. A verdade é que os EUA também não tinham condições de empenhar-se em tal disputa, com a qual Reagan ameaçava atiçar o conflito Leste-Oeste, sem abalar ainda mais sua economia. Seu déficit orçamentário no ano fiscal 1985-1986 alcançara a soma de US$ 220 bilhões. O déficit comercial situara-se em torno de US$ 170 bilhões, aumentando sua dívida externa para US$ 263 bilhões.

Contudo, os EUA não só possuíam uma economia muito maior e mais dinâmica do que a da URSS como podiam recorrer ao mercado mundial de capitais. Com o Federal Reserve Board a manter altas taxas de juros, a partir de 1979 e, sobretudo, depois da ascensão de Reagan à presidência, os EUA agravaram o pagamento das obrigações financeiras pelos países do Terceiro Mundo e ainda tiveram condições de captar outras poupanças do exterior, que contribuíram para financiar seu programa de armamentos, sem maiores pressões inflacionarias e sem prejuízo para o consumo interno de bens e serviços. A URSS não contava com as mesmas vantagens, o que tornava sua situação muito mais difícil. Apesar da carência de dados mais exatos, há indicações de que seu déficit orçamentário estava a atingir uma soma equivalente a 7,2% (20%, segundo outras fontes soviéticas) do PNB, enquanto o dos EUA não ultrapassava 3% (WHITE et al., 1990, p. 163). E o déficit comercial acumulado elevara a US$ 40 bilhões sua dívida externa (idem, 1990, p.181), que, embora inferior à dos EUA, representava para a URSS encargo muito maior, uma vez que nem o rublo nem as demais moedas do Bloco Socialista eram conversíveis, o atraso tecnológico (fora do setor militar) e a consequente falta de competitividade limitavam-lhe a capacidade de exportação de manufaturados para o Ocidente e ela não possuía outras fontes de divisas. Tais fatores, *inter alia*, provocaram o declínio de seu ritmo anual de crescimento, da ordem de 6,5% entre 1961 e 1965, para somente 2%, no período de 1976 a 1985 (idem, 1990, p.161). Nenhuma instituição conhecia melhor do que o KGB a verdadeira situação do planejamento econômico da URSS e a extensão da superioridade tecnológica do Ocidente (REUTH, BÖNTE, 1993, p.7). Por esta razão, do mesmo modo que Beria no início dos anos 1950, Yuri V. Andropow, chefe do KGB,[1] conhecia a gravidade da situação e usou a massa de informações, obtida no exercício do seu posto, para forçar PCUS a aceitar algumas reformas na as URSS,[2] quando assumiu o governo em fins de 1982, mas não as pôde concretizar. Morreu em 9 de fevereiro de 1984. E seu sucessor, Konstantin Tchernenko, após um ano no poder, faleceu, em 10 de março de 1985, o que possibilitou a ascensão de Mikhail Gorbachev ao governo da URSS, com o apoio do KGB, em 1985.

Gorbachev, diante do aguçamento das pressões populares, a fim de obter a melhoria dos padrões de consumo e de conforto depois de setenta anos de Revolução Russa, entendeu que uma parcial introdução da economia de mercado poderia facilitar a modernização da indústria soviética. Tomou por modelo a Nova Política Econômica (NEP), que Lenin implementara na URSS após a guerra civil (1918-1922), e Deng Xiaoping começara a aplicar na China, desde 1978. Assim, com o propósito de recuperar a economia soviética e evitar o colapso

---

1 Andropow fora embaixador da URSS na Hungria quando lá ocorreu a insurreição de 1956.
2 Entrevista de Krenz ao autor.

A REUNIFICAÇÃO DA ALEMANHA 143

do sistema, Gorbachev tratou de promover a *Glasnost* (transparência), mediante a liberalização política do regime, e a *Perestroika* (reestruturação econômica), que consistia na reabilitação do mercado, na reforma monetária, de modo que o rublo se tornasse moeda conversível, e no reconhecimento de várias formas de propriedade como fundamento da eficiência econômica (FALIN, 1999, p.43). Valentin Falin, chefe do Departamento Internacional do Comitê Central do PCUS e um dos assessores de Gorbachev, havia compreendido que "não havia responsabilidade onde o monopólio do Estado operava" e que alternativa não existia para a *Perestroika* (idem, p.60 e 84). O êxito dessas reformas – a *Glasnost* e a *Perestroika* – dependiam, entretanto, do relaxamento das tensões internacionais, mediante entendimento com os EUA, o que Gorbachev buscou, em 1987, visando a estabelecer acordos sobre desarmamento e controle de armas que lhe permitissem reduzir os gastos militares da URSS, estimados em 70 bilhões de rublos, isto é, em 15% do seu PNB (WHITE et al., 1990, p.181).

A distensão com o Ocidente correspondia à *Politik des Diologs und des Realismus* pela qual Honecker se batera, porém implicava radicais mudanças nas relações da URSS com os demais países do Bloco Socialista, com inevitáveis reflexos sobre seus regimes como consequência das reformas econômicas e políticas que lá se aprofundavam. O objetivo de Gorbachev era construir a Casa Comum Europeia, superando a divisão dos blocos e acabando o conflito Leste-Oeste, conforme anunciou perante a Assembleia Parlamentar do Conselho da Europa, em julho de 1989. Com tal perspectiva, o Pacto de Varsóvia, em 1987, havia modificado sua doutrina militar e substituído a estratégia da "defesa ofensiva" para a "defesa defensiva" (FALIN, op.cit., p.146-155), e a revogação por Gorbachev da Doutrina Brejnev indicou que a URSS não mais se dispunha a intervir nos outros Estados do Bloco Socialista para defender seu regime político. Destarte, não somente os liberou como também os impeliu a abrirem e a reajustarem suas estruturas econômicas e políticas, na medida em que a URSS igualmente pretendia eliminar todos os subsídios concedidos aos Estados clientes, alcançaram a soma de 37 bilhões de rublos (5% do PNB), entre 1980 e 1988.[3]

Honecker divergiu. Não concordou com a *Glasnost* e a *Perestroika*. A RDA, segundo ele julgava, não carecia de reformas.[4] Sua situação, economicamente, afigurava-se a melhor dentre os países do Leste Europeu, porquanto o governo do SED, a fim de evitar que a alta de preços no mercado internacional afetas-

---

3 FALIN, 1999, p.1636. Entrevista de Günter Schabowski, membro do Politburo do SED, ao autor, Berlim, 25.1.1991.
4 Entrevista de Günter Schabowski, membro do Politburo do SED, ao autor, Berlim, 25.1.1991.

se o consumo interno, continuara a sustentar os padrões de vida da população com maciços subsídios, que aumentaram de 16,8 bilhões de marcos (orientais), em 1982, para 40,6 bilhões, em 1985 (DENNIS, 1988, p.146). Para Honecker era o bastante. E, imaginando que, por isso, contava com o apoio do povo, perguntava: "Qual dos países socialistas, no mundo, vai melhor do que nós?" (KRENZ, 1990. p.120). Seu argumento fundamental consistia no fato de que, embora possuísse menos terras cultiváveis do que a URSS, a RDA conseguira resolver o problema da alimentação, tanto que até exportava carne e manteiga (ANDERT, HEABERG, 1990, p.64), e o programa de construção de moradias (*Wohnungsbauprogramm*) constituíra um êxito. O SED não precisava, portanto, aceitar as "soluções" de Gorbachev e "copiar" a *Perestroika* (idem, p.61, 64 e 78), que "não melhoraria", antes "pioraria" a situação econômica da URSS" (idem, p.67, 12). "Querem vocês *Perestroika* e *Glasnost* ou prateleiras cheias?"– Honecker indagava, cortando qualquer conversa sobre a necessidade de reformas na RDA (KRENZ, op. cit., p.120). Sua atitude era de desencanto com a URSS, onde ele percebia cada vez "menos socialismo" (idem, p.65), e considerava que o afastamento das "tradições revolucionárias" tinha consequências muito negativas, ao colocar em dúvida a validade de tudo o que os comunistas fizeram ou realizaram (ANDERT, HERZBERG, op. cit., p.80). Por tais motivos, os temas da *Perestroika* e da *Glasnost*, da mesma forma que os crimes de Stalin, constituíam tabu (SCHABOWSKI, 1990, p.36-37); jamais ocuparam as discussões do Politburo do SED, salvo raras e curtíssimas vezes, quando Honecker formulava suas próprias observações, sempre com ironia (idem, p.36). Se havia algum membro favorável a reformas na RDA ou mesmo na URSS, esse nunca se manifestou.

Entretanto, mais do que as divergências sobre os contatos com a RFA ou sobre a reaproximação entre a RDA e a China, as críticas de Honecker ao desenvolvimento da política interna na URSS molestaram enormemente Gorbachev. Elas fortaleciam a posição de seus inimigos dentro do PCUS – Yegor Ligachev e outros stalinistas – que se opunham à *Perestroika* e à *Glasnost* e buscavam, para combatê-las, o respaldo de influentes líderes comunistas, como Honecker, nos demais países do Bloco Socialista.[5] E Gorbachev não as podia aceitar. Sabia que sua experiência de democratização do regime e reestruturação da economia na URSS estava em perigo e notara que a sincronia com a RDA se tornava cada vez mais difícil. Aí, ao que tudo indica, a necessidade de remover Honecker da direção do SED entrou mais seriamente nas cogitações de Gorbachev. A obstinação de Honecker em preservar o modelo stalinista de socialismo dificultava o projeto

---

5   Entrevista de Günter Schabowski ao autor.

de construção da Casa Comum Europeia. E Gorbachev, em março de 1988, havia recebido relatórios sobre a possibilidade de que em três meses a situação na RDA podia desestabilizar-se (FALIN, op. cit., p.146-147). Sua dívida, entre 1970 e 1988, saltara para 123 bilhões de marcos orientais, e subira para DM 49 bilhões (TAYLOR, 2009, p.490). A RDA estava praticamente em bancarrota.

Contudo, como revogara a Doutrina Brejnev, deixando a cada partido comunista a responsabilidade pelo seu próprio rumo, Gorbachev não quis utilizar o Departamento Internacional do PCUS para influir sobre assuntos internos do SED. Por isto, na condição de chefe de governo, recorreu, provavelmente, ao KGB, de modo que, por meio do Stasi, articulasse o afastamento de Honecker. Condições para a consecução de tal objetivo, efetivamente, existiam. O Stasi fora organizado pelo KGB à sua imagem e semelhança, como se constituísse, na prática, uma de suas ramificações. E seus dirigentes, prussianos e alemães que privilegiavam a disciplina e a fidelidade, sempre lhe serviram mais fielmente e com maior diligência do que ao próprio governo do SED (TAYLOR, 2009, p.490). Essa era também consequência da educação stalinista e da formação ideológica que todos os militantes do SED tiveram, pois aprendiam a falar russo como segunda língua, depois do alemão, e foram treinados na devoção à URSS, a venerável "mãe-pátria do socialismo", e no endeusamento dos seus líderes, devendo obedecer, incondicionalmente, às diretrizes do PCUS. Atacar ou criticar a URSS significava o mesmo que traição ao socialismo. O antissovietismo representava um crime. Assim, ao colocar-se abertamente contra as reformas de Gorbachev, Honecker enveredou por um caminho bastante difícil; ele próprio estava a quebrar o monolitismo do Bloco Socialista, que tanto defendera. E isso ainda mais facilitava a influência do KGB, a fim de criar o clima favorável à sua substituição na secretaria-geral do SED.

Segundo todos os indícios, a articulação começou por volta dos últimos meses de 1986 e início de 1987, depois que Vladimir Kryuchkov, durante longos anos chefe da espionagem soviética, assumiu a direção-geral do KGB. Seu colega e amigo, Markus Wolf, chefe do serviço de espionagem exterior do Stasi (Hauptverwaltung Aufklärung), teria procurado o ministro da defesa da RDA, Heinz Kessler, a fim de convencê-lo de que a RDA, de qualquer modo, devia seguir o curso de Gorbachev (*Der Spiegel*, n. 15, 10.4.1989, p.59-61). Não se obteve confirmação de que tal conversa realmente acontecera ou não. Egon Krenz, que era membro do Politburo e secretário do Comitê Central para Segurança, disse desconhecer manifestações de Wolf a favor de reformas na RDA.[6]

---

6   Entrevista de Egon Krenz ao autor.

Porém, Schabowski atribuiu-lhe certo papel nas articulações contra Honecker, pois era o homem do Stasi que desfrutava da plena confiança do KGB,[7] e mantinha estreita ligação com Kryuchkov,[8] e o próprio Markus Wolf admitiu, implicitamente, que havia cooperado com os soviéticos para promover as mudanças, a partir da cúpula, como forma de preservar o socialismo (SCHMEMANN, 1989, apud GEDMIN, 1992, p.83-84). Sua atitude, aliás, fora consequente com todo o seu passado e nada tivera de estranho. Markus Wolf, apesar de nascido no sul da Alemanha, não apenas se tornara cidadão da URSS (GEDMIN, 1992, p.137-138; KOEHLER, 1999, p.76-80), onde crescera e se educara,[9] como sempre cumprira, excelentemente, as missões das quais o KGB o incumbia. Transmitia-lhe também todas as informações, tanto militares – sobre a Otan, o Exército da RFA etc. – quanto, principalmente, as de caráter econômico, industrial e tecnológico, coletadas pela espionagem do Stasi. [10]

Era natural que Kryuchkov, excogitando a derrubada de Honecker, falasse com Markus Wolf e o consultasse sobre o nome do dirigente comunista, na RDA, mais confiável para ocupar o cargo de secretário-geral do SED e a presidência do Conselho de Estado. Wolf, provavelmente, indicou o nome de Hans Modrow, secretário do SED no distrito de Dresden, que ainda não pertencia ao Politburo e com quem mantinha muito boas relações de amizade.[11] E, em fevereiro de 1987, retirou-se do Stasi para viver como pensionista, a pretexto de que pretendia cuidar do legado artístico de seu irmão Konrad, falecido em 1982, na condição de conhecido diretor de cinema e de presidente da Academia de Artes da RDA.[12] Sua renúncia provocou inúmeras especulações e Honecker considerou-a "surpreendente", sempre "cético" quanto aos seus motivos (ANDERT, HERZBERG, op. cit., p.364-365), embora nenhuma ruptura entre os dois houvesse acontecido. Wolf negou que houvesse pedido ou recebido apoio para qualquer golpe contra Honecker, se bem que confirmasse haver sido acusado de conspirar com Modrow contra Honecker e manifestado a Valentin Falin, chefe do Departamento Internacional do Comitê Central do PCUS, e a vários outros

---

7 Entrevista de Schabowski ao autor.
8 Sobre as antigas conexões de Markus Wolf com a URSS, vide MURPHY *et al.*, 1997, p.137-138.
9 Seu irmão Konrad Wolf servira no Exército Vermelho, durante a Segunda Guerra Mundial.
10 Entrevista de Schabowski ao autor.
11 Schabowski, 1991, p.283-286. Sobre o tema vide Reuth e Bönte, que obtiveram a mesma informação de outras fontes. Vide também GEDMIN, 1992, p.85.
12 Entrevista de Markus Wolf em *Der Spiegel* n. 1, 2.1.1989, p.60-61.

dirigentes soviéticos suas preocupações quanto ao destino da RDA, advertindo-
-os de que o regime em Berlim Oriental estava à beira do ponto de ruptura.[13]

O próprio Falin, que avisara a Gorbachev e a Iakovlev, em 1987-88, sobre a intensiva e profunda decadência na RDA, revelou em suas memórias haver recebido informações de várias fontes, dizendo que o regime comunista lá chegara ao ponto crítico e a situação, a desestabilizar-se em crescente velocidade, estaria fora de controle em três meses, segundo um dos seus interlocutores (FALIN, 1995, p.480). Dúvida não há, portanto, de que Falin manteve estreito contato com Wolf (GEDMIN, 1992, p.91), cujo afastamento da direção do Haptverwaltung Aufklärung (HVA), o serviço de espionagem do Stasi, fora decerto aconselhado pelo KGB, possivelmente com o intuito de preparar a sucessão de Honecker.[14] E Markus Wolf fez a opção. Leal à URSS, preferiu Gorbachev a Honecker, cuja derrubada, segundo fontes dos serviços de inteligência do Ocidente, ele começara a articular desde os fins de 1986, forçando inclusive um incidente com Mielke, a fim de que fosse afastado da direção do HVA.

Ainda no correr daquele ano, 1987, Kryuchkov, a pretexto de passar férias, viajou diretamente de Moscou para Dresden, onde conheceu e conversou com Modrow,[15] sem levantar suspeitas, dado ser normal que os dirigentes do SED recepcionassem as autoridades soviéticas que chegavam às cidades da RDA. Modrow até então nunca fizera qualquer pronunciamento a favor da *Perestroika* e da *Glasnost*, muito menos de mudanças na RDA, o que inevitavelmente o incompatibilizaria com Honecker e o Politburo, levando-o a cair em desgraça. Mas, pouco tempo depois do encontro com Kryuchkov, os agentes do KGB começaram a construir sua imagem, plantando na imprensa da RFA algumas notícias que o apresentavam como reformista e favorável às ideias de Gorbachev.[16] Àquela época, a informação de que alguma transformação ocorreria na RDA e no quadro da Europa começou também a circular através de canais diplomáticos do Ocidente. E Honecker recebeu sinais de Washington (ANDERT, HERZBERG, op. cit., p.21). O embaixador da RDA em Moscou informou-o,

---

13 WOLF e McELVOY, 1997, p.21. As memórias de Markus Wolf, publicadas no Brasil a partir da tradução da versão publicada nos EUA, com a colaboração de Anne McElvoy, são mais resumidas do que as editadas na Alemanha, também em 1997.

14 Entrevista de Schabowski ao autor.

15 *Idem.* Vide também SCHABOWSKI, 1991, p. 283-286. Também Gedmin confirmou, com base em diferente fonte, que, no verão de 1987, Kryuchkov viajou a Dresden, onde foi informado dos planos para dos reformadores na RDA. GEDMIN, 1992, p.117-118.

16 Entrevista de Schabowski ao autor.

igualmente, de que muitos autores soviéticos, em diferentes meios de divulgação, passaram a preceituar a tarefa de vencer a situação de existência de dois Estados alemães (ibidem). Gorbachev, de fato, pensava favorecer a neutralização dos países do Leste europeu, tais como Hungria e Tchecoslováquia, e permitir que os dois Estados alemães viessem a constituir uma espécie de confederação, abandonando respectivamente a Otan e o Pacto de Varsóvia, como primeiro passo para a ulterior e completa reunificação nacional. Seu objetivo consistia em superar o *status quo* bipolar, criado pela Guerra Fria, desarmar os blocos militares e possibilitar a edificação da Casa Comum Europeia, à qual a URSS se integraria, de modo pudesse participar das conquistas tecnológicas do Ocidente e elevar o padrão de vida e de conforto de seus povos, aumentando e melhorando a produção de bens e serviços. Isso implicaria, certamente, a democratização das estruturas econômicas e políticas de todos os países do Leste Europeu, membros do Comecon e do Pacto de Varsóvia.

O chamado "socialismo real", na RDA, também já esgotara, econômica e politicamente, todas as suas possibilidades de autossustentação e desenvolvimento. Suas condições, tanto internas quanto externas, estavam a exigir a radical transformação do sistema. Não propiciara à população os mesmos níveis de prosperidade e bem-estar alcançados pela RFA, dentro da economia social de mercado e da democracia política. Privara-a, ademais, de todas as liberdades, inclusive a de locomoção e de viagem, que sofria restrições até mesmo para outro país do Bloco Socialista. Nem o Muro de Berlim nem as cercas de arame farpado puderam ocultar da população da RDA as disparidades entre os dois Estados alemães. Ela falava a mesma língua que a população da RFA, possuía o sentimento pertencer à mesma nação e, ao receber informações de amigos e parentes ou ver as imagens da TV ocidental, cuja captação o governo do SED durante muito tempo tentou, sem êxito, impedir, percebia sua condição de inferioridade, depois de 40 anos de *real existierender Sozialismus*. Assim, as notícias sobre a *Perestroika* e a *Glasnost*, excitando, particularmente entre os intelectuais e artistas, a expectativa de que também mudanças pudessem ocorrer na RDA, contribuíram para aviventar em toda a população o forte e amplo descontentamento, abafado e contido, havia longo tempo, pelo terror dos órgãos de segurança e pela ameaça potencial representada pela presença das tropas soviéticas, contra qualquer tentativa de sublevação visando a modificar o *statu quo*. E a contradição entre a sociedade e o governo do SED aprofundou-se.

Grupos de resistência e oposição, como o Arbeitsgruppe Staatsbürgerschaftsrecht der DDR (Grupo de Trabalho dos Direitos Civis) e Initiative für Frieden und Menchenrechte (Iniciativa para a Paz e os Direitos Humanos) organizaram-se com o apoio das Igrejas católica e luterana e, frequentemente, faziam alguma demonstração de inconformismo e de protesto. A mais significativa manifestação aconteceu em 17 de janeiro de 1988, quando o SED celebrava o 69° aniversário do assassinato de Rosa Luxemburg e Karl Liebknecht, diante do Gedenkstätte der Sozialisten (Memorial dos Socialistas), em Berlim-Friedrichfelde. Algumas dezenas de militantes dos direitos civis, em presença de Honecker e da cúpula do SED, conseguiram expor, embora por breve momento, uma faixa com a frase de Rosa Luxemburg: *"Freiheit ist immer nur Freiheit des Andersdenkenden"* (Liberdade é sempre somente liberdade dos que pensam de modo diferente). O governo do SED não pôde tolerar sequer uma das sentenças com que Rosa Luxemburg, pouco antes de morrer, condenara, acerbamente, Lenin e Trotsky pelos rumos que imprimiram à Revolução Bolchevique, suprimindo a democracia política na Rússia. O Stasi logo capturou os manifestantes e levou-os para a prisão, em Berlim-Rummerlsburg, de onde, alguns dias depois, retirou cerca de 55 e expulsou-os, juntamente com 41 de seus familiares, para Berlim Ocidental. Outros 11, que desejaram permanecer na RDA para que pudessem prosseguir com a luta pelos direitos civis, foram rapidamente submetidos a julgamento e condenados a cumprir penas entre seis a oito meses de prisão (*Der Spiegel*, n. 14, 25.1.1988, p.99-100; n. 5, 1.2.1988, p.18-27; n. 6, 8.2.1988. p.24-32). As práticas de Gorbachev e os interesses em conservar o bom relacionamento com a RFA inibiram o governo do SED de usar maior violência na repressão. E, seis meses após, Honecker atendeu ao pedido do bispo Gottfried Forck para que autorizasse o regresso da pintora Bärbel Bohley, mandada para a Grã-Bretanha, bem como do cenógrafo Werner Fischer (KRENZ, 1990, p.124-125).

O que aconteceu diante do Gedenkstätte der Sozialisten – a reivindicação de liberdade com as próprias palavras de Rosa Luxemburg – aumentou as tensões na RDA e levou o governo do SED a buscar maior entendimento com as Igrejas católica e luterana, com as quais tivera de estabelecer um *modus vivendi*, uma vez que não conseguira liquidá-las, não obstante todos os esforços e a dura repressão, sobretudo nos anos 1950.[17] Em março, o próprio Honecker convocou para um diálogo o bispo da Igreja Evangélica, Werner Leid, que então lhe pediu, antecipadamente, uma pauta dos problemas – econômicos, sociais, ecológicos e políticos – sobre os quais deveriam conversar. Entretanto, durante o encontro, o bispo Leid percebeu que Honecker estava completamente desinformado e nada

---

17 Entrevista de Lothar de Maizière, presidente do CDU-Oriental e ex-ministro-presidente da RDA – 1990, ao autor, Berlim. 11.2.1991. KNAUFF, 1980, p.179-182.

sabia sobre a real situação na RDA.[18] O fato era que ninguém tinha coragem de contar-lhe o que realmente acontecia tanto na economia quanto na sociedade.

A falta de liberdade era de tal modo que paralisava até mesmo o fluxo de informações dentro do próprio governo. O Stasi, com a sua imensa rede de agentes, informantes e colaboradores, estendida por toda a sociedade, conhecia, certamente, a dimensão dos problemas e sabia do crescente descontentamento que fermentava no meio do povo. Porém, as informações passavam por um processo de filtragem em cada escalão da hierarquia e paravam, finalmente, nas mãos do ministro para a Segurança do Estado, Erich Mielke.[19] O mesmo acontecia dentro do SED. Os quadros intermediários, em cada nível, também filtravam e minimizavam as informações, com medo de perder os postos e prejudicar suas carreiras.[20] Essa era a consequência do permanente regime de terror que funcionava com a percepção stalinista segundo a qual apontar as falhas e criticar os erros significava prestar serviço ao inimigo, um ato de traição, como se escamotear a verdade, com palavras pudesse modificar a realidade dos fatos. O *real existierender Sozialismus* alimentava-se da fantasia. E Honecker, como Pangloss, cria que a RDA era *"le meilleur des mondes possibles"*,[21] a melhor das sociedades, que o povo estava satisfeito porque tinha comida e moradia e que os atos de protesto, como o que ocorreu nas homenagens a Rosa Luxemburg, constituíam manifestações de jovens e artistas antissociais. Para ele, o "mundo dos *Andersdenkenden*" (dos que pensam de modo diferente) não era o "mundo do socialismo" (ANDERT, HERZBERG, op. cit., p.37). Por isso, na medida em que, com a liberdade de imprensa, a abertura dos arquivos e a plena revelação dos crimes de Stalin, a democratização na URSS avançou, sua reação consistiu em tentar impedir que o povo se inteirasse do que acontecia na "mãe-pátria do socialismo". E proibiu a circulação da revista soviética *Neue Zeit* na RDA.

---

18 Entrevista de Lothar de Maizière ao autor.

19 Idem.

20 Entrevista do professor Monfred Kossok, da Universidade Karl Marx e membro do SED, ao autor, Leipzig, 30.1.1991

21 Voltaire, *Candide ou l'Optimisme*, em VOLTAIRE, 1966, p.190-191. Este conto é uma sátira à doutrina do filósofo alemã Gottfried Leibniz, segundo a qual este era *"der besten aller möglichen Welten"* (o melhor dos mundos possíveis).

CAPÍTULO 11

HONECKER E A LUTA INTERNA NO KREMLIN – GORBACHEV, A RFA E A CASA COMUM EUROPEIA – A CONSPIRAÇÃO CONTRA HONECKER – O ÊXODO DA RDA – A PREVISÃO DE VERNON WALTERS – O DOSSIÊ SOBRE A COLABORAÇÃO DE HONECKER COM A GESTAPO – O PAPEL DE MIELKE NO COMPLÔ CONTRA HONECKER

Conquanto evitasse a confrontação aberta com a política de Gorbachev, Honecker jamais ocultou sua simpatia pelas forças conservadoras dentro do PCUS, as quais se lançaram à ofensiva, em março de 1988, ao promoverem a publicação pelo jornal *Sowjetskaja Rossija*, no qual uma obscura docente de pedagogia de Leningrado, Nina Andreieva, atacava duramente a *Glasnost* e a *Perestroika*. Essa carta, provocando uma torrente de manifestações de apoio, configurou um "manifesto anti*perestroika*" (FALIN, 1999, p.82-84) e constituiu evidente tentativa dos stalinistas de bloquear o curso das reformas na URSS (KRENZ, 1990, p.65). E o órgão oficial do SED, *Neues Deutschland*, reproduziu-a, o que demonstrou o estado de espírito de poderoso grupo do seu Politbüro, sob a influência de Honecker (ibidem). Entretanto, na URSS, a manobra fracassou. O *Pravda*, com a manifesta aprovação do Politburo do PCUS, publicou um artigo contra as ideias de Nina Andreieva, enquanto o *Sowjetskaja Rossija* publicamente se desculpava pela divulgação de sua carta. E Gorbachev, em outubro, obteve importante vitória contra seus adversários. Além de afastar do Politburo do PCUS cinco conservadores, entre os quais Vladimir Dolgihk, Mikhail Solomontzev, Piotr Demitschov e Andrei Gromiko, que também renunciou à presidência do Soviete Supremo, neutralizou Yegor Ligachev ao retirar-lhe o controle sobre os assuntos ideológicos.

A reação de Honecker diante do que acontecia na URSS consistiu em endurecer ainda mais a posição do SED, sempre reafirmando que a RDA não devia copiar a *Glasnost* e a *Perestroika*. Não só continuou a impedir a apresentação de filmes e peças de teatro de autores soviéticos como proibiu a distribuição aos assinantes e a venda nas bancas da revista soviética *Sputnik* (uma espécie de *Digest* editado em muitas línguas), porque publicara um artigo sob o título *"Hätte es ohne Stalin Hitler gegeben?"* ("Sem Stalin teria Hitler existido?"), mostrando a corresponsabilidade dos comunistas, na Alemanha, pela ascensão do nazismo ao poder e a cumplicidade de Stalin com Hitler, em 1939. Essa medida, agravando a censura contra edições soviéticas, dificultou ainda mais o relacionamento entre Honecker e o governo de Moscou e também gerou, dentro da RDA, inúmeras manifestações de descontentamento e fortes protestos, inclusive das próprias bases do SED, cujo interesse pela revista *Sputnik* somente crescera depois que ela, a partir de 1988, começara a publicar artigos críticos e de revisão histórica.

O próprio Gorbachev, quando recebeu Honecker (junho de 1989) em Moscou, aconselhou-o, diplomaticamente, porém de modo muito claro para ser compreendido, a promover reformas na RDA, dizendo-lhe, mesmo, que a direção do SED arcaria com a responsabilidade pelo que lá pudesse acontecer (FALIN, 1995, p.483 e 488; 1999, p.157). Deixou evidente que outro 17 de junho de 1953 não se repetiria. Doravante, as tropas soviéticas permaneceriam nas casernas, sem imiscuir-se nos assuntos interno da RDA, e os tanques não sairiam às ruas de Berlim nem de outras cidades da RDA caso novo levante lá viesse a ocorrer (idem, p.483). Honecker, que pela primeira vez, durante a conversação, falou em *Perestroika*, redarguiu que as condições na Alemanha Oriental eram diferentes daquelas existentes na URSS, dando a entender que não promoveria qualquer reforma no regime comunista lá implantado (ibidem).

No entanto, nem a proibição da *Sputnik* nem outros atos de censura e repressão podiam impedir que os processos de reestruturação econômica e democratização política, que se inter-relacionavam, atingissem a RDA, bem como os demais países do Leste Europeu. A URSS não só dera o exemplo ao desencadeá-los, como demonstrara, com a retirada das tropas do Afeganistão, que realmente não mais se dispunha a intervir onde quer que fosse e a sustentar, *manu militari* ou por outro meio, os comunistas no poder. Na verdade, de forma a recompor sua economia e salvar sua existência como Estado, a URSS sob a ameaça de desintegração, precisava abandonar os demais países do chamado Bloco Socialista – Tchecoslováquia, Hungria, Polônia, Romênia, Bulgária e RDA – à própria sorte. E, em nenhum deles, os comunistas tinham condições econômicas, políticas e militares para manter o regime sem o apoio do Exército soviético, que os ajudara a implantá-lo após a Segunda Guerra Mundial. Na Polônia, em face de uma onda de greves (1988), o governo do general Wojciech Jaruzelski não tivera alternativa senão estabelecer o diálogo com o sindicato Solidariedade, a principal força de oposição ao regime desde 1980 e, em meio à liberalização da economia, havia convocado para 19 de agosto de 1989 as primeiras eleições livres, em que o POUP (comunista) perderia o monopólio do poder. Outrossim, na Hungria, cujo regime, tanto econômica quanto politicamente, já era o mais liberal, o POSH (comunista) aprofundava as reformas. Legalizara a oposição (janeiro de 1989), desmantelara a fronteira com a Áustria (maio), após receber da RFA, segundo Hans Modrow, um crédito de 500 milhões de marcos,[1] e reabilitara Imre Nagy (junho), que dirigira aquele país durante a insurreição de 1956 e fora executado em 1958, dois anos depois que os soviéticos o aprisionaram, quando saía da Embaixada da Iugoslávia, onde se refugiara.[2] Até mesmo na Tchecoslováquia o Partido Comunista, não obstante sua posição contrária à *Perestroika* e à *Glasnost*, adotara certas políticas mais flexíveis e mais abertas, sobretudo para o reajuste da economia. Somente a RDA, do mesmo modo que a Romênia e a Albânia (que já se havia afastado, havia muitos anos, da órbita da URSS), não se mostrava sensível à necessidade de mudanças. A direção do SED preferia solidarizar-se com o PC da China pelo massacre dos estudantes que se manifestavam em defesa da democracia, na Praça da Paz Celestial (4.6.1989).

Entretanto, àquela altura dos acontecimentos, tornava-se evidente que a URSS não só não impediria como até mesmo desejava rápida transformação na RDA. Em janeiro de 1989, o ministro das Relações Exteriores da URSS, Eduard Schevardnadze, afirmara que o Muro de Berlim, símbolo da Guerra Fria e da divisão da Alemanha, era um "assunto interno" da RDA e que seu país não tinha o intuito de imiscuir-se em uma "questão interna" de dois Estados soberanos (SPITTMANN, 1990, p.151). No mês seguinte, outro importante membro do Politburo do PCUS, Alexander Iakovlev, disse: "Esse muro não é

---

1   MODROW, 1991, p.24. Sobre os acontecimentos na Hungria, vide ASH, 1999, p.47-60.

2   Em 23 de outubro de 1956, iniciada com uma grande manifestação estudantil, ocorreu uma sublevação contra o governo stalinista de Ernö Gerö, primeiro-secretário do POSH, e András Hegedüs, primeiro-ministro, que fugiram para Moscou. Imre Nagy, da ala reformista do POSH, assumiu o governo, juntamente com János Kádar, e anunciando a neutralidade da Hungria e sua retirada do Pacto de Varsóvia, solicitou o apoio da ONU, mas as tropas soviéticas invadiram a Hungria e, da noite de 3 para 4 de novembro, ocuparam Budapeste. A sublevação foi sufocada. Kádár, Nagy e seus companheiros refugiaram-se na Embaixada da Iugoslavia, mas, quando a deixaram, foram presos. Imre Nagy foi executado e seu corpo foi clandestinamente sepultado.

nosso. Nós não o construímos. É uma coisa da RDA".[3] Com tais declarações, os dirigentes soviéticos demonstraram que a URSS não interferiria em qualquer decisão que os dois Estados alemães viessem a tomar, futuramente, a respeito de sua reunificação. Mas o próprio Gorbachev, poucos meses depois, admitiu que o Muro de Berlim poderia em breve desaparecer tão logo os pressupostos que determinaram sua construção fossem suprimidos, no que ele não via um "grande problema". E acrescentou que "nada é eterno" (*Veja*, 21.6.1959, p.59; SPITTMANN. op. cit., p.155). Esta declaração constituiu significativo avanço não apenas em relação às de Schevardnadze e de Iakovlev, como em relação à que ele mesmo fizera, oito meses antes (outubro de 1988) durante a visita de Kohl à URSS. Na ocasião, em resposta à observação de Kohl de que a Europa nunca estaria unida enquanto a Alemanha não se reunificasse, ele advertira que qualquer tentativa de mudar a realidade do pós-guerra geraria uma "situação imprevisível e até perigosa" (*Veja*, 2.11.1988, p.50-51).

Com vinte milhões de mortos na Segunda Guerra Mundial, a URSS sempre temera a ressurreição de uma Alemanha econômica e militarmente poderosa e até então só admitira a possibilidade de sua reunificação, mediante a adoção de um estatuto de neutralidade, semelhante ao da Áustria. Porém, mesmo com a perda de grande parte do território e da população do antigo Reich, a nação se reconstruíra como RFA, tornara-se, outra vez, uma dos maiores potências econômicas e se rearmara ao integrar-se à Otan, enquanto a RDA, cuja política social carecia da necessária produtividade para respaldá-la, estava falida, dependia cada vez mais dos subsídios do governo de Bonn e só existia pela força que o Muro de Berlim representava. Porquanto, nem interna nem externamente, ela conseguira legitimar-se, não obstante, a partir de 1973, dezenas de países passarem a reconhecê-la como Estado soberano. A Alemanha, para todos, era a RFA, e esta, tanto econômica quanto politicamente, representava a potência-chave da Europa. Essa, a realidade, a despeito da vontade dos governos de Moscou, desde Stalin. Portanto, diante do agravamento da crise econômica na URSS e da urgente necessidade de erradicar os focos de tensão Leste Oeste era natural que Gorbachev tendesse a buscar profundo e sólido entendimento com o governo de Bonn, que lhe permitisse não apenas obter empréstimos e outros investimentos como também abrir politicamente o espaço para a construção da Casa Comum Europeia. E, para tanto, ele precisava vencer o *statu quo*, a situação de existência de dois Estados alemães, equacionando o destino da RDA, onde o SED,

---

3 *"Das ist ja nicht unsere Mauer. Nicht wir haben diese Mauer gebaut. Das ist eine Sache der DDR"*. Frankfurter Allgemeine Zeitung, 10.1.1989, apud SPITTMANN, 1990, p.151.

intransigentemente, recalcitrava em promover a mudança de suas estruturas econômicas e políticas e assim obstaculizava a reformulação e o desenvolvimento das relações da própria URSS com o Ocidente.

Apesar de o Politburo do SED parecer monoliticamente fechado em torno das posições de Honecker, o fato era que vários dos seus membros entendiam que a RDA não devia contrapor-se à URSS e resistir ao curso das reformas que Gorbachev inspirava. O ministro para a Segurança do Estado, Erich Mielke, percebera, desde 1985, que a RDA não poderia afastar-se do caminho da *Perestroika*[4] e apresentou um relatório realista e crítico a Honecker, que se recusou a tomá-lo a sério (GEDMIN, 1992, p.85). Egon Krenz, secretário do Comitê Central para Segurança, pensava do mesmo modo que Mielke, embora evitasse discordar de Honecker, com receio de que suas boas relações se rompessem (KRENZ, 1990, p.121), o que lhe prejudicaria, inevitavelmente, a carreira como príncipe-herdeiro do governo da RDA. Nem eles nem outros ousavam expressar, francamente, suas opiniões ou mesmo alertar o Politburo para os problemas e as dificuldades com que a RDA se defrontava. Honecker logo qualificaria quem o fizesse como *"Panikmacher"* (fazedor de pânico). Era essa a atmosfera na cúpula do SED.

Entretanto, a partir dos meados de 1989, a evolução dos acontecimentos, interna e externamente, compeliu Mielke, Krenz, Günter Schabowski (membro do Politburo e primeiro-secretário do SED no distrito de Berlim), Siegfried Lorenz (primeiro-secretário do SED no distrito de Karl-Marx-Stadt) e talvez alguns mais a excogitarem seriamente o afastamento de Honecker da secretaria--geral do SED e da presidência do Conselho de Estado, como a única saída para a viabilização das mudanças que Gorbachev aconselhava e a própria sociedade da RDA, sobretudo, exigia.[5] A princípio, como não conheciam o pensamento um do outro, eles evitaram falar entre si sobre o assunto, com temor da acusação de divisionismo, traição etc., conforme as práticas do stalinismo.[6] Os primeiros a conversarem, ao que tudo indica, foram Krenz e Mielke, que estreitamente se relacionavam e melhor se conheciam.[7] Só depois, com a ativa participação de Krenz, Schabowski e Lorenz, as sondagens e as articulações se iniciaram e envolveram, no seu desdobramento, mais quatro membros do Politburo, ou seja, Kurt Hager, Harry Tisch, Werner Krolikowski e, finalmente, o próprio Willi Stoph.[8]

---

4   Entrevista de Egon Krenz ao autor.
5   Entrevistas de Egon Krenz e Günter Schabowski ao autor.
6   Entrevista de Günter Schabowski ao autor.
7   Idem, p.67.
8   Idem. KRENZ, 1990, p.143.

Já então agosto de 1989, a notícia sobre a enfermidade de Honecker se havia difundido e o governo do SED começava a perder o controle sobre os acontecimentos.[9] Milhares de cidadãos, que, desde a abertura da fronteira entre a Hungria e a Áustria (maio), fugiam da RDA, aglomeravam-se em Budapeste, onde pediam asilo à Embaixada da RFA. A *Abstimmung mit den Füssen* (votação com os pés) recresceu, avassaladoramente, depois que o governo da Hungria, em 11 de setembro, autorizou a saída de sete mil refugiados na direção do Ocidente. Essa decisão irritou a direção do SED (idem, p.169), impotente para impedir o êxodo de milhares de pessoas que abandonavam o território do *real existierender Sozialismus*, inclusive através das fronteiras da TchecosIováquia, para entrar na RFA. Ao mesmo tempo, dentro da própria RDA, formaram-se diversos movimentos – Neues Forum (Novo Forum), Demokratischer Aufbruch (Advento Democrático), Demokratie Jetzt (Democracia Agora) e o Sozialdemokratische Partei (Partido Social-Democrata) – e o clamor pelas reformas intensificou-se.

Uma semana antes da autorização do governo da Hungria para a saída dos refugiados da RDA, o embaixador dos EUA em Bonn, Vernon Walters,[10] declarou à imprensa que a existência de duas Alemanhas não era normal e que, em pouco tempo, elas se reunificariam (*International Herald Tribune*, The Hague, 4.9.1989). O governo norte-americano, acompanhando por meio dos seus órgãos de inteligência a evolução da política de Gorbachev, esperava seguramente que o panorama da Europa passasse por grandes e significativas transformações.[11] E o embaixador Walters previu a reunificação da Alemanha, segundo ele, com base na avaliação de que o governo do SED, sem contar com o suporte militar da URSS, não teria condições de defender e preservar sua existência mediante seus próprios meios de repressão e de domínio, diante da crescente movimentação de massas protestando e fugindo da RDA. De fato, Gorbachev, ao evacuar as tropas soviéticas do Afeganistão, demonstrara, efetivamente, que a Doutrina Brejnev estava obsoleta.[12] A declaração do embaixador Walters assustou o próprio Departamento de Estado, onde alguns círculos temeram que ela pudesse prejudicar as possibilidades de reformas na RDA.[13]

---

9 Entrevista de Lothar de Maizière ao autor.

10 Vernon Walters era tenente-general do Exército americano e pertencia à DIA (serviço de inteligência militar). Participou da articulação de diversos golpes de Estado, em vários países, e, como adido militar na Embaixada dos Estados Unidos no Brasil, desempenhou decisivo papel na articulação do golpe que derrubou o presidente João Goulart, em 1964.

11 Entrevista de Vernon Walters, embaixador dos EUA no RFA, ao Autor, Bonn, 14.2.1991.

12 Idem.

13 Idem.

Honecker, durante uma conferência dos secretários do Comitê Central com os secretários de distritos do SED, atribuiu a responsabilidade pela complicação da crise à abertura das fronteiras da Hungria e a um plano da OTAN (KRENZ, op. cit., p.206), que visaria a preparar o caminho para a criação do Quarto Reich (ANDERT, HERZBERG, 1990, p.22-24). Entretanto, nem os EUA nem a RFA, quer isoladamente quer através de plano da Otan, possuíam condições e meios para desencadear ou mesmo determinar a evolução daquela crise, cujo agravamento obedeceu à sua própria dinâmica dentro da RDA. Pelo contrário, se interferência externa houve, esta partiu da URSS. Fortes evidências acumularam-se de que Gorbachev encorajou, pelo menos, as articulações para o afastamento de Honecker, cuja presença na secretaria-geral do SED e na presidência do Conselho de Estado obstruía o processo de reformas na RDA. O próprio Krenz, conquanto negasse a intromissão de Gorbachev nos assuntos internos do SED, revelou que ele dera ideias e queria que a mudança ocorresse sem traumas.[14] Era compreensível sua posição. Gorbachev pretendia manter certo controle sobre a RDA, onde a URSS tinha grandes interesses, inclusive cerca de 380 mil soldados estacionados, a fim de conservar seu poder de barganha quando tivesse de negociar com o governo de Bonn a reunificação da Alemanha. Por isto seu candidato à direção do SED e à Presidência do Conselho de Estado era Hans Modrow, que nem pertencia ao Politburo, e essa informação, àquele tempo, já circulava no Ocidente (SPITTMANN, 1990, p.154; *Der Spiegel*, n. 46, 13.11.1989, p.25). Como não lhe convinha, porém, explicitar o conflito com Honecker, Gorbachev, depois de sondagem feita junto a Krenz por Vladimir L. Mussatov, diretor-substituto do Departamento Internacional do Comitê Central do PCUS, decidiu atender ao convite para visitar Berlim Oriental e participar das comemorações do 40º aniversário da fundação da RDA, nos dias 6 e 7 de outubro.

Já então a situação interna da RDA rapidamente se deteriorava. A fuga em massa de cidadãos, a avolumar-se cada vez mais, prosseguia, sobretudo através da fronteira com a Tchecoslováquia, e algumas centenas de refugiados aglomeravam-se dentro das próprias Embaixadas da RFA, em Praga e em Varsóvia. Até princípios de outubro, cerca de 18.000 haviam passado da Tchecoslováquia para RFA, cujo ministro das Relações Exteriores, Hans-Dietrich Genscher, estivera em Praga e, pessoalmente, fizera as sugestões para a liberação do trânsito. Essa evasão de milhares de trabalhadores e profissionais de todas as categorias começava a desorganizar e a paralisar a produção e os serviços na RDA,

---

14 Entrevista de Egon Krenz ao autor, cit. 22.

onde o governo do SED também fracassava em seus esforços, apesar da brutal repressão policial para impedir que as multidões, nas ruas, exigissem liberdade e reformas. E a visita de Gorbachev, durante a comemoração da 40° aniversário de fundação da RDA, ocorreu em meio a tais demonstrações, que recresciam em Berlim Oriental, Leipzig, Dresden, Jena, Plauen, Potsdam e outras cidades, com milhares de pessoas a gritarem "Gorbi, Gorbi, Gorbi" ou *"Wir sind das Volk"* (Nós somos o povo). Na ocasião, durante o encontro com o Politburo do SED, ele falou, demoradamente, sobre os problemas com que a URSS se defrontava e, ao final, observou: *"Wer zu spät kommt, den bestraft das Leben"* (Quem vem tarde demais, a vida castiga). Esta frase afigurou-se como uma advertência e constituiu o sinal de alerta para que a oposição, dentro do Politburo do SED, acelerasse as articulações, com o objetivo de mudar o governo e os rumos da RDA (SCHABOWSKI, 1990, p.71-78; KRENZ, 1990, p.85-96).

O que Honecker chamou de *"Grossangelegtes Manöver"* (manobras de grande envergadura), insinuando que a longa mão de Moscou estava por detrás da *"konspirative Tätigkeit"* (atividade conspirativa) para derrubá-lo (ANDERT,,HERZBERG, op. cit., p.20-22), começou, efetivamente, depois da visita de Gorbachev a Berlim Oriental. Mielke havia decidido usar a força, se necessário, para remover Honecker do governo. Chegara a elaborar planos de ação, inclusive listas de pessoas a serem presas e internadas, conforme informações de um desertor do Stasi (WEYMOUTH, 1990, p.6). Não sem razão, Honecker, posteriormente informado, responsabilizou-o pela preparação de *"eines innerparteilichen und auch staatilchen Putsches"* (um golpe dentro do partido e também do Estado) (ANDERT, HERZBERG, op. cit., p.375). Moscou, porém, se opôs à utilização da força para desestabilizar a RDA. Assim, a estratégia consistiu em forçar o afastamento de Honecker, sem dividir o Politburo e o Comitê Central (WEYMOUTH, op. cit., p.6), o que, se acontecesse, poderia acarretar consequências imprevisíveis, porquanto alguns setores do SED e do Stasi advogavam o emprego de maior violência para reprimir as manifestações de protesto e garantir a ordem. O aguçamento das tensões atingira tal nível que Egon Krenz, com a autoridade de secretário do Comitê Central para Segurança, teve de atuar, a fim de impedir que um banho de sangue ocorresse quando, no dia 9 de outubro, cerca de duzentas mil pessoas saíram às ruas de Leipzig fazendo vigorosa demonstração contra o governo do SED (*Der Spiegel*, n. 46, 13.11.1989, p.22; SPITTMANN, 1990, p.156).

Diante de tal situação, se dentro do Politburo e do Comitê Central seus membros dissentissem, muito dificilmente se poderia afastar a ameaça de uma guerra civil. E o único homem capaz de evitar a cisão na cúpula do SED era Willi

A REUNIFICAÇÃO DA ALEMANHA   159

Stoph. Aí sua participação no complô tornava-se fundamental. Na condição de ministro-presidente, ele encarregar-se-ia de propor a substituição de Honecker e, como não era considerado reformista, possuía ainda maior autoridade para conservar a unidade do Politburo e do Comitê Central.[15] Mielke dar-lhe-ia o decisivo respaldo, com uma arma à qual poderia recorrer, em caso de resistência, e definir, fulminantemente, o resultado da contenda. Tratava-se do processo a que Honecker respondera durante a ditadura de Hitler, e do seu prontuário na penitenciária de Brandenburg-Görden, onde permanecera dez anos, de 1935 a 1945, com as provas de que ele revelara aos nazistas nomes de outros camaradas do KPD, o que permitiu à Gestapo capturá-los. Esse dossiê Mielke levou para a reunião do Politburo, dentro de uma pasta vermelha, que colocou ao seu lado (SCHABOWSKI, 1990, 105-106).

De acordo com certas informações, algum espião do Stasi havia retirado esse dossiê dos arquivos da RFA, onde se encontrava juntamente com toda a documentação da Gestapo, e entregara-o a Markus Wolf, que o entregou diretamente a Mielke (FRICKE, 1991, p.5-7). Günter Schabowski confirmou sua existência, mas, de acordo com sua versão, o dossiê fora encontrado por um grupo de pesquisadores, quando levantaram no Instituto de Marxismo-Leninismo os documentos para a elaboração da biografia de Honecker, e algum deles, agente ou colaborador do Stasi, levou-o às mãos de Mielke, que resolveu guardá-lo.[16] Talvez a fraqueza de Honecker ou "vacilação", segundo Krenz admitiu,[17] diante dos nazistas, decorresse de sua inexperiência, como jovem de 23 anos, quando caiu preso, e das terríveis técnicas de interrogatório então utilizadas,[18] embora haja indícios de que ele cooperara ainda mais firmemente com a Gestapo; consta que, no início de 1945, teria fugido da prisão e a ela regressado, voluntariamente, sem que nada lhe acontecesse, o que era impossível no tempo do nazismo, se não houvesse confiança.[19] Porém, de qualquer modo, o simples fato de que Honecker "vacilara" e entregara nomes de camaradas, possibilitando sua prisão, significava o mesmo que colaborar com a Gestapo, prestar serviço ao inimigo, por conseguinte, um ato de traição, conforme o código de conduta dos comunistas. Se o dossiê fosse divulgado, ainda que atingisse também a imagem de

---

15 Entrevistas de Günter Schabowski e Egon Krenz ao autor.
16 Entrevista de Günter Schabowski ao autor, Berlim, 21.2.1991.
17 Entrevista de Egon Krenz ao autor.
18 Entrevista de Günter Schabowski ao autor, Berlim, 21.2.1991.
19 Entrevista do Dr. Jürgen Aretz, Leiter der Unterabteilung Grundsatzfragen, Bundesministerium für innerdeutsche Beziehungen, ao autor, Bonn, 15.3.1991.

160   LUIZ ALBERTO MONIZ BANDEIRA

todo o SED, desmoralizaria Honecker, que se vangloriava de seu passado como corajoso combatente antifascista. Alternativa ele não teria senão renunciar.[20]

A historiadora da RDA, Monika Kaiser, em 1989/90, foi encarregada pelo Ministério Público de Berlim Oriental de analisar os protocolos dos interrogatórios da Gestapo e as atas do processo de 1937, com base em cópias existentes no arquivo central do SED. Ela percebeu várias diferenças entre esses documentos – da Gestapo e do processo – e o currículo oficial de Honecker, e constatou que ele se mostrou "sumamente cooperativo" (*äußerst kooperativ*) e "loquaz" (*gesprächig*) com a Gestapo e com os investigadores durante os interrogatórios (VÖLKLEIN, 2003, p.125; SACHSE, 2003). A conclusão de Monika Kaiser, no relatório intitulado *Historisches Gutachten zu ausgewählten Seiten der Entwicklung Erich Honeckers bis 1946*[21] foi a de que Honecker havia glorificado sua biografia, distorcendo alguns fatos e exagerando sua importância no movimento antifascista. Após reunificação da Alemanha, o dossiê foi examinado pelo secretário de Estado do Ministério da Justiça da RFA, Klaus Kinkel, bem como pelo *Kanzler* Helmut Kohl, e terminou depositado no Arquivo Federal (*Bundesarchiv*), em Berlim (SACHSE, 2003).

Mielke, a quem Honecker, posteriormente, acusou de um dos "iniciadores" da ofensiva contra a linha de "unidade da economia e da política social", introduzida pelo VIII Congresso do SED, e de poder apoiar-se, pelos vistos, em um conselheiro soviético (sem dúvida, do KGB), instalado no seu órgão, o Ministério para Segurança do Estado,[22] ingressara no KPD, em 1927, e pertencera à guarda de proteção pessoal de Ernest Thälmann, secretário-geral do KPD ao tempo da República de Weimar, quando, juntamente com outro companheiro, Erich Ziemer, matou, em 1931, o capitão Franz Lenck, em um choque com a polícia (KOEHLER, 1999, p.38-41). Ao escapar para Moscou, servira à Tcheka (órgão de segurança soviético, predecessor do KGB), participara das Brigadas Internacionais, que lutaram na guerra civil da Espanha (1936-1939), depois retornara à URSS, onde se incorporara ao Exército Vermelho, em cujas fileiras combatera as tropas de Hitler. Só regressara à Alemanha ao término da Segunda

---

20 Entrevista de Günter Schabowski ao autor, Berlim, 21.2.1991. Vide também SCHABOWSKI, 1991, p.296 e 270. Sobre a reunião do Comitê Central do SED vide PRZYBYLSKI, 1992, p.121-134.

21 "Parecer histórico sobre aspectos escolhidos da evolução de Erich Honecker até 1946".

22 "Er gehörte praktisch zu den Initiatoren des Angriff gegen eine Politik, wie sie vom VIII Parteitag unserer Partei eingeleitet wurde, das heißt der Einheit von Wirtschafts- – und Sozialpolitik. Man konnte sich dabei auch offenbar stützen auf die sowjetischen Berater in seinem Ministerium, in seinen Organen" ANDERT e HERZBERG, 1990, p. 374-375.

Guerra Mundial. Com essa folha de serviços, Mielke havia recebido todas, e as mais altas, condecorações soviéticas: a Ordem de Lênin, Ordem da Revolução de Outubro, Herói Soviético e outras; tornou-se, segundo Honecker, uma das personalidades mais consideradas em Moscou (ANDERT, HERZBERG, op. cit., p.376). Obviamente, da mesma forma que Markus Wolf, Mielke, o chefe do Stasi, *"ein Staat im Staat"* (um Estado dentro do Estado), era, acima de tudo, Mielke, leal à URSS e não atuaria contra Honecker, se isso não correspondesse aos desejos do KGB. Inegavelmente, foi ele que desempenhou, por trás dos bastidores, no *Hintergrund*, o mais relevante papel em toda a trama, na condição de *"Regisseur des Wechsels"* (diretor de mudanças) (*Der Spiegel*, n. 43, 23.10.1989, p.16-23; n. 44, 30.10.1969, p.18-28).

CAPÍTULO 12

A RENÚNCIA DE HONECKER E A ASCENSÃO DE KRENZ –
AS MANIFESTAÇÕES NA RDA CONTRA O GOVERNO DO SED –
A ATUAÇÃO DO KGB – A RENÚNCIA AO MONOPÓLIO DO PODER
E A CRISE INTERNA NO SED – A ABERTURA DO MURO DE BERLIM

A queda de Honecker estava madura, conforme Mielke percebera.[1] Ele perdera quase todo o prestígio, de sorte que não apenas 50%, senão cerca de 90% das próprias bases do SED aclamariam sua substituição na chefia do governo (KRENZ, 1990, p.157). Essa mudança, abrindo caminho para as reformas democráticas, não devia demorar. Se logo não ocorresse, o agravamento da crise poderia conduzir a RDA a uma tragédia de grandes proporções, com a eclosão, talvez, de uma guerra civil, dado que as demonstrações de protesto diariamente recresciam em todas as cidades, e não só Honecker como muitos dirigentes do SED, do Stasi e da Volkspolizei (Polícia do Povo), cada vez mais nervosos e com os ânimos exacerbados, queriam usar a violência para reprimi-las. Em 15 de outubro, milhares de pessoas saíram às ruas de Halle e Plauen, exigindo a democratização e a renovação da RDA. No dia seguinte, Egon Krenz, com o apoio do general Fritz Streletz, teve de agir junto a Honecker, a fim de evitar que ele autorizasse o recurso à violência para reprimir ou conter uma demonstração

---

1   Entrevista de Egon Krenz ao autor.

164   LUIZ ALBERTO MONIZ BANDEIRA

de 200 mil pessoas em Leipzig.[2] Em tais circunstâncias, quando Willi Stoph, no dia 17 de outubro, propôs ao Politburo do SED, como primeiro ponto da agenda, o afastamento de Honecker das funções que exercia, não houve qualquer resistência. Nem dele próprio. E Mielke não precisou revelar o dossiê sobre seu comportamento na penitenciária de Brandenburg-Görden. Apenas ameaçou. No momento em que Honecker fez um gesto, sinalizando que ele não deveria ir adiante com sua exposição, Mielke, que levara o dossiê para a reunião dentro de uma pasta vermelha, colocada ao seu lado, gritou que ainda poderia "abrir a boca e contar coisas que a todos estarreceriam".[3] A queda de Honecker configurou um golpe político desfechado pelos demais *Apparatschiks*, que sempre lhe foram submissos, porém, diferentemente dele, haviam percebido que o regime instituído pelo SED estava condenado e não mais tinha condições de subsistir (VÖLKLEIN, 2003, p.372-373). Honecker, no entanto, não caiu sozinho. O Politburo entendeu que Günter Mittag, secretário do Comitê Central para Economia, e Joachim Herrmann, secretário do Comitê Central para Agitação e Propaganda, deveriam, igualmente, pedir demissão de seus respectivos cargos.

A renúncia de Honecker, formalizada em 18 de outubro durante a 9a Reunião do Comitê Central, afastou, segundo Krenz, a enorme possibilidade de que uma guerra civil pudesse ensanguentar a RDA.[4] Não amainou, porém, o descontentamento e a agitação. A escolha de Krenz, que, entrementes, estivera em Moscou e conversara com Gorbachev (ANDERT, HERZBERG, 1990, p.34-35), para o cargo de secretário-geral do SED frustrou a expectativa do povo. Não obstante prometer, ao falar pela televisão, que enviaria à Volkskammer (Câmara do Povo) novo projeto de lei, visando a liberalizar as viagens ao exterior,[5] Krenz a ninguém convencia de que era realmente favorável às reformas democráticas. Sua imagem estava bastante desgastada. Como secretário do Comitê Central para Segurança, ele se identificara com as atividades repressivas do Stasi, presidira as eleições comunais de 4 de maio de 1989, cujos resultados foram fraudados, e fizera infelizes declarações, solidarizando-se com o governo chinês pelo mas-

---

2   SCHABOWSKI, 1990, p.90; Krenz, 1990, p.138-141; Carta de Krenz a Honecker, publicado sob o titulo "Die Karre steckte tief im Dreck", em *Der Spiegel*, n. 16, 1.2.1991, p.54-61.

3   *"Da hat Honecker mal eine Regung gezeigt, die Mielke signalisierte, er solle die Klappe nicht so weit aufreißen. Daraufhin schrie Mielke, er würde noch mal auspacken und erzahlen, da würden wir uns noch wundern".* SCHABOWSKI, 1990, p.105-106. Esse episódio foi contado também in SCHABOWSKI, 1992, p.269-270, e reproduzido por REUTH e BÖNTE, 1993, p.117-118.

4   Carta de Krenz a Honecker, em *Der Spiegel*, n. 6, 1.2.1991. p.54-61.

5   "Krenz an die Bürger", em *Taz*, DDR, Journal zur November Revolution, August bis Dezember, 1989, p.53.

sacre dos estudantes na Praça da Paz Celestial. Além do mais, na condição de príncipe-herdeiro, fora o candidato do aparato, cuja pretensão de representar o povo e continuar como seu tutor as massas nas ruas repeliam, clamando *"Wir sind das Volk"* (Nós somos o povo).

O povo da RDA queria acabar aquela *"Cliquenwirtschaft"* (política de clique, de súcia), a *"Diktatur einer Handvoll Politiker"* (ditadura de um punhado de políticos), expressões que Rosa Luxemburg utilizara, ao prever a degenerescência da Revolução Russa em consequência da supressão da democracia política por Lenin e Trotsky. Queria liberdade e o direito de autodeterminar seu destino, mediante a realização de eleições livres. E por isso, ao mesmo tempo em que o êxodo para a RFA continuava, as demonstrações de massas, em todas as cidades da RDA, não só também prosseguiram como ainda mais recrudesceram. Em 20 de outubro, dois dias após a divulgação da notícia sobre a queda de Honecker, manifestações populares ocorreram em Dresden (cerca de cinquenta mil participantes) e em Karl-Marx Stadt (Cheminitz); no dia 21, mais de trinta mil pessoas em Plauen e cerca de dez mil em Berlim Oriental saíram às ruas, bem como em outras cidades, reclamando reformas democráticas; nos dias 22 e 23, as demonstrações sucederam, outra vez, em Berlim Oriental, Dresden, Halle, Greiz, Zwickau, Stralsund, Eisenach, Schewerin e Magdeburg; em Leipzig, o número de manifestantes situou-se entre duzentos e trezentos mil; no dia 24, quando a Volkskammer elegeu Krenz para os cargos de Presidente do Conselho de Estado (com 26 votos contra e 26 abstenções) e de Presidente do Conselho de Defesa Nacional (com 8 votos contra e 17 abstenções); as demonstrações de protesto reproduziram-se em Berlim Oriental (12.000 participantes) e, em 26 de outubro, elas se estenderam a Rostock, com cerca de 25.000 pessoas nas ruas, Erfurt, com 15.000, e Gera, com 5.000.

Esse crescente alude de massas acuou cada vez mais a direção do SED, que não podia reprimi-lo nem contê-lo pela violência, porquanto sabia que não contava com o apoio das tropas, que somente interviriam em caso de ataque externo, isto é, um assalto da população ocidental ao Muro de Berlim.[6] Não lhe restava, consequentemente, senão a alternativa de buscar o diálogo com os bispos da Igreja e descer também às ruas, para debater diretamente com as correntes de oposição suas reivindicações. Schabowski, primeiro-secretário do SED no distrito de Berlim Ocidental e membro do Politburo, foi dos que mais se destacaram nessa tarefa. Modrow, embora menos, também. E até Markus Wolf, o ex-chefe do serviço de espionagem do Stasi, reapareceu, acusando a direção

---

6   Entrevista do embaixador dos EUA, Vernon Walters, ao autor.

do SED de somente virar o rosto para o povo quando estava encostada contra a parede.[7] Nada, porém, conteve o movimento de protesto. Cerca de meio milhão de pessoas afluíram às ruas de Leipzig, no dia 30 de outubro, véspera da primeira visita oficial de Krenz como secretário-geral do SED e presidente do Conselho de Estado a Moscou, que desde logo lhe dera todo o apoio. Os embaixadores da URSS receberam do chanceler Eduard Schewardnadse a instrução para que comunicassem aos países ocidentais que o novo homem (Krenz) no governo da RDA merecia confiança da URSS e orientar-se-ia pela Ata de Helsinque.[8]

Evidentemente, Alexander Iakovlev, membro do PCUS e um dos principais responsáveis pela *Perestroika*, não falou toda a verdade ao afirmar que "os dirigentes soviéticos não tiveram qualquer envolvimento" com a substituição ou a designação de qualquer governante comunista nos países do Leste europeu, e que, embora dispusessem de "informações precisas" sobre a maneira como os acontecimentos se desenrolavam, não tentaram influenciar seu curso (IAKOVLEV, 1991, p.98). Nem a lógica nem os fatos comprovaram absoluta isenção, que possivelmente existiu em face da Polônia e da Hungria, onde o processo de reformas evoluía sem defrontar-se com maiores obstáculos, mas não nos casos da Tchecoslováquia, Bulgária, Romênia e, sobretudo, RDA, cujos dirigentes não só resistiram como a combateram a *Perestroika*, com todas as suas forças, opondo-se aos objetivos econômicos e políticos, tanto internos quanto externos, da URSS. Era natural que Gorbachev instrumentalizasse o KGB, que possuía todos os meios e condições para desestabilizá-los e removê-los, inclusive por meio de ações encobertas e operações de desgaste, se necessário. Para empreendê-las, os cidadãos soviéticos não precisavam aparecer. O KGB sempre contara com agentes nacionais, tais como Erich Mielke e Markus Wolf, instalados nos órgãos de inteligência de cada país do Leste europeu e que transmitiam aos dirigentes soviéticos "informações precisas" exatamente porque participavam das articulações. Iakovlev apenas tergiversou ao dizer que a "intervenção oculta" do KGB naqueles países do chamado Bloco Socialista teria sido descoberta, se houvesse existido (idem, 1991, p.95-98).

Era sabido e amplamente comentado em Praga, Bucareste, Sófia e Berlim Oriental que a sublevação de novembro (Revolução de Veludo), na Tchecoslováquia contra o governo stalinista do primeiro-ministro Ladislav Adamec fora encorajada pelo KGB, conforme o próprio vice-ministro do Interior da

---

7 "Die Führung dreht das Gesicht erst zum Volk, wenn sie mit dem Rücken an der Wand steht". *Apud* SPITTMANN, 1990, p.158.
8 Entrevista de Egon Krenz ao autor.

Tchecoslováquia daquele país, Jan Rumi, denunciou.[9] Mas documentos e outras provas sobre operações secretas dos serviços de inteligência dificilmente apareceram ao longo da história, o que não significa que as grandes potências – e mesmo as menores – não as promoveram com muito maior frequência. Os próprios fatos incumbiram-se de evidenciar que não só o KGB como Gorbachev, diretamente, tiveram decisiva influência tanto na queda quanto na sucessão de Honecker, uma vez que à URSS interessava manter sob controle a evolução dos acontecimentos na RDA, que se revestia de fundamental relevância, ao contrário dos demais países do Leste Europeu, para suas negociações econômicas e políticas com a RFA.

Havia muito tempo, o nome de Modrow, primeiro-secretário do SED no distrito de Dresden, já circulava, na mídia ocidental, como o favorito de Moscou para substituir Honecker no governo da RDA.[10] Não se tratava de mera especulação, pois ele sequer ainda pertencia ao Politburo e não podia constar, portanto, da lista oficial dos possíveis candidatos aos altos cargos do partido e do Estado, mas, sim, de informação que tinha como fonte, seguramente, o KGB. Tanto isso era certo que quando Krenz, já na condição de sucessor de Honecker, visitou Moscou oficialmente, em 10 de novembro, Gorbachev recriminou o fato de que o SED estava a tratar mal Modrow, o que o admirava, e acentuou que era preciso dar-lhe maior importância e atenção.[11] Sem dúvida alguma, ele não deu uma ordem, mas tal comentário, a entremostrar seu desejo, adquiria o peso de uma farte recomendação, a respaldar o nome articulado pelo KGB, por sugestão de Markus Wolf. Logo Krenz lhe respondeu que o Comitê Central, na sua próxima reunião, elegeria Modrow para o Politburo e ele se tornaria o ministropresidente, no lugar de Willi Stoph,[12] que ainda não renunciara ao cargo e talvez nem sequer soubesse que seu destino seria acompanhar Honecker no ostracismo.[13]

---

9 Em entrevista concedida a Jan Malina, publicada em 29 de agosto de 2004, o dissidente tcheco, ultraconservador, declarou que a chamada Revolução de Veludo ou Revolução de Novembro de 1989, na Tchecoslováquia, não foi de nenhum modo uma revolução anticomunistas; foi um golpe organizado pela "ala reformista do KGB russo". *Historical Deceptions: Fall of Communis – From the World Affairs Brief*: http://www.worldaffairsbrief.com/keytopics/Communism.shtml

10 (SPITTMANN, 1990. p.154; *Der Spiegel*, n. 43, 23.10.1989, p.21; n. 46, 13.11.1989, p.25)

11 Entrevista de Egon Krenz ao autor. Entrevista de Günter Schabowski ao autor, em 25.1.1991.

12 Idem.

13 O autor tentou também obter uma entrevista com Willi Stoph, mas seu advogado, Dr. Horst Zigglef, alegou que ele não podia concedê-la, em virtude do processo a que respondia perante a justiça alemã.

Essa fórmula, obviamente, visava a contemplar os desejos de Moscou e, ao mesmo tempo, permitir que Krenz continuasse a enfeixar em suas mãos todo o poder, como secretário-geral do SED, Presidente do Conselho de Estado e presidente do Conselho de Defesa Nacional; o cargo de Presidente do Conselho de Ministros, ou seja, de ministro-presidente, até então ocupado por Willi Stoph, era mais decorativo, pois a vontade política, que conduzia o Estado e o governo, emanava, de fato, de quem detinha o comando do partido, seu secretário-geral. Assim sempre fora na RDA, como de resto em todos os países do Leste europeu, cujos regimes políticos o stalinismo rigorosamente modelara. Mas o aprofundamento da crise abalava todas as estruturas da RDA. E Krenz, mesmo que merecesse a confiança de Gorbachev, não mais tinha condições de conservar o poder, porquanto se identificara, como membro do Politburo, com toda aquela política de *clíque*, que as multidões nas ruas repulsavam. Por outro lado, Modrow, conquanto igualmente fosse um *Apparatschik* e nunca houvesse dissentido de Honecker, com o qual sempre mantivera boas relações, nunca integrara o Politburo nem morava em Wandlitz, onde as autoridades da RDA luxuosamente residiam, e sim em um apartamento de três quartos, localizado em Dresden. Esta constituía sua enorme vantagem[14] na competição com Krenz, uma vez que ele se afigurava, de um modo ou de outro, como um reformador, disposto a renovar a RDA, segundo a imagem construída pelo KGB pela mídia ocidental. Modrow gozava da fama de homem simples e honesto por não estar envolvido com a corrupção ou abusos administrativos, ao passo que todo o Politburo estava desmoralizado.

De fato, não somente o Politburo, também todo o SED estava desmoralizado e não possuía força suficiente para conservar o monopólio do poder, que Krenz insistiu em defender, ao divulgar, em 3 de novembro, seu *Aktionsprogramm*, com várias promessas de liberalização, tanto econômicas quanto políticas.[15] Nesse ponto, sua posição foi inflexível. Ele rechaçou qualquer possibilidade de que o SED viesse a renunciar ao *führende Rolle* (papel dirigente), estabelecido no Art. 1° da Constituição da RDA, o que significava, teórica e praticamente, que o regime stalinista sobrevivera em sua essência, apesar de todas as concessões. Porém, no dia seguinte, mais de 500 mil pessoas se concentraram na Alexander-Platz (Berlim Oriental) e demonstraram que *die Macht der Strasse* (o poder da rua) contestava e repelia a continuidade daquele regime político, marcado pela burocracia, demagogia, abusos administrativos, espionagem, interdições e

---

14 Entrevista de Egon Krenz ao autor. Entrevista de Günter Schabowski ao autor.
15 *Taz, DDR, Journal zur Novemberrevolution*, August bis Dezember, 1989, p.77.

A REUNIFICAÇÃO DA ALEMANHA   169

até mesmo crimes, conforme o escritor Christoph Heinz salientou na ocasião.[16] Essa imponente manifestação de massa contou com a participação de numerosos intelectuais e artistas, bem como de Markus Wolf, que defendeu a *Perestroika* e o controle público-parlamentar sobre os órgãos de segurança e proteção, ou seja, sobre o Stasi, do qual ele fora, abaixo de Mielke, seu principal dirigente.[17] O SED podia resistir a demonstrações, ainda que sucessivas, de vinte, trinta e até cem mil pessoas. Porém, quando elas começavam a alcançar a magnitude de duzentas a trezentas mil pessoas, como em Leipzig, e de meio milhão, em Berlim Oriental, nada mais impediria que o SED começasse a perder não só o monopólio do poder como também o próprio poder, com o consequente esbarrondamento do regime stalinista e de todo o Estado que a RDA constituíra e que acabara de completar quarenta anos de existência.

Em 7 de novembro, depois que Margot Honecker, esposa do ex-secretário-geral, entregara a pasta da Educação, quarenta personalidades da antiga *Nomenklatura* afastaram-se dos seus cargos no Conselho de Ministros. No dia seguinte, complementando as demissões, todos os membros da velha guarda, como Willi Stoph e Erich Mielke, renunciaram às suas respectivas funções no Politburo, durante a 10ª Reunião do Comitê Central, e abriu-se o espaço para a eleição de novos dirigentes, entre os quais Modrow, também indicado, oficialmente, como candidato ao posto de ministro-presidente. Cerca de cinquenta mil militantes das organizações de base concentraram-se, então, em frente à sede do Comitê Central, demandando a convocação de um congresso extraordinário, com o objetivo de virar o SED *"vom Kopf auf die Füsse"*, isto é, de cabeça para baixo. A reunião foi interrompida e Krenz saiu à rua, juntamente com Schabowski, para debater com os militantes lá concentrados. Essa rebelião se alastrou. Um dos membros do Politburo – Hans-Jocichim Böhme – e três candidatos – Werner Walde, Inge Lange e Johannes Chemnitzer – tiveram de renunciar logo depois de eleitos, porque foram destituídos pelas próprias bases da função de primeiro-secretário do SED, nos seus respectivos Distritos. E o Politburo admitiu a legalização de *Neues Forum*, conforme, no dia 8 de novembro, Schabowski havia anunciado, enquanto o procurador-geral do Estado, na RDA, Günter Wendland, tomava a iniciativa de propor a abertura de um processo de averiguação contra Honecker, sob suspeita de corrupção e abusos administrativos.

Em novembro, o número de refugiados, que, ao longo de todo o ano de 1989, passaram da RDA para a RFA, através da Hungria, Tchecosolováquia e Polônia,

---

16 Idem, p.73.
17 Idem, p.75-76.

já era da ordem de 225.233.[18] E o êxodo incessantemente prosseguia. Em apenas uma noite, de 8 para 9 de novembro, cerca de oito mil cidadãos abandonaram a RDA (KRENZ, 1990, p.229), o que tornava a situação cada vez mais insuportável, pois o esvaziamento das fábricas e dos serviços, a afetar sensivelmente o ritmo da produção e o atendimento, desorganizava a economia e embaraçava o próprio funcionamento do Estado. Esse problema inquietava Krenz e toda a direção do SED, que examinavam, havia dias, os termos de uma nova lei, liberando as viagens ao exterior. Dada a total inviabilidade do uso de força, aliás, fora de qualquer cogitação, somente a garantia do direito e da liberdade de ir e vir, uma das mais agudas reivindicações populares, talvez pudesse refrear aquela evasão de trabalhadores e funcionários, que deixavam suas casas e seus empregos, para arriscar a vida na RFA. Por isso, ao receber, durante ainda a 10a Reunião do Comitê Central, a minuta do projeto de lei, Krenz, antes mesmo de submetê-la à aprovação do Conselho de Ministros, buscou tranquilizar a população e entregou a Schabowski, responsável pela mídia, um comunicado, a fim de que ele informasse à imprensa que, a partir das 8 horas da manhã seguinte, 10 de novembro, todos os cidadãos da RDA, sem necessidade de qualquer justificativa, por simples prazer ou recreação, poderiam obter o passaporte e o visto para irem, livremente, à RFA e de lá voltarem, quando quisessem. Ele cumpriu a tarefa e anunciou a medida pouco antes das 19 horas, no curso de uma entrevista à imprensa internacional. Mas, indagado sobre quando ela entraria em vigor, Schabowski respondeu que, no seu entender, seria de imediato. Segundo sua versão, o papel que recebera não continha qualquer prazo para divulgação e ele não sabia que o Conselho de Ministros ainda não aprovara a lei.[19] Entretanto, salientando que nunca o criticara por esse fato, Krenz disse que, aparentemente, Schabowski não leu a data[20] e que, interpelado pelo repórter Riccardo Ehrman, da agência de notícias ANSA, sobre quando a medida entraria em vigor, respondera que, na medida do seu conhecimento, seria de imediato (idem., p.182).

De qualquer forma, produzindo consequências inimagináveis para os dirigentes do SED, a notícia precipitou os acontecimentos na RDA. Após sua transmissão pelas emissoras de rádio e de televisão, ao mesmo tempo em que os deputados de todos os partidos, inclusive os Verdes, levantaram-se e cantaram o hino nacional da Alemanha, milhares de pessoas, a pé ou em seus automóveis,

---

18 Informação do ministro do Interior do RFA, Wolfgang Schäuble, em *Chronika der Ereignisse in der DDR*, 1989, p.20.

19 Entrevisla de Günter Schabowski ao autor, em 21.2.1991. Schabowski confirmou essa versão no seu livro *Der Absturz*, 1991, p.306-308.

20 Entrevista de Egon Krenz ao autor.

começaram a afluir, espontaneamente, às ruas de Berlim Oriental e formaram intermináveis filas na direção do Muro, ao longo das passagens para o lado ocidental da cidade. E os guardas da fronteira simplesmente contestavam que ainda não tinham qualquer ordem para permitir a travessia. Mielke, que, embora demissionário, continuava ainda à frente do Stasi, telefonou a Krenz e comunicou-lhe, com a voz bastante calma, o que estava a ocorrer. Mais de trezentas mil pessoas, aglomeradas nas vias de acesso para o Ocidente, criavam uma situação com a qual ninguém contara e que exigia urgente solução, ante a possibilidade de que qualquer incidente viesse a provocar uma confrontação, com trágicos resultados, diante do Muro de Berlim. Krenz, sem esconder seu nervosismo, respondeu a Mielke que, diante de tais circunstâncias, o melhor seria permitir que as pessoas passassem, mesmo sem visto, apenas exibindo os passaportes, porquanto, mais cedo ou mais tarde, isto aconteceria (idem, p.183). Mielke concordou e transmitiu à Volkspolizei a ordem para que liberasse o trânsito, mas os guardas da fronteira, diante do fluxo de multidões, nem mais sequer tiveram condições de controlar os passaportes.

A lei de viagens revelou-se inócua. E assim as fronteiras entre os dois Estados alemães foram completamente abertas. Naquela noite de 9 para 10 de novembro, o Muro de Berlim, símbolo da Guerra Fria e da divisão da Alemanha, perdeu a razão histórica de existir. Honecker, no ostracismo, abalou-se, profundamente, ao antever a "catástrofe" (ANDERT, HERZBERG, op. cit., p, 39). Para ele, a RDA estava liquidada (ibidem). E, de fato, estava. O Muro de Berlim, as minas e as cercas de arame farpado e eletrificadas, ao longo das fronteiras, que os contingentes da Volkspolizei defendiam com ordem de atirar em quem tentasse ultrapassá-las, constituíram, desde 1961, a *conditio sine qua non* de sua sobrevivência. Daí que Kohl, ao receber a notícia, em Varsóvia, durante um banquete que o ministro-presidente da Polônia, Tadeusz Mazowieck, lhe oferecia, não teve dúvida de que a reunificação da Alemanha poderia, de repente, tornar-se uma realidade (KOHL, 1996, p.125-129). A ele cabia promovê-la. E, uma vez que o Acordo das Quatro Potências não permitia que nenhum avião alemão voasse diretamente da Polônia para Berlim, o embaixador dos EUA em Bonn, Vernon Walters, conseguiu que um aparelho da Força Aérea norte-americana transportasse Kohl para aquela cidade, a fim de que ali ele pudesse celebrar o acontecimento (ZELIKOW, RICE, 1997, p.103). Naquele momento, com a abertura do Muro e das fronteiras entre os dois Estados alemães, a ideia de uma Alemanha socialista, que a RDA pretendia simbolizar, e de uma Alemanha capitalista, representada pela RFA, começou a desvanecer-se. Não sem razão, o ministro dos Negócios Estrangeiros da RFA, Hans-Dietrich Genscher, que logo no dia 10 viajou para Berlim, afirmou, em discurso na Schöneberger Rathaus, que "não existe capitalista, não existe socialista, há somente uma nação alemã, comprometida com a liberdade e a paz".[21]

---

21 "Es gibt keine Kapitalhirsche, es gibt keine sozialistische, es gibt nur eine auf Freiheit und Friedens verpflichtete deutsche Nation." GENSCHER, 1991, p.228.

CAPÍTULO 13

Os interesses da URSS na RDA –
Modrow e Gorbachev – A proposta da comunidade
contratual entre a RDA e a RFA – Os dez pontos de Kohl –
A renúncia de Krenz e o colapso do SED – As denúncias
de corrupção – A crise econômica e a inviabilidade política
da RDA – A queda de Modrow

Gorbachev decerto fora informado previamente de que o governo do SED, no dia 10 de novembro, liberaria as viagens para a RFA,[1] embora Hans Modrow afirmasse que a abertura do Muro de Berlim surpreendera Moscou (MODROW, 1991. p.25-26). Em realidade, a aglomeração de centenas de milhares de pessoas nas imediações do Muro e nas vias de acesso a Berlim Ocidental compeliu Krenz a tomar, por si só e sem qualquer consulta ou aviso ao Kremlin, a decisão de abrir totalmente as fronteiras da RDA.[2] Ele provavelmente imaginou que essa atitude o ajudaria a conservar o poder e não percebeu as consequências que fariam daquela noite de 9 de novembro uma das mais importantes do século XX. Mas a situação financeira da RDA já se havia tornado extremamente crítica. Ameaçada pela falta de divisas, a RDA, em fins de 1989, devia ao Ocidente 26,5 bilhões de dólares e o déficit na conta corrente do seu balanço de pagamento atingia o

---

1 Entrevista de Krenz ao autor.
2 Idem.

montante de 12,1 bilhões.[3] Somente para o pagamento dos juros da dívida externa a RDA necessitava de 4,5 bilhões de dólares, o que equivalia a cerca de 62% de todas as divisas resultantes de suas exportações (ZELIKOW, RICE, 1995, p.87; MAIER, 1997, p.224). Segundo o próprio Kohl, a dívida externa da RDA com o Ocidente saltara de dois bilhões, em 1970, para 49 bilhões de marcos, no início de 1989 (KOHL, 1996, p.115-116). Krenz, necessitando de créditos, excogitou recorrer ao Fundo Monetário Internacional, porém tal iniciativa lhe criaria enorme embaraço político. E, assim como Gorbachev, esperou que Kohl mantivesse o estilo da *Ostpolitik* e lhe oferecesse algum financiamento, com o objetivo de encorajar a RDA a seguir a Polônia e Hungria no caminho das reformas.

Kohl nada ofereceu à RDA. Homem com aguda intuição política, ao considerar que as eleições gerais para o Bundestag ocorreriam no próximo ano e tudo indicava que a coligação CDU-CSU não venceria, tratou de precipitar os acontecimentos. Em 12 de setembro de 1989, declarou, no congresso da CDU (Bremen), que a questão da Alemanha voltara à agenda internacional e não só proclamou que o comunismo caminhava para o fim como anunciou que a reunificação do país estava mais próxima do que nunca (KOHL, 1996, p.89-90). O modo pelo qual Kohl, pessoalmente, manejou as relações com a RDA, naquela conjuntura, foi crucial e modificou o curso da política exterior da RFA, abandonando as diretrizes da *Ostpolitik*, pautadas pelo reconhecimento da existência dos dois Estados dentro da mesma nação. Apesar de setores da coligação CDU--CSU-FDP temerem que a RFA não tivesse capacidade para absorver a onda de refugiados (*Ausreisewelle*), que passava para seu território através da Hungria e Tchecoslováquia, ele conseguiu firmar a orientação a fim de favorecer ainda mais o êxodo e negar ajuda à RDA, enquanto reformas fundamentais, não apenas econômicas, mas também políticas, não fossem lá efetuadas.

O propósito de Kohl foi evitar que a situação da RDA se estabilizasse e, sem explicitar o objetivo estratégico da reunificação, procurou pressionar o governo do SED a aceitar a democracia, abandonado o "socialismo real", que constituía a principal justificativa para a separação dos dois Estados alemães. Conforme dissera, em 8 de novembro de 1989, um dia antes da abertura do Muro de Berlim, a RFA somente propiciaria qualquer ajuda à RDA se ela empreendesse completa reforma política, não apenas econômica, o que implicava a renúncia

---

3   Zelikow e Rice, 1995, p.87. Segundo Hans Modrow, quando ele assumiu o cargo de ministro--presidente da RDA, o déficit fiscal era de 130 bilhões de marcos orientais, uma taxa de inflação camuflada, da ordem de 12% a 15% ao ano e uma dívida externa da ordem de US$ 20 bilhões. Entrevista de Modrow ao autor, Berlim, 23.1.1991.

do SED ao monopólio do poder político, *die führende Rolle* (papel dirigente), permitindo a liberdade dos partidos políticos e a realização de eleições livres. Assim, ao estabelecer tais condições, Kohl resignou às diretrizes da *Ostpolitik*, restabelecendo os princípios defendidos por Adenauer, segundos os quais a autodeterminação e a legitimidade passavam pela realização de eleições livres. O abandono do "socialismo real" tiraria à RDA a razão de sua existência como Estado separado (ZELIKOW, RICE, 1997, p.93).

Com efeito, a abertura do Muro de Berlim desencadeou, irreversivelmente, o processo de reunificação dos dois Estados alemães, objeto de especulação diplomática no Ocidente desde abril-maio de 1989.[4] E a questão, girando em torno do modo como realizá-la e do tempo de duração, avançou para o primeiro plano das preocupações e dos debates. Gorbachev também previa reunificação, dentro do projeto de construção da Casa Comum Europeia, e conversara com Egon Krenz sobre o tema, durante sua visita oficial a Moscou, em 1° de novembro (KRENZ, 1990, p.222). De acordo com os princípios que passaram a orientar sua política exterior, considerava "anormal" a divisão da Alemanha (GORBACHEV, 1999, p.201). Contudo, ele precisava preservar os interesses da URSS, da qual a RDA fora até então um aliado estratégico, e por isto teria de empreender complexas negociações tanto com a RFA quanto com os EUA, Grã-Bretanha e França – os Aliados na Segunda Guerra Mundial. Além do problema dos 380 mil soldados e 120 mil dependentes que a URSS concentrava na RDA e que nem sua economia nem sua sociedade podiam rapidamente absorver em caso de imediato repatriamento, Gorbachev ainda temia, da mesma forma que outros dirigentes soviéticos, uma Alemanha reunificada, como membro da Otan. Daí a necessidade de negociar ajustes e acordos sobre desarmamento e desmilitarização da Europa. Sua perspectiva, portanto, era a de que a RDA, após a derrubada do Muro de Berlim e o desmantelamento de aproximadamente 1.350 km de cerca de arame farpado, ao longo de sua fronteira, do Báltico à Tchecoslováquia, viesse a constituir com a RFA uma *Vertragsgemeinschaft* (comunidade contratual), uma espécie de confederação, com o que terminariam por abandonar as respectivas alianças militares, ou seja, o Pacto de Varsóvia e a Otan, como condição para o estabelecimento da completa unidade estatal.

Gorbachev imaginava um processo gradual, que duraria de dois a três anos, até a completa reunificação dos dois Estados alemães. Não pretendia dissolver a RDA economicamente nem militarmente. E cria que Modrow contava com suficiente força, devido ao seu suposto prestígio popular, para mantê-la,

---

4   Entrevista de Hans Modrow, ex-ministro-presidente da RDA, ao autor, Berlim, 23.1.1991.

por mais algum tempo, e defender os interesses da URSS.[5] Por essa razão, três dias após a abertura das fronteiras, a posição de Krenz no governo da RDA foi negociada, durante uma reunião secreta na Embaixada da URSS em Berlim, da qual ele próprio participou, juntamente com Markus Wolf, Modrow e Valentin Falin, chefe do Departamento Internacional do Comitê Central do PCUS (WEYMOUTH, 1990). A decisão, aparentemente, foi de que Krenz poderia permanecer nos postos de secretário-geral do SED e de presidente do Conselho de Estado e do Conselho de Defesa Nacional, porém, a Modrow caberia formar o novo governo e exercer realmente o poder, como ministro-presidente da RDA, sem sua interferência ou do Politburo.

O funcionamento do regime político, inspirado no modelo stalinista, começou, então, a sofrer substancial modificação com a transferência para o presidente do Conselho de ministros do poder, que o secretário-geral do SED centralizava, desde a era de Ulbricht. Modrow era efetivamente o homem de confiança de Gorbachev e anulou todo o peso político de Krenz. Em 17 de novembro, quatro dias depois de eleito para o cargo de ministro-presidente pela Volkskammer, ele anunciou não só um novo gabinete, com a participação de todos os partidos políticos da Frente Nacional, cuja existência fora até então meramente decorativa, como também a proposta para o estabelecimento de uma comunidade contratual entre a RDA e a RFA. O governo de Bonn, cujo objetivo político sempre fora restaurar a unidade estatal da Alemanha, mostrou-se receptivo. E, em 28 de novembro, o chefe do governo da RFA, Helmut Kohl, apresentou o *Zehn-Punkte Programm*, um programa de dez pontos para a reunificação dos dois Estados alemães, mediante o desenvolvimento de estruturas confederativas e, na sua continuidade, o estabelecimento de uma federação, oferecendo à RDA, na oportunidade, imediata ajuda econômica e financeira, desde que seu governo tornasse irreversível o processo de democratização, em entendimento com as forças opositoras para promover a reforma da Constituição e aprovar a nova lei eleitoral.[6] Gorbachev considerou "imprópria" tal iniciativa e os chefes de governo das potências ocidentais, tanto George Bush, presidente dos EUA, quanto François Mitterrand, presidente da França, e Margareth Thatcher, primeira-ministra da Grã-Bretanha, manifestaram-lhe, diretamente, seu descontentamento (GORBACHEV, 1999, p.202).

Esse programa de dez pontos afigurou-se "surpreendente", conforme expressão de Modrow (1991, p.96), que formulara uma proposta bem menos avançada,

---

5   Entrevista de Günter Schabowski ao autor.
6   Sobre os dez pontos do programa, vide KOHL, 1996, p.157-167.

e levou Egon Krenz a declarar que a unidade alemã não estava na ordem do dia. Houve reação no Kremlin e Gorbachev, menos de uma semana depois, convocou os dirigentes dos Estados-membros do Pacto de Varsóvia para uma reunião em Moscou, com o fito de informar-lhes dos resultados do encontro com o presidente dos EUA, George Bush, na ilha de Malta. A essa reunião, em 4 de dezembro, Modrow e Krenz, este já demissionário do posto de secretário-geral do SED, compareceram e a proposta de uma comunidade contratual entre os dois Estados alemães entrou na pauta das discussões (KRENZ, 1990, p.157), conquanto o assunto da reunificação propriamente dita fosse marginal nas conversações com Gorbachev, que a concebia por etapas.[7]

Tanto Gorbachev quanto Modrow e Krenz, na medida em que somente admitiam a reunificação dos dois Estados alemães como consequência de um processo gradual, mostraram-se então incapazes de avaliar a situação e de impedir o incoercível rumo dos acontecimentos na RDA, cujos alicerces continuavam a ruir após a abertura das fronteiras. As demonstrações de massas, exigindo eleições livres, prosseguiram e, em 12 de dezembro, a Volkskammer aboliu da Constituição o monopólio do poder político, *die führende Rolle*, concedido ao SED, tal como já ocorrera na Hungria e na Tchecoslováquia. Este foi mais um recuo de Krenz. E, dois dias depois, ele e todos os membros do Politburo e do Comitê Central, tiveram de renunciar, coletivamente, após expulsar, por "atos indignos", diversos dos antigos dirigentes – Erich Honecker, Willi Stoph Stoph, Erich Mielke e outros. Um congresso extraordinário do SED foi então convocado com o objetivo de proceder a sua completa renovação, conforme as bases, nas ruas, não cessavam de reclamar.

O que determinou tais decisões, ante o clamor popular, foram as sucessivas denúncias de que os governantes da RDA também se envolveram em corrupção ou praticaram abusos de poder, ao utilizarem seus cargos para obter vantagens pessoais e usufruir de privilégios como adquirir produtos caros e importados, inclusive automóveis, possuir florestas particulares para caça, fazer gastos excessivos e viver luxuosamente nas residências oficiais da Wandlitz. Nenhuma dessas acusações atingira Krenz pessoalmente, mas a notícia de que ele estava informado das ilegalidades concorreu para debilitar ainda mais sua posição. Ao regressar de Moscou, não lhe restou alternativa senão também resignar à presidência do Conselho de Estado e à presidência do Conselho de Defesa Nacional. Ele não mais contava com qualquer confiança[8] e as revelações sobre

---

7 Entrevista de Hans Modrow ao autor.
8 Entrevista de Egon Krenz ao autor.

corrupção e desmandos administrativos assumiam as proporções de escândalo político. A própria Procuradoria Geral do Estado, na RDA, havia determinado a detenção de vários ex-dirigentes do SED, entre os quais Günter Mittag, ex-secretário do Comitê Central para Economia, Harry Tisch, presidente da Federação dos Sindicatos, bem como Alexander Schalck-Golodkowski,[9] alto oficial do Stasi e ex-diretor da KoKo, sob a acusação de venda ilegal de armas, contrabando de divisas e outras negociatas cambiais, além de tráfico de influência.[10] A ordem de detenção, posteriormente, alcançou o próprio Honecker, submetido a prisão domiciliar, embora sem custódia, em virtude do seu precário estado de saúde, assim como Willi Stoph e Erich Mielke.

O SED, com a demissão em massa de 160 membros do Comitê Central e 13 do Politburo, ficou praticamente sem direção. E Modrow, mesmo que quisesse, não mais podia resistir à convocação de eleições livres, marcadas, após acordo com a oposição, para 6 de maio de 1990. Esta decisão, tardia, não mais impediu que as demonstrações de protesto, sobretudo em Dresden e em Leipzig, provocassem distúrbios com a invasão das instalações do Stasi e da Volkspolizei, o que levou as tropas soviéticas, na RDA, a entrarem em estado de alerta, por temer ataques aos seus quartéis, ao mesmo tempo em que Modrow fez um apelo para que a população mantivesse a calma e evitasse o perigo de repressão violenta. Dentro desse clima de alta tensão em que a convulsão social e o caos político ameaçavam tragar toda a RDA, o SED realizou seu Congresso Extraordinário, em 8 de dezembro, e somente se salvou da dissolução, como a grande maioria dos militantes desejava, porque, *in extremis*, os militares a ela se opuseram. Não admitiram mais do que a mudança do nome do seu programa. E assim o SED passou a ser Partido do Socialismo Democrático (PDS). A RDA, como Estado, não mais tinha condições objetivas e subjetivas de sobrevivência. O SED constituíra, com o monopólio do poder, sua coluna de sustentação política. E, ainda que não se dissolvesse e só mudasse de nome e de programa, esboroara. Perdera, inclusive, a moral e toda a credibilidade para governar, e não mais possuía os

---

9 O autor tentou entrevistar Schalck-Golodkowski, mas ele se esquivou, sob a alegação de que ainda estava a responder processo perante a justiça alemã e, por conseguinte, não podia fazer qualquer declaração.

10 Alexander Schalck-Golodkowski conseguiu escapar para a RFA, onde se apresentou à Polícia de Berlim Ocidental e foi recolhido à prisão. Depois de solto, passou a viver na Baviera, contando com certa complacência das autoridades, talvez devido a possíveis ligações com serviços de inteligência do Ocidente. Ele fora poderoso produtor de divisas para o governo de Honecker e mantivera excelentes relações com Franz Joseph Strauß, que intermediara, em 1983, o aval do governo de Bonn para os empréstimos à RDA.

meios militares e políticos para defender, como antes, aquele *status quo* que o povo repulsava e contra o qual se insurgia. E, dentro da RDA, alternativa de poder, efetivamente, não existia. O modelo stalinista nunca a permitira.

As dificuldades econômicas e financeiras, adensando a crise social e política em que a RDA se abismara, concorriam para inviabilizar a sobrevivência do regime comunista. Quando assumira o governo, Modrow encontrara um déficit fiscal de 130 bilhões de marcos orientais, uma taxa de inflação, camuflada, de 12% a 15% ao ano, e uma dívida externa da ordem de 20 bilhões de dólares.[11] E o fato de não contar nem com recursos do mercado mundial nem com o auxílio da URSS engravescia e tornava ainda mais dramática a situação da RDA, que passou a defrontar-se com outros problemas após a abertura do Muro de Berlim. Sua economia, altamente subsidiada, ineficiente e incapaz de oferecer à população bens e serviços, em quantidade e em qualidade e, de acordo com as necessidades que o desenvolvimento tecnológico no Ocidente criara, não podia suportar o impacto da moeda forte, o marco alemão. A especulação ressurgiu com todo vigor. Como não havia cotação real de câmbio, milhares de pessoas, a fim de comprar no mercado da RFA os bens de consumo de que careciam, chegaram a trocar 10, 20 e até 30 marcos orientais por DM 1, o que possibilitava a aquisição de produtos da RDA para revenda, por preços ínfimos.[12] Modrow tentou conter essa especulação e o escoamento dos produtos com a troca de grande quantidade de dinheiro, no mercado, ao câmbio oficial de 1:1. Mas a operação saiu muito cara; a taxa de conversão era irreal[13] e ele não teve êxito. Em tais circunstâncias, sob todos os aspectos, tanto social e político quanto econômico e financeiro, conservar a RDA como Estado, sem o Muro de Berlim e as cercas de arame farpado ao longo da fronteira, constituía uma tarefa extremamente difícil, senão, na realidade, impossível de executar.

No entanto, Modrow continuou a operar com o propósito de estabelecer apenas uma comunidade contratual entre a RDA e a RFA, a conformar, inicialmente, uma espécie de confederação, segundo o interesse de Gorbachev. Kohl, quando visitou Dresden, em 19 de novembro, e com ele manteve sua primeira conversação, ainda admitiu que a reunificação dos dois Estados alemães se realizasse por etapas.[14] Mas percebeu, diante das manifestações populares naquela cidade, que a reunificação da Alemanha não duraria nem três, nem cinco nem dez anos, mas,

---

11 Entrevista de Hans Modrow ao autor.
12 Entrevista de Lothar de Maizière ao autor.
13 Idem.
14 Entrevista de Hans Modrow ao autor.

sim, três, cinco ou dez meses, um ano, no máximo (KOHL, 1996, p.226-229). Sua concretização, contudo, não dependia somente da vontade dos seus povos. Dependia, também, de fatores internacionais, isto é, de negociações com os EUA, Grã-Bretanha, França e, sobretudo, URSS, o único respaldo político que restava a Modrow e permitia a continuidade formal da RDA.

Uma vez que o SED-PDS modificara a Constituição abdicando do monopólio do poder político, e convocara eleições livres, o que atendia às exigências do seu programa de dez pontos, Kohl concedeu imediata ajuda ao governo da RDA, o que permitiu a Modrow reduzir a dívida externa do Estado em US$ 3 bilhões (ibidem), mediante compensação de pagamentos efetuados pela RFA para a utilização e conservação das estradas de acesso a Berlim, tarifas de trânsito (*Transitpauschale*), vistos e câmbio mínimo obrigatório para a entrada em seu território, a partir daí, definitivamente, abolido. Não obstante, no começo de 1990, Modrow solicitou a Kohl ainda mais um auxílio no montante de 15 a 20 bilhões de marcos alemães, pelo menos, a fim de aliviar as dificuldades econômicas e financeiras da RDA (ibidem; MODROW, 1991, p.97). Todo o seu esforço então visava a prolongar, tanto quanto possível, a existência daquele Estado, e até o próprio Stasi, cuja dissolução prometera, ele pretendeu salvar, remodelando-o e mudando-lhe o nome para Serviço de Proteção à Constituição, o que provocou violenta reação popular. Durante uma demonstração de protesto contra tal tentativa de preservar o odioso aparelho de espionagem e repressão, mediante subterfúgios, mais de duas mil pessoas assaltaram, saquearam e depredaram o edifício de sua sede, em Berlim Oriental, e Modrow teve de recuar. Porém, seu amigo Markus Wolf, para quem, segundo rumores, ele tentara obter, entre outubro e novembro de 1989, um posto no Politburo do SED,[15] já havia conseguido trasladar para Moscou os principais arquivos do Stasi, cujos agentes mais importantes – cerca de 4.500 – passaram a servir diretamente ao KGB.

Evidentemente, Kohl, que dispunha de um *"royal flush"* (FALIN, 1999, p.158), conforme expressão de Valentim Falin, isto é, do poder e do dinheiro, não tinha o menor interesse em estabilizar o governo de Modrow, compartido com a oposição na chamada Mesa Redonda. A concessão de uma ajuda de DM 20 bilhões[16] protelaria, por mais algum tempo, a agonia da RDA, onde o poder rolava pelas ruas. As demonstrações nas cidades da antiga Zona de Ocupação Soviética prosseguiam, com as massas a gritarem não mais *"Wir sind das Volk"* (Nós somos o povo) e sim *Wir sind ein Volk"* (Nós somos um povo) ou *"Deutsch-*

---

15 *Der Spiegel*, n. 44, 30.10.1989, p.27, 20. Entrevista de Hans Modrow ao autor.
16 Entrevista de Jürgen Aretz ao autor.

land einig Vaterland" (Alemanha pátria unida),[17] despertando o nacionalismo, porque, na verdade, a única alternativa para o manifesto colapso daquele Estado, que embalde Modrow tratava de segurar, consistia na sua rápida união com a RFA. Isso significava, objetivamente, a absorção de todo o poder político pelo governo de Bonn, que possuía legitimidade e recursos para reunificar e reconstruir a nação. Kohl teve suficiente sensibilidade para compreender o sentido dos acontecimentos e não deixar que aquela oportunidade histórica se lhe escapasse das mãos.

Em 13 de fevereiro de 1990, três dias após conversar com Gorbachev em Moscou, Kohl recebeu a visita de Modrow e, considerando a possibilidade de acelerar o processo de reunificação, propôs a união econômica e monetária dos dois Estados, com o argumento de que, se os alemães corriam para o lado ocidental, atrás do marco alemão, o melhor seria levá-lo para dentro da RDA, como forma de evitar que o êxodo continuasse.[18] Era natural que Kohl aspirasse à glória de repetir o feito de Bismarck e, vencendo as eleições de dezembro de 1990, continuar como *Kanzler* da Alemanha reunificada, cujo peso aumentaria, enormemente, dentro da CEE.[19] Talvez por essa razão, porquanto temia qualquer mudança no Kremlin e o retrocesso da *Perestroika,* ele procurou avançar com o processo de reunificação a fim de que Gorbachev pudesse assinar o Tratado com a Alemanha enquanto estivesse no governo. E não tomaria tal iniciativa se não encontrasse receptividade para suas garantias de paz e propostas de cooperação econômica e financeira com a URSS, como compensação pelo desaparecimento da RDA. O próprio Gorbachev dissera a Kohl que a URSS respeitaria a decisão dos alemães se quisessem viver em um só Estado, e ambos coincidiam em que a unidade nacional da Alemanha deveria enquadrar-se no conjunto da arquitetura europeia e no contexto global das relações Leste-Oeste.

Gorbachev ainda continuava a crer que a total reunificação ainda demoraria cerca de dois a três anos e Modrow, quando conversou outra vez com ele sobre o assunto, em 17 de março de 1990, advertiu-o para que não alimentasse semelhante ilusão, pois uma vez consumada a união econômica e monetária com a RFA, a RDA perderia completamente sua soberania. No entanto, ilusão era também supor que, naquelas condições, a RDA teria alguma forma ou chance de conservar sua soberania. As previsões indicavam que em meados de 1990 a RDA,

---

17 A expressão "einig Vaterland" (pátria unida) provinha do hino nacional da RDA, com texto de Johanes R. Becher, mas adquiriu um caráter nacionalista durante as manifestações em Dresden, quando da visita de Kohl.

18 Entrevista de Hans Modrow ao autor.

19 Idem.

com um orçamento de 64,2 bilhões de marcos alemães para o segundo semestre, e um déficit de 34,75 bilhões (GERLING, 1990), não mais teria condições de pagar suas dívidas,[20] cujo montante era da ordem de 27,2 bilhões de marcos (o equivalente, na época, a 16 ou 17 bilhões de dólares, conforme a variação do câmbio) (GERLING, 1990). Segundo Schabowski, não lhe restava, economicamente, nenhuma possibilidade de sobrevivência, embora o estabelecimento de uma confederação com a RFA talvez fosse uma "variante razoável".[21]

Não havia possibilidade de que a RDA sobrevivesse, nem mesmo integrando uma confederação com a RFA. A força motriz da reunificação não estava na RFA e sim na RDA, que econômica, social e politicamente se inviabilizara como Estado soberano. A RFA apenas constituía o pólo magnético, o centro de gravidade, atraindo irresistivelmente sua população, e possuía os capitais de que a RDA necessitava para subsistir por mais algum tempo como sujeito autônomo do Direito Internacional. Porém, não interessava ao governo de Bonn estabelecer uma simples confederação, que só convinha à continuidade da influência política do SED-PDS, e financiar a sobrevivência formal daquele Estado quando os fatores internacionais determinantes de sua formação estavam rapidamente a desaparecer. O governo de Bonn não podia assumir os encargos econômicos e financeiros da RDA sem avocar para si as responsabilidades políticas pelo destino de toda a nação. Também, mesmo que o fizesse, concedendo a Modrow o auxílio de DM 15 bilhões e postergando a união econômica e monetária, nada impediria, mais adiante, o colapso de todo o sistema produtivo da RDA, cuja infraestrutura estava seriamente deteriorada. Nada evitaria seu esvaziamento demográfico (só em janeiro de 1990 cerca de cinquenta mil pessoas mudaram-se para a RFA), o que poderia acarretar o caos social e a convulsão política.

O povo na RDA não queria reformá-la, como Neues Forum e outros grupos de oposição ainda advogavam, e sim extingui-la, o que correspondia, praticamente, à sua dissolução na RFA, cuja Lei Fundamental (*Grundgesetz*) de 1949 previra, em seu Art. 23, a adesão dos cinco antigos *Länder* (Estados) – Mecklenburg-Vorpommern, Brandenburg, Sachsen, Sachsen-Anhalt e Thüringen – que ficaram na Zona de Ocupação Soviética. Essa vontade se manifestou, nitidamente, nas primeiras eleições livres para a Volkskammer (antecipadas de 6 de maio para 18 de março), quando Neues Forum e outros dois grupos de oposição, os que realmente deflagraram a Revolução de Novembro e se uniram na Bündnis-90 (Liga 90), receberam apenas 2,9% dos votos válidos, porque de-

---

20 Entrevista de Günter Schabowski ao autor.
21 Idem.

fendiam a conservação das especificidades econômicas e sociais da RDA contra o predomínio capitalista da RFA. O povo não queria uma nova experiência, não queria esperar e sim atingir, o mais rapidamente possível, o padrão de vida do Ocidente,[22] por isso votou majoritariamente pela união com a RFA. A Allianz für Deustschland (Aliança pela Alemanha), liderada pela CDU (oriental) e com o apoio de Kohl, obteve 40,05% dos votos válidos, o que lhe permitiu, em coalizão com os liberais (5,28%) e os social-democratas (21,88%), formar o novo governo da RDA. O SED-PDS, com 16,40%, perdeu o monopólio do poder também de fato.[23] Modrow, que insistia em rejeitar a reunificação dos dois Estados alemães, caiu. E, com ele, o que ainda restava da RDA. Lothar de Maizière, presidente do CDU (oriental), tornou-se o ministro-presidente.

---

22 Entrevista de Lothar de Maizière ao autor.
23 Percentuais fornecidos pela Friedrich Ebert Stiftung – *Forum Deutsche Einheilt – Aktuelle Kurzinformationen*, n. 1/90, Bonn, março de 1990.

CAPÍTULO 14

As primeiras eleições livres na RDA –
A eleição de Lothar Maizière e a reunificação da Alemanha –
Os custos financeiros e a posição dos social-democratas –
A união monetária dos dois Estados alemães e a supremacia
do marco alemão – Os reflexos econômicos e políticos
sobre a RDA – O Stasi

A campanha para as eleições parlamentares de 18 de março de 1990 possibilitou que os grandes partidos da RFA se identificassem com seus congêneres da RDA, libertados das amarras da Frente Nacional e da tutela do SED, e lhes dessem todo o apoio e assistência, tanto ideológica quanto material, com o que o processo de integração da política interna daqueles dois Estados efetivamente principiou. Mas o intenso desejo da parte oriental de que a reunificação da Alemanha se concretizasse o mais rapidamente possível, tal como Kohl pretendia, foi o que determinou, fundamentalmente, a vitória da Allianz für Deutschland e derrubou os social-democratas – até as vésperas das eleições os grandes favoritos – para o segundo lugar. Esse fato desobstruiu o caminho para a consecução do projeto de Kohl. Embora nenhum partido político então se colocasse contra a reunificação da Alemanha, a questão do ritmo e da forma constituiu o principal fator de divergências. Os democrata-cristãos, sob a liderança de Lothar de Maizière, foram os primeiros que se pronunciaram, na RDA, a favor da iniciativa de Kohl e dele receberam todo o respaldo, enquanto os comunistas (SED-PDS), dos quais o advogado Gregory Gysi assumira a direção, continuavam a propor unicamente a via da comunidade contratual e da confederação para alcançar a unidade do país, não apenas porque convinha à

URSS, mas também porque constituía a única maneira de preservar algumas partes do aparelho de Estado e resguardar as posições que ainda lá ocupavam. Por sua vez, os social-democratas, cujo partido, incorporado em 1946 pelo SED, desaparecera na RDA e somente começara a reorganizar-se em 1989, mantiveram uma atitude de crítica ao plano de Kohl, não admitindo a aplicação do Art. 23 da Lei Fundamental, que possibilitava a adesão dos cinco antigos *Länder*, e sim do Art. 146, o qual previa que todo o povo alemão viesse, um dia, a decidir, livremente, adotar uma constituição. Outrossim, eles se opuseram à velocidade que Kohl imprimia ao processo de reunificação, calculando por baixo as necessidades financeiras e sem considerar, suficientemente, *den Faktor Mensch* (o fator humano), pois a população da RDA não poderia adaptar-se, em tão curto tempo, ao novo sistema econômico e social.[1]

Após as eleições na RDA, tais controvérsias prosseguiram e se intensificaram dentro da RFA, na medida em que os entendimentos para a celebração do *Staatsvertrag* (Tratado Interestatal de União Monetária, Econômica e Social) entre aqueles dois Estados evoluíram. O ex-chefe de governo da RFA, Willy Brandt, presidente da Internacional Socialista, percebera, tanto quanto Kohl, a necessidade de aproveitar aquelas condições que a história oferecia para reunificar a nação, objetivo político a que a RFA sempre se propusera, desde o tempo de Adenauer, e que correspondia aos mais ardentes anseios da população da RDA. Como ex-Bürgermeister (prefeito) de Berlim Ocidental, quando o Muro foi construído, ele vivera aqueles acontecimentos e compreendia profundamente o drama da divisão da Alemanha. Entretanto, Oskar Lafontaine, ministro-presidente de Saarland e candidato dos social-democratas à sucessão de Kohl, opôs-se à rapidez do processo de reunificação, concentrando suas críticas principalmente nos altos custos que ela representaria para a RFA. Nesse aspecto, estava com a razão. A reunificação, segundo as estimativas, custaria, inicialmente, o montante de 100 bilhões a 125 bilhões, mais 140 bilhões de marcos alemães, em 1991, e cerca de 100 bilhões por ano, subsequentemente, até 1996 ou 1999 (GERLING, 1990). Seria um investimento bastante pesado, muito superior a toda a dívida externa da América Latina, e o governo de Bonn, mesmo com a colaboração da iniciativa privada, não poderia assumi-la sem aumentar inevitavelmente os impostos e submeter a população da RFA a outros sacrifícios.

Lafontaine, outrossim, entendeu que, se o *Staatsvertrag* não contivesse algumas previsões sociais e ecológicas, bem como garantias de que os fundos do Stasi

---

1 Friedrich Ebert Stiftung, *Forum Deutsche Einheit – Aktuelle Kurzinformotlonen*, n. 8/90, Bonn, outubro de 1990.

estavam incluídos no orçamento da RDA, os social-democratas não poderiam ratificá-lo no Conselho Federal (*Bundesrat*), onde, a partir de 21 de junho, teriam maioria, com a vitória nas eleições para o governo de Niedersachsen (Baixa Saxônia).[2] Após intensos debates entre os social-democratas, os principais líderes do partido apoiaram, finalmente, a posição de Lafontaine, porém, seu presidente, Hans-Jochen Vogel, mais sensível para o aspecto político da questão, sugeriu que os acréscimos e as modificações poderiam ser introduzidos no corpo do *Staatsvertrag* ou incluídos como apêndice. O próprio Lafontaine, que criticara os altos custos da reunificação, requereu a alocação de mais 20 bilhões de marcos alemães ao Fundo para a Unidade Alemã, da ordem de 115 bilhões de, marcos.[3] De qualquer forma, os socialdemocratas, com exceção dos representantes de Saarland e Niedersachsen, votaram, no Conselho Federal, pela ratificação do *Staatsvertrag*, que a RFA e a RDA firmaram em 18 de maio de 1990. Os argumentos de Lafontaine – a rapidez e os altos custos da reunificação – não prevaleceram.

A rapidez com que Kohl impulsava o processo de reunificação da Alemanha não decorria só de sua vontade, mas, principalmente, da velocidade com que o aparelho de Estado se estiolava na RDA, desde a abertura das fronteiras e do Muro de Berlim. A RFA, que se constituíra em nome de todos os alemães, inclusive dos que permaneceram na Zona de Ocupação Soviética e aos quais também concedera o direito de cidadania, não podia exonerar-se da responsabilidade pelo seu destino, sobretudo quando todo o povo, conjuntamente, continuava a clamar pela unidade e autodeterminação da Alemanha, tal como antevisto no preâmbulo da Lei Fundamental. E, aí, os custos – altos ou baixos – não importavam: eam fatais. Kohl, pelo menos para o público, subestimou-os e prognosticou que não acarretariam o aumento dos impostos, o que se configurava, praticamente, improvável. Era natural, portanto, que Lafontaine, como líder da oposição e candidato à chefia do governo, apontasse, com toda a franqueza, as consequências negativas da reunificação e procurasse defender os interesses da população, principalmente da RFA, sobre a qual incidiria o peso maior dos impostos. Muito mais jovem do que Willy Brandt, pois nascera em 1944, quase ao término da Segunda Guerra Mundial, ele só conhecera a Alemanha dividida. Crescera na RFA e aquele era o espaço com o qual se acostumara, a pátria onde crescera, vivera e fizera sua carreira política, até alcançar o posto de ministro-presidente de um dos seus *Länder* mais ocidentais, Saarland (Sarre), na fronteira com a

---

2 Memorandum for Chief of Staff, Host Nation Activities, AEAHN-GR370-7185 – Department of Army, Headquarters, US Army, Europe and 17th Army.

3 Idem.

França. Talvez por isso Lafontaine não tenha avaliado toda a força e a dimensão subjetiva do nacionalismo, máxime na população da RDA, para a qual o maior problema, como ele percebia, não era adaptar-se ao novo sistema econômico e social – tanto assim que milhares de pessoas continuavam, diariamente, a fluir para a RFA –, e sim ainda viver sob os escombros do antigo, que ruíra e nada mais podia oferecer, nem esperança. Um processo de reunificação gradual ou mais lento, tal como Lafontaine pretendeu, não evitaria os altos custos para a RFA e seria muito mais arriscado, difícil e perigoso, de fato, inviável, posto que a RDA, da qual se esvaía toda a substância econômica, social e política, chegara, irreversivelmente, à etapa terminal. Só faltava acabar a ficção do Estado, dissolvê-lo como sujeito autônomo do Direito Internacional, o que Lothar de Maizière se encarregara de supervisionar, como síndico da massa falida.

A liquidação formal da RDA começou a efetivar-se no dia 1° de julho de 1990, quando o *Staatsvertrag*, entrando em vigência, implantou a união econômica e monetária entre aquele Estado e a RFA e estendeu o domínio do marco alemão ao seu território. Os altos custos começaram, então, a superar todos os cálculos. O governo de Bonn estabelecera a taxa de conversão da antiga moeda da RDA em marco alemão na base de 1:11, para salários e pensões, bem como para poupanças e outros pagamentos entre dois mil e seis mil marcos orientais, conforme a idade das pessoas, e 2:1, para montantes acima daquele limite, enquanto os estrangeiros trocariam a 3:1. Esse câmbio era completamente irreal, uma vez que a cotação do marco oriental, no mercado, oscilava, sem especulação, entre 5 e 7 por DM 1. O Bundesbank (Banco Federal) temia que a inflação se desencadeasse e, por esse e outros motivos econômicos, opôs-se à fixação daquelas taxas,[4] porém Kohl tomou, politicamente, a decisão de aplicá-las. A média das pensões e dos salários na RDA, da ordem, respectivamente, de 447 a 1.150 marcos orientais por mês, era em torno de um terço inferior à média na RFA, a qual se situava em 1.150 e 3.560 marcos alemães (GERLING, 1990). Somente os membros dos altos escalões do governo, do Stasi, do Volksarmee (Exército do Povo) e da Volkspolizei (Polícia do Povo) ganhavam salários mais elevados. Erich Mielke, como ministro para Segurança do Estado, tivera, em 1989, um rendimento líquido de 79.062 marcos alemães (*Der Spiegel*, n. 13, 25.3.1991, p.30-32), o que equivalia a cerca de 6.671 marcos alemães por mês, uma importância seis vezes maior que a média dos salários na RDA. Assim, se os salários e as pensões que aquele

---

4   "Die Währungsunion mit der Deutschen Demokratischen Repubiik"– *Monatsbertchte der Deutschen Bundesbank*, Juli 1990; "Den Sprung ins kalte Wasser wagen" – von Bundesbankpräsident Karl Otto Pöhl, *Die Welt*, Bonn, 2 de julho de 1990.

Estado alemão pagava fossem convertidos em marco alemão pelo valor real de câmbio, isto é, por uma taxa entre 1:5 e 1:7 ou mesmo 1:4, como os especialistas do Bundesbank defendiam (KLOTEN, 1991), a imensa maioria da população muito pouco ou nada receberia para sobreviver, ao passo que, com base na taxa de 1:11, seu poder aquisitivo se elevou de 5 a 7 ou 4,4 vezes, e o custo de vida, após a união econômica, não subiu na mesma proporção.

O valor irreal do câmbio favoreceu a população. Contribuiu, entretanto, para ainda mais inviabilizar a grande maioria das empresas da RDA. Elas tiveram de pagar, com moeda forte, não só os salários como suas dívidas, o que constituiu um pesado ônus, difícil de suportar. Suas máquinas e seus equipamentos estavam, em grande parte, obsoletos e deteriorados, a ponto de chocar vários industriais europeus, como Carlo de Benedetti, da Ing. C. Olivetti & Company, interessados em fazer investimentos na RDA (PROTZMAN , 1990, p.A-1 e D-6, column 1). Por isso, com uma produtividade medíocre, em torno de 33% dos padrões da RFA,[5] as empresas da RDA não puderam aguentar a competição em uma economia de livre mercado, e o fato de que os alemães orientais passaram a não mais comprar seus produtos, dando preferência aos oriundos da RFA (PROTZMANN, op. cit.; GERLING, 1990), agravou-lhes ainda mais a crise. Em agosto de 1990, muitas começaram a dispensar trabalhadores; outras, a fechar as portas, por falta de escoamento para sua produção. A perspectiva era de que somente um quarto ou menos ainda das oito mil indústrias existentes na RDA sobrevivesse (PROTZMAN, op. cit.). Como consequência, dois meses após a união econômica e monetária, entre 350 mil, segundo fontes oficiais (idem), e 450 mil trabalhadores (GERLING, op. cit.) no território da RDA estavam desempregados, sem contar os que tinham serviço apenas em tempo parcial e que, se fossem incluídos, elevariam aqueles números ao nível de 1,7 ou 1,8 milhão,[6] não obstante o aparecimento de pequenas empresas comerciais e industriais, cuja quantidade, da ordem de 59.435 em fins de maio de 1990, aumentara cada vez mais, depois da união econômica e monetária. A extensão da seguridade social da RFA ao território da RDA, concedendo também aos seus trabalhadores o seguro-desemprego, evitou que a situação se tornasse ainda mais dramática. Mas, de acordo com as estimativas, o número de desempregados, que aumentava em 25 mil por semana, alcançaria, em 1991, o nível de 1,5 milhão,

---

5 Friedrich Ebert Stiftung – *Forum Deutsche Einheit – Aktuelle Kurz Informotionen*, n. 10/90, Bonn, dezembro de 1990.

6 PROTZMAN, 1990; Friedrich Ebert Stiftung – *Forum Deutsche Einheit – Aktuelle Kurzinformationen*, n. 10/90, Bonn, dezembro de 1990.

aos quais mais de 1,5 milhão de semi ou subempregados se somariam (idem). E, como resultado da bancarrota das empresas, também muitas comunidades administrativa e financeiramente se arruinaram.

Na RFA, porém, o número dos desempregados declinou, apesar do fluxo de 344 mil imigrantes da RDA em 1989 e de mais de 190 mil em 1990, uma vez que a união econômica e monetária possibilitou que a indústria e o comércio, no seu território, expandissem a produção e os negócios para atender ao forte crescimento da demanda, que a incorporação de 16,4 milhões de pessoas (população da RDA) ao mercado de consumo fomentara. Os artigos fabricados no Ocidente invadiram a RDA e suas grandes casas de comércio, lojas de departamento, supermercados e livrarias caíram sob o controle de capitais da RFA, cujo governo destinou, imediatamente, o montante de DM 6 bilhões para ajuda aos pequenos empreendimentos privados. Cerca de dez mil contatos de negócios entre alemães daqueles dois Estados estabeleceram-se, porém os investimentos industriais defrontaram-se com uma série de obstáculos intransponíveis a curto prazo e se retraíram.

Além de problemas legais, devidos à falta de definição dos direitos de propriedade sobre terras e indústrias nacionalizadas e que seus antigos donos voltaram a reclamar, a infraestrutura econômica da RDA estava muito mais avariada e decadente do que até então se imaginava. Os sistemas de transporte e de comunicação (telefone, telex, telefax), ademais de obsoletos, eram precários e insuficientes para suportar a explosão de demanda e logo ficaram saturados, o que tornava imprescindível e urgente a realização de obras vultosas e caríssimas para sua modernização e expansão, de acordo com as novas necessidades de funcionamento da economia. Os prédios não possuíam, tampouco, instalações adequadas e os apartamentos residenciais, cujo aluguel custava de 0,80 a 1,25 marcos orientais por m^2 e nunca ultrapassava 5% do valor do salário, estavam bastante deteriorados, devido à má qualidade das construções, das quais Honecker tanto se orgulhava, e ao fato de que nem os moradores nem o proprietário, o Estado, tinham interesse e recursos para os conservar. Os danos ao meio ambiente eram igualmente enormes e requeriam a importância de duzentos bilhões de marcos alemães só para repará-los (idem). Alguns economistas ocidentais, ao tomarem consciência daquela realidade, calcularam que o governo de Bonn teria de investir dois trilhões, no curso de 10 a 15 anos, de modo que a população da RDA pudesse alcançar os níveis de vida da RFA (PROTZMAN, op. cit.).

Os problemas não consistiam unicamente nos aspectos materiais da recuperação e modernização da infraestrutura econômica e da capacidade produtiva, bem como da restauração do meio ambiente no território daquele Estado em extinção. A força de trabalho, da qual havia excesso em todas as indústrias e serviços, apresentava também enormes deficiências. Ela carecia de adequada qualificação e correta orientação profissional, o que impunha a cerca de 100 mil alemães orientais a mudança de emprego e de local de trabalho, enquanto uma grande maioria precisava de cursos de aperfeiçoamento. A escassez de capacidade empresarial e gerencial, de habilidade para negócios e experiência com conceitos de preço e os mecanismos da economia de mercado constituía outra dificuldade. Daí por que, ao assumirem a direção da *Treuhandanstalt*, agência criada e encarregada pelo governo da RDA de promover a privatização das indústrias, os velhos burocratas comunistas mostraram-se muito mais interessados em conservar seus poderes e maximizar seus ganhos financeiros com a transição para a economia de mercado do que introduzir reformas, das quais pouco ou nada sabiam.

A deficiência de pessoal com qualificação correta e adequada para funções administrativas, sobretudo em regime democrático e de livre mercado, decorria de vários fatores, tanto educacionais quanto políticos, que se entremesclavam. De um lado, a educação e a formação que as elites recebiam eram distorcidas por dogmas ideológicos. Nas escolas e nas universidades, nenhuma outra doutrina econômica, social e política se aprendia, senão o estereotipado marxismo-leninismo, e quem não aceitava ou divergia dos seus postulados não tinha acesso aos graus de mestre e de doutor. Do outro, ninguém na RDA atingia cargos de direção, em qualquer nível, devido a seus méritos, capacidade, experiência e conhecimentos, e sim à filiação ao SED e à subserviência à linha política do Politburo. Aí outro problema ainda mais grave configurava-se. A pessoa que ocupasse qualquer cargo de direção em serviços públicos, empresas e universidades da RDA devia obrigatoriamente prestar informações e trabalhar para o Stasi, conhecido como *Schild und Schwert der Partei* (escudo e espada do partido).

O Stasi constituía verdadeiramente um Estado dentro do Estado. Possuía, além de 85 mil funcionários fixos, cerca de 109 mil IMs, ou seja, *inoffizielle Mitarbeiter* (colaboradores não oficiais), segundo Modrow. Este número, certamente, seria, na verdade, muito maior (*Der Spiegel*, n. 6, 5.2.1990, p.50-82) e incluía não apenas os militantes do SED, mas, também, personalidades como Wolfgang Schnur, dirigente do movimento Demokratischer Aufbruch, Ibrahim Böhme, dirigente do SPD-oriental, e o próprio Lothar de Maizière, dirigente da CDU-oriental e ministro-presidente (*Der Spiegel*, n. 13. 26.3.1990, p.26-32; n. 12, 18.3.1991. p.41-48). Por volta de 1995, cerca de 174 mil IMs já haviam sido identificados, o que equivalia a 2,5% do total da população entre 18 e 60 anos (KOEHLER, 1999, p.8-9), número bastante elevado para controlar 17 milhões de habitantes e muito maior do que a Gestapo mantinha para vigiar uma população de 80 milhões de pessoas (idem, p.8). O envolvimento das pessoas com o Stasi era assim muito maior do que até então se supunha. E, apesar de formalmente dissolvido, configurava ainda viva ameaça, em virtude de sua colaboração com os terroristas da Rote Armee-Fraktion (Fração do Exército Vermelho), responsável por inúmeros atentados a bomba e assassinatos tanto de políticos quanto de empresários na RFA, nos anos 1970. Alguns de seus militantes, depois que o SED perdeu o poder, foram presos no território da RDA, onde residiam, oficialmente, sob os auspícios do Stasi. Honecker negou que tivesse conhecimento de tal fato, sobre o qual Mielke nunca lhe fornecera qualquer informação (ANDERT, HERZBERG, 1990, p.373-374). Talvez fosse verdade. Schabowski informou, porém, que Honecker via os terroristas da RAF como *"verirrte Ideatisten"* (idealistas perdidos), *"die Kinder des Bürgertums"* (os filhos da burguesia) insatisfeitos com as relações sociais na RFA, e quiçá admirasse, no fundo, o fato de existirem jovens que se dispunham a viver na ilegalidade e arriscar a vida por uma causa (SCHABOWSKI, 1990, p.186). Por essa razão, ele, Honecker, poderia até mesmo ter autorizado Mielke a dar guarida aos militantes da RAF, mas provavelmente não o admitiria, se soubesse, que eles utilizassem a RDA como base de operações de terror na RFA, com a qual desejava manter um bom relacionamento. De qualquer forma, os comandantes do Stasi sempre atuaram com ampla independência e autonomia; tanto que Markus Wolf, sem o conhecimento de Honecker, infiltrara um espião (Günter Guillaume) no gabinete de Willy Brandt, quando este era chefe do governo da RFA (ANDERT, HERZBERG, op. cit., p.343-349). Muitos estavam inconformados com a perda dos privilégios e os rumos do RDA, razão pela qual havia em Bonn o temor de que eles, controlando recursos acumulados pelos antigos partidos da Frente Nacional, passassem a colaborar com os terroristas da RAF.

O SED-PDS, sobretudo, não só possuía fundos estimados entre oito e dez bilhões de marcos orientais como fizera investimentos no Ocidente, da ordem de um bilhão de marcos alemães (GERLING, op. cit.), provavelmente, sob o controle de dirigentes que pertenciam aos quadros do Stasi ou mereciam sua confiança. Seu capital fixo, de acordo com outras fontes, ascenderia a 16 bilhões de marcos alemães (*Novidades de Moscou*, 4.11.1990, p.6) e tais informes, dos quais o governo de Bonn tinha algum conhecimento e tratava de investigar, vieram a público quando se comprovou algum tempo depois que o SED-PDS transferira ilegalmente para o exterior a importância de 107 milhões, por intermédio da empresa soviético-cipriota Pútnik, e fazia manipulações monetárias que envolviam a URSS, Noruega e Holanda. A polícia alemã também prendeu três agentes do

Stasi, acusados de organizar firmas-fantasmas e realizar exportações fictícias para os países do Leste, com o que, valendo-se de uma taxa de câmbio preferencial, fraudaram o Banco de Comércio Exterior de Berlim em um montante não inferior a quinhentos milhões. A suspeita de que o aparelho do Stasi continuava clandestinamente a funcionar tinha fundamento. Diante de tais circunstâncias, tanto por qualificação inadequada quanto por falta de confiabilidade política, a RFA não pôde aproveitar grande parte dos funcionários da RDA, principalmente do Ministério das Relações Exteriores, Ministério das Finanças, Volkspolizei, Volksarmee, da qual somente aceitou cinquenta mil soldados, e de outros órgãos do Estado. Mesmo para organizar e pôr em funcionamento o sistema de administração pública nos antigos *Länder* da RDA, depois de restabelecidos pela Volkskammer, para possibilitar a adesão à RFA, nos termos do Art. 23 da Lei Fundamental, o governo de Bonn encarregou seus próprios funcionários para os cargos de direção. Assim, a estrutura do Estado unitário e centralizado que o SED montara desapareceu. E, antes que a reunificação formalmente se consumasse, os governos de Bonn e de alguns *Länder* e *Städte* (municípios) da RFA, bem como políticos, partidos políticos, sindicatos, comerciantes, industriais e grupos de interesses privados, fizeram uma intervenção massiva na RDA.

CAPÍTULO 15

A QUESTÃO DO *STATUS* INTERNACIONAL DA ALEMANHA E A OTAN –
A POSIÇÃO DE GORBACHEV – AS NEGOCIAÇÕES DE KOHL
COM GEORGE BUSH E GORBACHEV – A RETIRADA DAS TROPAS
SOVIÉTICAS DA RDA E AS CONCESSÕES DO OCIDENTE – OS RECURSOS
FORNECIDOS À URSS PELA RFA – A REUNIFICAÇÃO DA ALEMANHA

A dissolução formal da RDA como sujeito autônomo do Direito Internacional e a adesão à RFA dos antigos *Länder* que a formavam não dependiam unicamente da vontade dos seus povos e da decisão dos seus governos, mas também de complexas negociações com a URSS, os EUA, a Grã-Bretanha e a França, cujas responsabilidades e direitos de ocupação, exercidos desde 1945, continuavam ainda em vigência. Kohl sempre considerou esse fato, atento à reação das outras potências ocidentais, preocupadas com as implicações da reunificação da Alemanha (JARAUSCH, 1994, p.111). Fortes temores, alimentados pelas recordações de duas guerras mundiais que ela deflagrara no século XX, reacenderam-se. Margareth Thatcher, primeira-ministra da Grã--Bretanha, não escondeu suas preocupações, nem de Bush nem de Gorbachev, com quem conversou em Moscou, ao retornar do Japão (ZELIKOW, RICE, 1997, p.96 e 97). Repetidas vezes declarou, publicamente, que a consolidação da democracia na RDA e nos demais países do Leste Europeu constituía a prioridade, afirmando que as conversas prematuras sobre a reunificação da Alemanha colocariam em perigo essa possibilidade (MAIER, 1997, p.249). Não apenas tentou fazer uma intriga, informando por telefone a Gorbachev ter ouvido dizer que os alemães se preparavam para atacar as tropas soviéticas na RDA, como teve um acesso de raiva quando Kohl, em banquete dos chefes de Estado no Palácio do Eliseu, citou uma declaração sobre a reunificação da Alemanha, feita em 1970 pela cúpula da Otan.[1]

A Grã-Bretanha jamais desejou sinceramente que a Alemanha se reunificasse e ocorresse na Europa Ocidental outra concentração de poder, ainda que Margareth Thatcher, publicamente, não o dissesse. A França, igualmente, tinha razões históricas para recear uma Alemanha reunificada, poderosa, e ao presidente François Mitterrand preocupava também o desequilíbrio econômico e político que a Alemanha reunificada produziria na Comunidade Econômica Europeia (CEE) (JARAUSCH, op. cit., p.107). Mas suas convicções pessoais, no sentido de que a cooperação com a RFA devia prosseguir como o principal vetor da política externa da França, levaram-no a aceitar, sem maior resistência, as iniciativas de Kohl. E ele declarou, publicamente, que não temia a reunificação da Alemanha, embora acentuasse que a prioridade era a integração da Europa (idem, p.249 e 250).

Margareth Thatcher, sem o respaldo de Mitterrand, isolou-se. Mantido o arco diplomático Paris-Bonn, as negociações dos dois Estados alemães com as quatro potências vencedoras da Segunda Guerra Mundial, denominadas 2+4 começaram em 14 de março de 1990, quatro dias antes das primeiras eleições livres na RDA. Os ministros das relações exteriores dos seis Estados reuniram-se em Bonn com o objetivo de equacionar, sob os aspectos internacionais, a questão da Alemanha, cuja reunificação, da forma como se configurava, acarretaria a modificação de toda a arquitetura política e militar e a ruptura do equilíbrio de forças, alcançado durante a Guerra Fria, nas relações Leste-Oeste. As dificuldades para encontrar uma solução que atendesse às conveniências da URSS e contemplasse seus interesses de segurança eram, aparentemente, insuperáveis. A maior consistia, principalmente, em resolver o *status* internacional da Alemanha reunificada e seu alinhamento no quadro das relações Leste-Oeste; a RDA pertencia ao Pacto de Varsóvia e a RFA, à Otan, e os dois Estados desempenharam, para a URSS e os EUA, papéis estratégicos na Guerra Fria. Gorbachev, obviamente, nunca imaginara uma Alemanha unificada no Pacto de Varsóvia, que tendia a desintegrar-se, porém não a admitia como membro da Otan, cujas forças se aproximariam das fronteiras da URSS, caso a RFA promovesse a pura e

---

1 Essa intriga foi revelada por Gorbachev e Kohl a ela se referiu, embora sem citar Margareth Thatcher, no debate com o presidente Bush e Gorbachev, promovido pelo *Welt am Sonntag* e moderado pelo historiador inglês Timothy Garton Ash. Vide "Wie es wikklich war", *Welt am Sonntag*, n. 46, 14.11.1999, p.1. *Der Spiegel*, n. 46, 15.11.1999, p.192.

simples anexação da RDA. Ele sofria fortes pressões para que usasse os poderes da URSS, como potência ocupante, e não aceitasse a integração da Alemanha unificada na OTAN (BEZIMENSKI, 1990, p.26-27). E o fato de que a URSS perdera mais de vinte milhões de vidas para conter e repelir a invasão do seu território pelas tropas de Hitler adensava os argumentos de segurança.

O ideal para a URSS seriam a neutralização da Alemanha unificada e, em todo caso, sua desnuclearização, alternativa que os governos ocidentais, tanto o de Bonn quanto os de Washington, Londres e Paris, rechaçavam. Os EUA, sobretudo, somente apoiariam a reunificação sob a condição de que a Alemanha unificada integrasse a Otan e não concordavam sequer que ela adotasse um *status* semelhante ao do França, que se mantinha dentro da aliança sem participar de sua estrutura militar, conforme sugestão de Eduard Shevardnadze, ministro das Relações Exteriores da URSS. Então, como fórmula para vencer o impasse, Valentin Falin, diretor do Departamento Internacional do PCUS, alvitrou que a Alemanha poderia ficar simultaneamente vinculada à Otan e ao Pacto de Varsóvia. Tal proposta se configurava ainda mais absurda e, ao que tudo indicou, o desejo de Gorbachev era, na realidade, retardar o processo de reunificação da Alemanha por mais dois ou três anos, até a obtenção de um acordo global com o Ocidente, de maneira que a URSS pudesse concordar com a derrogação das responsabilidades e dos direitos de ocupação, o que significava devolver-lhe a plena soberania. Gorbachev contava com que, até lá, o Pacto de Varsóvia e a Otan desaparecessem, em consequência da superação total do clima da Guerra Fria que os gerou. O próprio Shevardnadze chegou a propor que a questão do fim das responsabilidades e dos direitos dos Aliados sobre a Alemanha ficasse em suspenso, por alguns anos, sem prejudicar, contudo, o desenvolvimento dos aspectos internos de sua reunificação. Tal intento demonstrou, claramente, que a URSS percebia no processo das conversações 2+4 uma enorme chance para discutir o fim da divisão da Europa, conforme seu projeto de construção da Casa Comum, e não apenas a unidade alemã, da qual dispunha como grande trunfo, para obter maiores concessões no conjunto das negociações com o Ocidente.

Essa proposta o ministro das Relações Exteriores da RFA, Hans-Dietrich Genscher, de acordo com as instruções de Kohl, não aceitou. O que o governo de Bonn pretendia era firmar um acordo definitivo, reconhecido pelo Direito internacional, e anular as responsabilidades e os direitos das quatro potências sobre o território e os destinos da Alemanha, restaurando a plenitude de sua soberania no momento em que ela se reunificasse. Não se tratava apenas de uma questão de honra e de prestígio. Se a URSS não consentisse em ab-rogar suas responsabilidades e direitos, mesmo que a RDA, por decisão do seu governo, desaparecesse, a Sowjetische Besatzungszone continuaria e sobre ela a RFA não poderia exercer jurisdição militar. Ou teria de manter, como legatária da RDA, os compromissos com o Pacto de Varsóvia, o que nem o governo de Bonn nem os governos de Washington, Londres e Paris aceitariam. Essa seria uma situação extremamente complicada. De qualquer forma, o fato de que os aspectos domésticos da reunificação da Alemanha não ficaram condicionados à solução do problema em seus aspectos internacionais favoreceu o governo de Bonn e debilitou a posição de Moscou. Para tanto, as eleições parlamentares de 18 de março na RDA concorreram decisivamente, ao evidenciarem que a maioria de sua população queria uma rápida integração à RFA, o que implicava a integração na Otan.

A Allianz für Deutschland, com todo o suporte de Kohl, cujo projeto ele apoiava, triunfou. Modrow, que seguia a orientação do URSS e advogava a reunificação por etapas, mediante o estabelecimento, a princípio, de uma comunidade contratual entre a RDA e a RFA, teve de abandonar o governo. E Lothar de Maizière, presidente da CDU-oriental, assumiu o cargo de ministro-presidente da RDA. A correlação de forças alterou-se. A defecção da RDA, devido à mudança de seu governo para o lado do Ocidente, deixou a URSS isolada. As negociações 2+4 converteram-se, de fato, em 1+5. Ao contrário de Modrow, Lothar de Maizière respaldou o ritmo com que Kohl se empenhava em impulsionar o processo de reunificação da Alemanha. E, em 28 de abril, viajou a Moscou, com o propósito de mostrar a Gorbachev a viabilidade da vinculação da Alemanha a uma Otan modificada, como os EUA admitiam, sem que ela constituísse qualquer ameaça à segurança da URSS. Não teve êxito: Gorbachev era favorável à reunificação da Alemanha, sobre a qual o PCUS tomara algumas resoluções, em 1989, mas recalcitrava em concordar com a ideia de que a Alemanha, militarmente poderosa, permanecesse dentro da Otan.[2] Daí as divergências de propostas e de cronograma para a reunificação, a qual ele ainda cria que viesse a demorar mais algum tempo, conforme demonstrou na conversa com de Maizière.[3]

Kohl, que assumira pessoalmente a condução dos entendimentos diplomáticos, marginalizando o papel de Genscher, avaliou que Gorbachev terminaria por aceitar o fim das responsabilidades e dos direitos de ocupação desde que a URSS recebesse suficientes garantias de segurança e outras compensações. E, em 17 de maio, viajou para Camp David, nos EUA, onde conferenciou com o presidente George Bush. Ambos, conquanto reafirmassem a decisão de manter a

---

2 A primeira exigência de Gorbachev foi a retirada da Alemanha da Otan e a sua neutralização militar. MODROW, 1991, p.123.

3 Entrevista de Lothar de Maizière ao autor.

Alemanha unificada, como membro pleno da Otan, acordaram em conceder um *status* especial ao território da RDA, depois que ela se dissolvesse como Estado, acomodando os "legítimos interesses" de segurança da URSS (GERLING, 1990). Isso significava que a estrutura militar da Otan não se estenderia à antiga Zona de Ocupação Soviética, que ficaria apenas sob a jurisdição das forças de segurança das fronteiras da RFA, enquanto as tropas soviéticas, cuja retirada duraria de três a quatro anos, lá permanecessem. Bush apoiou a posição de Kohl e tratou da questão com Gorbachev, quando este visitou os EUA, em 2 de junho de 1990. A participação da Alemanha unificada na Otan ainda constituía uma dificuldade não resolvida para a URSS, mas aquele encontro de cúpula possibilitou considerável avanço no encaminhamento de uma solução, em virtude dos importantes acordos, negociados por Bush e Gorbachev, sobre a destruição de armas químicas, verificação de testes nucleares, cortes de 30% a 35% das armas nucleares estratégicas, redução em 50% dos mísseis nucleares estratégicos etc. Entretanto, nas conversações 2+4, Shevardnadze apresentou, surpreendentemente, o esboço de um tratado, prevendo massiva redução de tropas soviéticas, bem como dos Aliados, cuja evacuação de Berlim deveria ocorrer dentro de seis meses.[4] Tal proposta foi também rejeitada e, aparentemente, os embaraços criados a cada passo pela URSS visavam a forçar a RFA a conceder-lhe recursos financeiros (SIDOROVA, 1990. p.90).

O impasse persistiu até meados de julho, mas sua solução provavelmente estava amadurecida desde a união econômica e monetária entre a RFA e a RDA. Kohl estava convencido de que Gorbachev terminaria por concordar com o fim das responsabilidades e dos direitos de ocupação da URSS, se recebesse, além de suficientes garantias de segurança, outras compensações, isto é, um amplo programa de assistência econômica e financeira, da ordem de US$ 15 a US$ 20 bilhões, que pleiteava do Ocidente (ZELIKOW, RICE, op. cit., p.325). Assim, antes de partir para a URSS e concluir, pessoalmente, o entendimento com Gorbachev, instou os bancos comerciais da RFA, liderados pelo Deutsche Bank, a concederem um crédito de DM 5 bilhões à URSS (ibidem; BANDEIRA, 1992, p.154; MAIER, 1997, p.272), até meados de julho. As conversações com Gorbachev, realizadas no Cáucaso, entre 14 e 16 de julho de 1990, foram então decisivas para a superação do impasse. Kohl obteve a anuência da URSS para a reunificação da Alemanha. Esse processo, entrementes, havia avançado e tornara-se econômica e politicamente incontrolável.

---

4   Idem.

A RDA, como aliada estratégica da URSS, desaparecera, de fato, desde a derrota do SED-PDS e a queda de Modrow, com as eleições de 18 de março. Lá, objetivamente, só as tropas soviéticas restavam, como reminiscência da antiga zona de ocupação. E, nem elas mais confiança inspiravam. A atmosfera estava cada vez mais desmoralizante e tensa em torno dos quartéis. Soldados e mesmo oficiais corrompiam-se. Vendiam uniformes, capotes, platinas, dólmenes, binóculos e petrechos bélicos, inclusive pistolas-metralhadoras *Kalashnikov* (cujo preço – 1.000 marcos alemães no mercado negro – era superior ao soldo mensal de um oficial soviético), com o fito de obter alguns DM e comprar aparelhagens de áudio e vídeo, automóveis em segunda mão e outros bens de consumo de que careciam na URSS (JOLKVER, 1990, p.22-23). Dezenas de soldados desertavam, não apenas para viver no capitalismo mas para escapar também às insuportáveis condições de serviço, traduzidas em espancamentos e humilhações (ibidem). O número dos que fugiam através das florestas de Niedersachsen e de Bayern (Baviera) tendia a aumentar para centenas e até milhares; tanto assim que, quando um diplomata da RFA quis saber quantos soldados o governo de Moscou esperava que desertassem, o funcionário do Ministério dos Negócios Estrangeiros respondeu-lhe: todos os 380 mil (i). Tratava-se naturalmente de uma brincadeira, que, no entanto, tinha fundamento. Naquelas circunstâncias, a URSS dificilmente poderia manter por muito tempo seu exército no que ainda era território da RDA, sem que ele se desmoralizasse totalmente, envolvido pelos atrativos da democracia e pela prosperidade da economia social de mercado.

Gorbachev estava consciente da situação. Desde 1989, pelo menos, ele realizara que mais valia consolidar um bom relacionamento com a RFA, o principal parceiro comercial da URSS no Ocidente, conquistar-lhe a confiança política e obter sua cooperação econômica do que conservar a RDA. E não mais podia procrastinar o desfecho da operação, sobre a qual, de certo modo, perdera o controle. A RDA, conforme Honecker, no ostracismo, reconheceu, era o preço que Gorbachev tinha de pagar pela construção da Casa Comum Europeia (ANDERT, HERZBERG, 1990, p.97). Sua situação interna deteriorara-se tão rapidamente depois da derrubada no Muro de Berlim que também os social-democratas da RFA, antes favoráveis a um processo de reunificação mais lento, passaram a reclamar seu aceleramento, para evitar que o colapso econômico e a dissolução política agravassem ainda mais a crise na Alemanha Oriental. Com efeito, a RDA convertera-se em uma ficção política. E Gorbachev, comprometido com a diretriz de não interferir em outros países e deixar que os povos fizessem livremente sua opção política, não mais podia obstaculizar a reunificação da Alemanha e a plena recuperação de sua soberania, recusando-se a derrogar as

A REUNIFICAÇÃO DA ALEMANHA 201

responsabilidades e os direitos da URSS, como potência ocupante, sem prejudicar todo o seu projeto de construção da Casa Comum Europeia.

Outrossim, não fazia sentido opor-se à participação da Alemanha unificada na Otan, quando ele próprio se empenhava para promover a completa distensão nas relações internacionais e desarmar o cenário da Guerra Fria, de modo que a URSS não mais tivesse inimigos e, por conseguinte, não precisasse também de aliados. Gorbachev tinha de ser consequente com sua própria política. E, além do mais, obtivera diversas garantias e compensações que correspondiam objetivamente a suas propostas e a seu cronograma para a reunificação da Alemanha. A URSS teria um prazo de no máximo quatro anos, até o final de 1994, para retirar seus 380 mil soldados do território da antiga RDA, o qual, entrementes, ganharia um *status* especial. E a Otan retiraria, no mesmo período de tempo, um número ainda maior de homens, no total de 403.400 (250 mil norte-americanos, setenta mil britânicos, cinqüenta mil franceses, 26 mil belgas e 7.400 holandeses), reduzindo, drasticamente, os contingentes estrangeiros estacionados na RFA.[5]

Essa concessão, com a retirada, principalmente, dos 250 mil soldados norte-americanos, anulava, virtualmente, qualquer vantagem que a Otan pudesse obter com o desaparecimento da RDA, dado que 96% das forças dos EUA na Europa estavam aquarteladas na RFA. E conviera ao presidente George Bush fazê-la. O governo de Washington não só começara a revisar sua estratégia militar global, a pedido da RFA, como precisava reduzir os gastos militares, que concorriam para agravar o déficit orçamentário dos EUA. Em consequência, era possível que o presidente Bush viesse a decidir pelo aumento da presença naval norte-americana, não somente no Mediterrâneo, mas também no nordeste da Europa, a fim de compensar, de forma não tão onerosa, a retirada do grosso de suas tropas da RFA.[6] De um modo ou de outro, aquela concessão contemplava os interesses de segurança da URSS, cujas forças terrestres continuavam predominantes na Europa, e os esforços de Gorbachev para firmar acordos de paz ainda mais amplos com o Ocidente. E as resistências à participação da Alemanha unificada na Otan começaram a se desvanecer, inclusive porque tanto o Bundestag quanto a Volkskammer já haviam aprovado resoluções, reconhecendo a fixação de sua fronteira com a Polônia sobre a linha dos rios Oder-Neisse, não obstante o poderoso *lobby* dos que haviam possuído terras e propriedades, nos territórios do Silésia e da Pomerânia, e esperavam reavê-las.

---

5 Friedrich Ebert Stiftung, *Forum Deutsche Einheit – Aktuelle Kurzinformationen*, n. 8/90. Bonn, outubro de 1990.
6 Sobre o tema, vide WESTON, 1990, p.B49.

Outras dificuldades que persistiam, Kohl, pessoalmente, tratou de remover. Suas conversações com Gorbachev, entre 14 e 16 de julho, foram decisivas. A URSS consentiu, finalmente, que a Alemanha, reunificada dentro da moldura europeia (acordos de Helsinque, CEE e Conferência sobre Segurança e Cooperação na Europa), recuperasse a plenitude de sua soberania e participasse da Otan, sem que isto implicasse um desequilíbrio de forças militares em favor do Ocidente. A Bundeswehr (forças armadas da RFA) não só deveria abster-se de possuir armas ABC como também não poderia somar aos seus efetivos militares (495 mil) os da Nationale Volksarmee (174 mil) e da Grenztruppen (47 mil), do RDA (FRIEDRICH-EBERT-STIFTUNG, 1986, p.42). Pelo contrário, deveria reduzi-los para, no máximo, 370 mil, exigência esta feita igualmente pelos EUA.[7] E os dois países, RFA e URSS, celebrariam ainda um Tratado de Boa Vizinhança, Associação e Cooperação (13 de setembro), após o qual a RDA se desligaria oficialmente do Pacto de Varsóvia (24 de setembro). Essas foram as linhas gerais do entendimento que Kohl concluiu com Gorbachev e anunciou, surpreendendo os EUA pela rapidez do seu desfecho, na véspera de outra rodada das negociações 2+4, em Paris (17 de julho), quando se reconheceu definitivamente a fronteira da Alemanha com a Polônia sobre a linha Oder-Neisse, estabelecida pelos Aliados, ao término da Segunda Guerra Mundial. Os custos financeiros do acordo foram, porém, muito elevados para a RFA.

Cinco dias antes da viagem de Kohl a Moscou, bancos comerciais na RFA concederam um crédito de 5 bilhões de marcos alemães à URSS, que, além de receber da RDA a importância de 1,25 bilhão para o sustento de suas tropas no segundo semestre de 1990, pediu ao governo de Bonn mais 18,5 bilhões, com a finalidade de mantê-las e custear também sua retirada, nos próximos quatro anos. Os negociadores alemães concordaram, a princípio, com a concessão de apenas 3 bilhões ou, no máximo, 4 bilhões de marcos, depois suspenderam o montante para DM 6 bilhões, até que, em setembro, Kohl definitivamente acertou com Gorbachev, por telefone, a cifra de 12 bilhões de marcos alemães, mais três bilhões de crédito, sem juros (um bilhão), elevando o total ao valor de 16 bilhões (GERLING, 1990). Com tais recursos, o governo de Bonn criou um fundo, destinado ao custeio do estacionamento (quatro bilhões) e do transporte das tropas soviéticas, no regresso ao seu país (um bilhão), bem como à construção, na URSS, de 36 mil apartamentos (7,8 bilhões), ou seja, metade dos 400 milhões de m^2 de moradias para os militares desmobilizados e cuja reciclagem na vida civil os alemães também promoveriam e financiariam (duzentos milhões).

---

7   Entrevista de Lothar de Maizière ao autor.

A execução das obras ficaria a cargo de empresas da RFA, especializadas em casas pré-moldadas, as quais enviariam à URSS seus próprios operários e engenheiros, a fim de assegurar a rapidez nos trabalhos e que a construção dos apartamentos estivesse concluída antes de que os soldados lá chegassem. Com isto, a RFA poderia recuperar pelo menos três bilhões, mas seus compromissos, na realidade, ultrapassaram, largamente, os 16 bilhões do fundo de transição. Ela teria ainda de gastar mais dez bilhões para eliminar os danos causados ao meio ambiente pelo bismuto e quatro bilhões, como multa convencional, pela parada da construção dos reatores atômicos, segundo o modelo soviético, de sorte que os recursos colocados à disposição da URSS, ademais do crédito de cinco bilhões concedido pelos bancos comerciais, com o aval do governo de Bonn, atingiram o volume de 28 bilhões de marcos,[8] cuja aplicação, naqueles projetos específicos ficaria a cargo de comissões mistas, com representantes dos dois países. No entanto, um jornalista soviético, Nikita Jolkver, escreveu que preferiria que fosse a canalização de tão elevadas somas "controlada pelos próprios alemães", porque eles "sabem contar dinheiro" e as "experiências dos anos passados" provaram que os créditos a longo prazo, fornecidos por Bonn a Moscou, "se perderam como água na areia" (JOLKVER, 1990, p.22-23).

O fato de que esse e outros jornalistas soviéticos temiam o esbanjamento de tão volumosos recursos (SIDOROVA, 1990, p.90) evidenciou que o governo de Moscou, ganhando não apenas concessões políticas e militares do Ocidente, mas, também, compensações econômicas e financeiras da RFA, fizera excelente negócio no processo de liquidação da RDA, cuja vontade política praticamente desaparecera, desde a perda do poder pelo SED-PDS. Nem Gorbachev nem Kohl consultaram Lothar de Maizière antes de ultimar os amplos entendimentos de Moscou. Nem precisavam fazê-lo. A RDA, na realidade, não era sujeito e sim objeto da transação. Seus dirigentes, entre os quais Marcus Meckel, ministro das Relações Exteriores, não se conformaram com o procedimento de Kohl e Gorbachev. Criticaram-no. Em vão. A RDA, naquelas condições, não mais poderia ter qualquer influência sobre as decisões, dado que sua existência até então dependera da URSS. O próprio governo de coalizão, chefiado por Lothar de Maizière, não só carecia de unidade como estava a se desintegrar. No dia 24 de julho, os liberais abandonaram-no, por causa de disputas sobre o processo de unificação e normas eleitorais. Os social-democratas, devido às mesmas razões, fizeram-no quase um mês depois, e ameaçaram não aprovar o *Einigungsvertrag*

---

8   Friedrich Ebert Stiftung, *Forum Deutsche Einheit – Aktuelle Kurzinformationen*, n. 8/190 Bonn, outubro de 1990.

(Tratado de Unificação), se ele não contivesse suficientes garantias de seguridade social para a população da RDA.

Contudo, independente da vontade dos social-democratas, a reunificação poderia ocorrer por meio de uma lei de transição, aprovada apenas pelo Bundestag, ao qual a Volkskammer, cuja incorporação à RFA já havia decidido, poderia ceder sua soberania. Essa medida corresponderia a uma simples *Anschluss* (anexação) e De Maizière parecia admiti-la, para evitar que a demora na reunificação ampliasse o caos na RDA. Mas não se tornou necessária. A Volkskammer aprovou o Tratado de Unificação, firmado pelos dois Estados alemães, por 299 votos, contra 80 e uma abstenção, seguida pelo Bundestag, por 442 votos, contra 47 e 3 abstenções. Após a suspensão das responsabilidades e dos direitos de ocupação, a RFA, soberana, incorporou no dia 3 de outubro de 1990, não a RDA, que se dissolvera, mas os cinco antigos *Länder* – Brandenburg, Mecklenburg-Vorpommern, Sachsen-Anhalt e Thüringen – sobre cujos territórios ela se constituíra. A previsão do Art. 23 da Lei Fundamental assim se cumpriu. Kohl realizou o que Adenauer com a Hallstein-Doktrin não conseguira. Levou a RFA, sem qualquer modificação de sua estrutura constitucional, a efetivar o *Alleinvertretungsanspruch*,, tornar-se de fato e de direito, a única representante do povo alemão, como continuidade do antigo Reich, que Otto von Bismarck criara após derrotar a Áustria (1866) e a França (1870). Esse acontecimento constituiu, inegavelmente, enorme êxito, que permitiu a Kohl assomar-se como um dos maiores estadistas da Alemanha.

Conclusões

Desde 1848, quando escreveram o *Manifest der Kommunistischen Partei*, Marx e Engels esperaram que a revolução na Alemanha forjasse sua unidade nacional, necessária à organização do proletariado e ao advento do socialismo, que conceberam não como alternativa para o capitalismo, mas, sim, como consequência do mais alto nível de desenvolvimento alcançado pelas suas forças produtivas. Por essa razão, ao esvair-se a possibilidade de vitória da revolução naquele país, eles aceitaram a formação, em 1866, do Norddeutsche Bund (Confederação da Alemanha do Norte), sob a direção da Prússia, e apoiaram Bismarck contra Luís Bonaparte quando eclodiu a Guerra Franco-Prussiana, em 1870. Tratava-se então de defender a existência da Alemanha como nação unificada. Entretanto, a Alemanha, ao contrário das demais potências, Grã-Bretanha, França e, sobretudo, os EUA – para os quais todo o continente americano tinha o caráter de colônia –, não possuía, por vários motivos históricos, qualquer domínio importante e, conforme o economista social-democrata Rudolf Hilferding, na sua famosa obra *Das Finanzkapital*, previra, na primeira década do século XX, essa contradição entre a relativa estreiteza do seu espaço econômico e a extraordinária expansão do capitalismo, que a transformara na segunda potência industrial do mundo, devia impulsioná-la a uma solução violenta (HILFERDING, 1968, p.445-446 e 452).

Com efeito, a Alemanha, necessitando de espaço econômico, dado que as fronteiras nacionais não mais comportavam o desenvolvimento das duas próprias forças produtivas, desencadeou e perdeu as duas grandes guerras mundiais do século XX. A Primeira Grande Guerra (1914-18) possibilitou que a revolução comunista triunfasse na Rússia (1917) e gerasse a URSS (1922). A Segunda Grande Guerra (1939-45) permitiu que a URSS, à custa da qual Adolf Hitler pretendeu ampliar o *Lebensraum* (espaço vital)[1] da Alemanha, se transformasse em uma das maiores potências mundiais, confrontada pelos EUA, que firmaram sua hegemonia sobre todo o sistema capitalista. Dividido assim o mundo em dois blocos econômicos e políticos, ideologicamente antagônicos e rivais, a Alemanha, ao contrário de expandir seu *Lebensraum*, teve seu território retalhado pelas potências vencedoras.

A URSS concorreu, prática e decisivamente, para essa retalhadura, conquanto Stalin, pelo menos com palavras, sempre defendesse sua unidade. E o SED, em nome dos ideais de Marx e Engels, começou a promover o que chamou de "construção do socialismo" em apenas um quarto do território que a Alemanha possuía em 1937. Esse projeto, sob todos os aspectos, mostrou-se inviável, desde os primórdios. Até abril de 1946, o Exército Vermelho havia desmantelado e removido para a URSS, a título de botim ou troféus de guerra, entre 35% a 45% dos bens de capital existentes na Zona de Ocupação Soviética (KINDLEBERGER, 1987, p.168-169), que continuou a sofrer a pilhagem e a pagar pesadas reparações, por muito tempo mais, não obstante o enfraquecimento cada vez maior de sua economia, Assim, quando a RDA se constituiu, em 1949, suas condições eram terrivelmente mais precárias, piores do que em 1945, em consequência, sobretudo, da ação predatória da URSS, que ainda mais agravara os danos causados pela guerra. O consumo individual na antiga Zona de Ocupação Soviética caíra de 60% do Produto Bruto, em 1936, para 30,9%, em 1949. E o padrão vida da classe operária permanecia inferior ao de antes da guerra, ao passo que se elevara a níveis muito superiores na RFA.

Stalin, aparentemente, não cria na exequibilidade de organizar um Estado operário e camponês na Zona de Ocupação Soviética, conforme o SED pretendia, e autorizou a formação da RDA, como réplica à fundação da RFA, apenas para que pudesse oferecer um elemento de barganha nas negociações com o Ocidente. Ele, decerto, estava disposto a sacrificá-la, em troca da desmilitarização e da neutralização de uma Alemanha unificada. Esse objetivo transpareceu, niti-

---

1. Nos seus escritos, Adolf Hitler justificou a conquista do Lebensraum exclusivamente em termos de necessidade de terras para garantir à agricultura da Alemanha autossuficiência. Vide TURNER JR., 1985, p.74.

A REUNIFICAÇÃO DA ALEMANHA   207

damente, na nota que enviou às potências ocidentais, em 10 de março de 1952. Depois da morte de Stalin, em 1953, Lavrenti Beria, mentor de tal política, declarou em plena reunião do Politburo do PCUS:

> RDA? Para que vale esta RDA? Ela não é mesmo um Estado real. Somente é mantido pelas tropas soviéticas, ainda que nós a chamemos de "República Democrática Alemã" (GROMYKO, 1989, p.317).

Essas palavras tão cruas, segundo o testemunho de Andrei Gromyko, "chocaram" os membros do Politburo e contribuíram para a queda de Beria, em meio à luta pelo poder dentro do Kremlin. Pouco tempo depois do levante popular que convulsionou Berlim, em 17 de junho de 1953, ele foi preso e, em seguida, fuzilado como traidor, sob a acusação de capitulacionismo e de pretender liquidar o socialismo na RDA, a fim de entregar seu território à RFA. Beria, no entanto, estava com a razão. A RDA não tinha legitimidade. Somente existia graças ao suporte militar da URSS, dado que sua população não aceitava o "socialismo real". Operários e camponeses, aos milhares, continuavam a abandonar aquele suposto Estado operário e camponês, que o SED insistia em organizar. Esse êxodo, impulsionado primeiramente pela desmontagem das fábricas e depois pela coletivização das terras, não só enfraqueceu cada vez mais a RDA como também contribuiu consideravelmente para a recuperação econômica da RFA, ao propiciar-lhe o aumento, em cinco vezes mais do que na Grã-Bretanha e nos EUA, da força de trabalho de que suas indústrias, em pleno *boom* dos anos 1950, careciam (HORNE, 1956, p.290-291).

Afigurou-se, durante algum tempo, que o governo do SED tinha interesse em que seus adversários, entre os quais os agricultores, deixassem a RDA, de modo que não opusessem resistência ao esforço de coletivização, sobretudo no campo. Mas Ulbricht, posteriormente, percebeu a gravidade do problema e começou a reclamar da URSS medidas mais drásticas para conter o êxodo, que por volta de 1961 já havia reduzido em 15% a população (18,3 milhões de habitantes em 1945) da antiga Zona de Ocupação Soviética e tendia a despovoá-la, dentro de cinco ou seis anos, se naquela progressão (207.026 pessoas apenas nos sete primeiros meses de 1961) continuasse. Kruschev, a princípio, não concordou com sua proposta de levantar uma barreira em torno de Berlim Oriental, de forma a fechar todas as fronteiras e impedir a evasão de habitantes da RDA.[2] Não havia,

---

2 GELB, 1990, p.144 145 159 189 191 205. Informação também confirmada pelo Dr. Anatoly D. Bekarevich, vice diretor do Instituto de América Latina da Academia de Ciências da URSS, que participou, como intérprete, da reunião do Pacto de Varsóvia, quando Ulbricht propôs a construção do Muro de Berlim. Conversa com o autor em Nova Orleans, 9.7.1991.

contudo, alternativa, uma vez que as potências ocidentais não aceitavam a modificação do *status* político de Berlim. Assim, diante do impasse e da perspectiva de que mais cedo ou mais tarde a RDA entraria em total colapso, Kruschev, com o apoio dos demais integrantes do Pacto de Varsóvia, decidiu autorizar o governo do SED a construir um muro, isolando Berlim Oriental do Ocidente e enclausurando a população da RDA em vasto campo de concentração. A execução da obra, cristalizando a divisão da Alemanha, começou em 13 de agosto de 1961.

Essa brutal e desumana decisão salvou a existência da RDA, que, conquanto dependesse econômica, política e militarmente da URSS, passou a desenvolver interesses próprios, na medida em que o governo do SED pretendeu de fato consolidá-la como Estado. Tornava-se inevitável, portanto, que as divergências entre os comunistas alemães e os dirigentes soviéticos aparecessem, no contexto das negociações com o Ocidente. Em 1971, Walter Ulbricht opôs-se a que a URSS se aproximasse da RFA por cima dos interesses da RDA, o que levou Brejnev a promover seu afastamento da direção do SED. Nos anos 1980, outras divergências afloraram, quando a crise estrutural, aprofundando-se, começou a abalar seriamente a economia de todos os países do Comecon. Erich Honecker, sucessor de Ulbricht, tentou, primeiro, estreitar, independentemente da URSS, as relações com a RFA, da qual a RDA passara a receber substancial ajuda a partir de 1973, e até mesmo empréstimos, que a salvaram do colapso financeiro e evitaram a paralisação de sua economia, em 1983. Depois, combateu a *Perestroika* e a *Glasnost,* implementadas por Mikhail Gorbachev com o propósito de reduzir as despesas militares, aliviar a crise econômica e financeira da URSS e acabar com a Guerra Fria, mediante amplo entendimento com o Ocidente.

A RDA não podia resistir ao curso das reformas. Embora sua situação parecesse a melhor entre os países do Leste europeu, ela também enfrentava grave crise econômica e financeira. Os padrões de vida de sua população somente se sustentaram à custa de maciços subsídios, que se elevaram de 16,8 bilhões de marcos (orientais), em 1982, para 40,6 bilhões, em 1985, e impediram que a alta dos preços no mercado mundial afetasse o consumo interno. Mesmo assim, Erich Honecker não conseguiu evitar que se acentuasse na população da RDA a percepção de que o *soit-disant* "socialismo real" não lhe propiciara os altos padrões de conforto, bem-estar e segurança existentes na RFA, dentro da democracia política e da economia social de mercado. Nem o Muro de Berlim nem as cercas de arame farpado puderam ocultar as disparidades entre os dois Estados alemães. E como Gorbachev, ao revogar a Doutrina Brejnev, indicara que a URSS não mais interviria militarmente nos demais países do Leste Europeu, o governo do SED não dispôs de condições políticas para reprimir as demonstrações em favor da democracia e conter a fuga em massa de cidadãos que recomeçara após a abertura da fronteira da Hungria com a Áustria, em maio de 1989.

Com a revogação da Doutrina Brejnev, a URSS não só não interviria militarmente para salvar a RDA como até mesmo desejava uma rápida transformação do regime instituído pelo SED. E Gorbachev instrumentalizou o KGB para desestabilizar e remover aqueles dirigentes de países do Leste Europeu que se opunham aos objetivos econômicos e políticos, tanto internos quanto externos, da URSS. Naturalmente, cidadãos soviéticos não precisavam aparecer. O KGB sempre contara com agentes de outras nacionalidades, como Erich Mielke e Markus Wolf, dirigentes do Stasi, sempre servis à sua orientação. Os próprios fatos, aliás, se incumbiram de evidenciar que o próprio Gorbachev, diretamente, teve decisiva influência tanto na queda quanto na sucessão de Erich Honecker. À URSS interessava manter sob controle a evolução dos acontecimentos na RDA, que se revestia de fundamental relevância, ao contrário dos demais países do Leste Europeu, para as suas negociações econômicas e políticas com o governo de Bonn, visando à reunificação da Alemanha. Segundo desejava, a completa reunificação da Alemanha só ocorreria dentro de um prazo de dois ou três anos, durante o qual, como primeira etapa, a RFA e a RDA formariam uma espécie de confederação, até abandonarem suas respectivas alianças militares, Otan e Pacto de Varsóvia. Sua concepção do processo conjugava, no fundo, a proposta da nota de 10 de março de 1952, quando Stalin se dispôs a sacrificar a RDA em troca da neutralidade de uma Alemanha unificada, com a de Walter Ulbricht, que defendera, em 1957, a ideia de uma confederação dos dois Estados alemães. A RDA, conforme o próprio Markus Wolf reconheceu, continuou a constituir para Gorbachev um "objeto" interessante para as negociações da URSS com o Ocidente, tal como fora ao tempo de Stalin e permaneceu durante os governos de Kruschev, Brejnev, Andropov e Tchernenko (WOLF, 1997, p.324).

Entretanto, a renúncia de Honecker, se evitou, provavelmente, a guerra civil, não estancou a evolução da crise na RDA. Desde maio, ou seja, em apenas sete meses de 1989, cerca de 200 mil refugiados passaram para a RFA, através da Hungria, Tchecoslováquia e Polônia, e em apenas uma noite, de 8 para 9 de novembro, oito mil cidadãos saíram da RDA, cuja situação se tornava cada vez mais crítica, pois o esvaziamento das fábricas e dos serviços, a afetar, sensivelmente, o ritmo de produção e o atendimento, desorganizava a economia e embaraçava o próprio funcionamento do Estado. A mesma situação que precedera a construção do Muro de Berlim, em 1961, reproduziu-se 28 anos depois. Porém, desta vez, somente a abertura do Muro de Berlim talvez contivesse a evasão de trabalhadores e funcionários, ao assegurar-lhes o direito e a liberdade de ir e vir, uma de suas mais agudas reivindicações. Daí Egon Krenz, sucessor de Honecker, ter pedido a Günter Schabowski, responsável pela mídia do Politburo do SED, que anunciasse à imprensa que, a partir da manhã de 10 de novembro de 1989, todos os cidadãos da RDA, sem necessidade de qualquer justificativa, por simples prazer ou recreação, poderiam obter o passaporte e o visto para irem, livremente, à RFA e de lá voltarem, quando se lhes aprouvesse. Propositadamente ou não, o fato é que Günter Schabowski não disse a data e a divulgação da notícia precipitou os acontecimentos. Mais de 300 mil pessoas, a pé ou em seus automóveis, concentraram-se logo em seguida ao longo das passagens para Berlim Ocidental e criaram uma situação com a qual o governo do SED não contava. Não lhe restou alternativa senão antecipar a abertura da fronteira e liberar o trânsito, decisão tomada por Krenz, sem aviso ou consulta a Moscou. Naquela noite de 9 para 10 de novembro de 1989, o Muro de Berlim, símbolo da Guerra Fria e da divisão da Alemanha, perdeu a razão de existir. Ele fora a *conditio sine qua non da* sobrevivência, por mais de 28 anos, daquela excrescência histórica que se chamava RDA e que, com seu desmantelamento, começou, rápida e irreversivelmente, a desaparecer.

Gorbachev, a partir de então, perdeu o controle sobre o rumo e a velocidade dos acontecimentos. Hans Modrow, assumindo o governo como homem de sua confiança, não conseguiu evitar que os alicerces da RDA, após a derrubada do Muro de Berlim, continuassem a ruir. O SED, que constituíra sua coluna de sustentação política, perdeu o monopólio do poder e ficou praticamente sem direção, quando todos os membros do Comitê Central e do Politburo tiveram de renunciar, em meio a denúncias de corrupção e desmandos administrativos. A única forma de evitar a convulsão e o caos, naquelas circunstâncias, consistia em unir o mais rápido possível a RDA à RFA, o que significava, objetivamente, a absorção de todo o poder político pelo governo de Bonn, o único a possuir legitimidade e recursos para empreender a tarefa de reunificar e reconstruir a nação. Esse era o caminho que as massas, em contínuas e crescentes demonstrações, apontavam, ao gritarem nas cidades da RDA não mais "*Wir sind das Volk*" (Nós somos o povo) e sim "*Wir sind ein Volk*" (Nós somos um povo). Elas não queriam reformar o "socialismo real", o socialismo existente na RDA, mas extingui-lo. Não queriam nova experiência, mas atingir o mais rapidamente possível o *standard* de vida do Ocidente. E votaram majoritariamente pela união com a RFA, como a vitória da Allianz für Deutschland, nas primeiras eleições livres para a Volkskammer, demonstrou.

A força motriz da reunificação estava na RDA e não na RFA, que apenas constituía o pólo magnético, o centro de gravidade. Ao perceber que, por isso, o processo de reunificação da Alemanha não duraria cinco ou dez anos, mas cinco ou dez meses, Helmut Kohl, chefe do governo de Bonn, teve suficiente sensibilidade para não permitir que aquela oportunidade histórica se lhe escapasse das mãos e tratou de segurá-la, o quanto antes, por temer que qualquer mudança no Kremlin provocasse um retrocesso na situação internacional. Um processo de reunificação gradual ou mais lento seria muito mais arriscado, difícil e perigoso, de fato, inviável, posto que a RDA, da qual se esvaía toda a substância econômica, social e política, chegara, irreversivelmente, à etapa terminal. E não evitaria os altos custos financeiros que a RFA devia assumir. As previsões indicavam que, em meados de 1990, a RDA não mais teria condições de pagar suas dívidas, que atingiam o montante de 27 bilhões de marcos (o equivalente, na época, a 17 bilhões de dólares, conforme a variação do câmbio) e não lhe restava, economicamente, nenhuma possibilidade de sobrevivência, nem mesmo sob a forma de confederação. O governo de Bonn não desejava financiar a sobrevivência formal da RDA quando os fatores internacionais determinantes de sua formação estavam a desaparecer, e não poderia assumir seus encargos econômicos e financeiros sem avocar para si as responsabilidades políticas pelo destino de toda a nação.

A liquidação formal da RDA começou a efetivar-se no dia 1° de julho de 1990, quando o Tratado de Estado, entrando em vigência, implantou a união econômica e monetária entre os dois Estados alemães e estendeu o domínio do marco alemão à antiga Zona de Ocupação Soviética. Após intensas negociações, as potências vitoriosas na Segunda Guerra Mundial – EUA, URSS, Grã-Bretanha e França – suspenderam suas responsabilidades e seus direitos de ocupação, e a RFA, soberana, incorporou no dia 3 de outubro de 1990, não a RDA, que se dissolvera, mas os cinco antigos *Länder* – Brandenburg, Mecklenburg-Vorpommern, Sachsen-Anhalt e Thüringen – que a integravam. Assim, a Alemanha, unificada, constituiu o *Aufhebung* (negação/conservação) da Alemanha anterior à capitulação incondicional, a *Stunde Null* (hora zero), em 1945, quando desapareceu como Terceiro Reich para ressurgir dos escombros, democratizada, sob a forma da RFA, em 1949.

Essa foi a primeira vez na história que o Estado nacional alemão, que se unificara, em 1871, à custa da divisão da própria nação alemã, dada a exclusão da Áustria, alcançou sua unidade, sem se contrapor à vontade dos seus vizinhos, e/ou em conflito com qualquer país da Europa, na qual tratara de integrar-se, econômica e politicamente, rejeitando a opção de seguir um *Sonderweg* (caminho especial), o próprio caminho nacional, conforme no passado pretendera. Da mesma forma que Adenauer, que aceitou a formação da Comunidade Europeia do Carvão e do Aço como um dos meios de consolidar a RFA, Helmut Kohl, o artífice da reunificação em 1990, continuou a manter íntimo entendimento com a França, como vetor de sua política externa. E, em 7 de fevereiro de 1992, celebrou o Tratado de Maastricht, que transformou a Comunidade Econômica Europeia, estabelecida em 1957, em União Europeia, aprofundando politicamente o processo de integração da Europa, deflagrado pela criação da Comunidade Europeia do Carvão e do Aço em 1951, com vistas à formação de um futuro Estado europeu.

Mas, conforme Leon Trotsky ressaltara, em 1931, "a Alemanha não é só a Alemanha. É o coração da Europa".[3] Sua reunificação, na sequência de um rápido processo em que o Muro de Berlim se esbarrondou e os regimes comunistas do Leste Europeu sucessivamente esboroaram, levou ao fim a Guerra Fria. A URSS, menos de um ano depois, esboroou-se. E a Alemanha emergiu outra vez como potência política, detentora de tecnologia atômica e tradição militar, e conquistou, com o marco alemão, imenso espaço econômico (*Wirtschaftsgebiete*), o *Lebensraum* que o Terceiro Reich, com os *Panzer*, não conseguira.

---

3   "Está na Alemanha a chave da situação internacional", em Trotsky, 1979, p.35.

Índice onomástico

ACC (Allied Control Council), 13, 85
Acheson, Dean, 86
Ackermann, Anton, 106
Acordo de Paz na Coreia, 108
Acordo de Potsdam, 88
Acordo de Yalta, 79, 80, 83, 88
Acordos de Munique, 75
Adenauer, Konrad, 17, 19, 89, 107, 109, 113, 117-121, 169, 180, 198, 206
ADGB (União Geral dos Sindicatos Alemães), 13, 53
Afeganistão, 146, 150
África, 82, 110
Albânia, 83, 95, 126, 147
Alemanha, 17, 19-25, 27-43, 45, 49-51, 53, 55, 58, 64-67, 69-77, 79-85, 87-88, 91- -101, 103-111, 114-116, 118-123, 132, 133, 140, 141, 146-147, 148, 150, 151, 154, 165, 168-170, 173, 175, 177, 179, 181, 188-206

Andreieva, Nina, 145
Andropov, Yuri, 203
Astracã, 65
Ata de Helsinque, 160
Áustria, 29, 31, 109, 147, 148, 150, 198, 203, 205

Bahr, Egon, 122
Baku, 62
Barth, Emil, 37
Bayern, 52, 194
Bebel, August, 3, 230, 231
Bélgica, 76, 84, 87
Bi-Zone, 85
Brandler, Heinrich, 66
Brejnev, Leonid, 121, 122, 202, 203

Comuna Húngara, 56
Conferências de Teerã, 79
Coreia do Norte, 99, 100, 101

214   LUIZ ALBERTO MONIZ BANDEIRA

Coreia do Sul, 99, 100, 101
CSU (União Social Cristã), 13, 89, 119,
    120-121, 129, 168
Cuba, 103, 118, 119, 126

Dahlem, Fritz, 102
Dahrendorf, Gustav, 92, 93
DDP (Partido Democrata Alemão), 13, 52
De Gaulle, Charles (General), 25, 85, 113,
    118
Demitschov, Piotr, 145
Deutscher, Isaac, 57, 66, 73
Dinamarca, 34, 84
Dittimann, Wilhelm, 37
DNVP (Partido Nacional do Povo
    Alemão), 13, 52
Dolgihk, Wladimir, 1485
DP (Partido Alemão), 13, 89
DPD (Serviço de Imprensa Alemão), 13, 94
Dresden, 104, 132, 140, 141, 152, 159, 161,
    162, 172, 173, 175
DVP (Partido do Povo Alemão), 13, 52

Eberlein, Hugo, 49
Ebert, Friedrich, 24, 37, 38, 39, 50-51, 55,
    177, 180, 183, 195, 196, 197, 230, 231,
    232, 234-244, 247
Eden, Anthony, 107
Eisenach, 159
Eisenhower, Dwight, 111, 113, 118
Eisner, Kurt, 52
Emba, rio, 63
Engels, Friedrich, 24, 27-33, 40-42, 47, 71,
    133, 199, 200
Epstein, Edward Jay, 61
Erenburg, Ilia, 73
Erfurt, 159
Erhard, Ludwig (ministro), 114, 117, 120,
    121
Espanha, 75, 154
Estônia, 75
Estreito de Dardanelos, 77, 82, 86
EUA (Estados Unidos), 18, 60, 64, 67, 79,
    80-82, 84, 85-88, 91, 99, 100, 110, 111,

    114, 117-118-122, 133, 135-137, 150,
    159, 165, 170-171, 192, 195, 196
Europa, 18-19, 21, 23, 28, 30, 32, 36, 39,
    56, 59-60, 61, 64, 67, 70, 75, 77, 79, 80,
    82-87, 99, 100, 102, 107, 114, 118, 121,
    122, 131, 137, 141, 148, 159, 169, 190-
    -191, 195-196, 205-206

Falin, Valentin, 137, 139, 140-141, 145-
    -146, 170, 174, 191
Fascismo, 72, 73, 74, 92
FDJ (Juventude Alemã Livre), 13, 123
FDP (Partido Democrático Livre), 14, 89,
    119, 120, 121, 168
Finlândia, 75, 77
Fischer, Werner, 143
Forck, Gottfried (Bispo), 143
França, 25, 28, 29, 30-31, 34, 37, 61, 67,
    74-75, 76, 77, 80, 81, 83, 85, 87-88, 99,
    101, 107, 110-111, 113, 114, 117-118,
    120, 121, 169, 170, 174, 182, 189-191,
    198, 199, 205, 206
Franco, Francisco, 75
Frente Nacional, 94, 95, 170, 179, 186

Genscher, Hans-Dietrich (Ministro), 151,
    165, 191, 192, 267, 268
Gestapo, 76, 145, 153, 154, 186
Gorbachev, Mikhail, 23, 24, 57, 70, 71, 75,
    110, 132, 133, 135-139, 141, 142, 145,
    146, 148-152, 158, 160-162, 167-171,
    173, 175, 189-197, 202-204
GPU, 14, 71, 75
Grã-Bretanha, 77, 79, 81,85, 107, 114
Graf, Engelbert, 92, 93
Grécia, 80, 86
Greiz, 159
Groener, Wilhelm (General), 50
Gromiko, Andrei, 145
Grotewohl, Otto, 92-93, 95, 98, 102, 122
Guerra do Yom-Kippur, 125
Guerra Franco-Prussiana, 30, 199
Guillaume, Günter, 123, 186
Gysi, Gregory, 179

Haase, Hugo, 37, 235, 236
Hager, Kurt, 149
Halle, 104, 157, 159
Hallstein-Doktrin, 108, 109, 110, 120, 122, 123, 198
Hammer Armand, 60-62
Harriman, Averrel (Embaixador), 61, 62, 86
Heinz, Christoph, 163
Henry, Ernst, 73
Herrnstadt, Rudolf, 102, 104
Hindenburg, Paul von (General), 50, 245
Hitler, Adolf, 64, 69, 70, 73, 74, 75, 76, 77, 79, 80, 81, 82, 94, 108, 146, 153, 154, 191, 200
Holanda, 23, 36, 76, 87, 186
Honecker, Erich, 24, 73, 96, 123, 154, 171, 202, 203
Honecker, Margot, 163
Hoover, Edgard J., 61
Hungria, 23, 83, 87, 94, 95, 109, 110, 120, 126, 142, 146, 147, 150, 151, 160, 163, 168, 171, 203

Iakovlev, Alexander, 75, 141, 147, 148, 160
Internacional Comunista, 45, 49, 56, 61, 65, 66, 67, 72, 74, 75, 76, 79, 80, 84, 87
Itália, 17, 67, 70, 74, 80, 82, 84, 87, 99
Iugoslávia, 80, 83, 86, 94, 110, 120, 147

Japão, 64, 101, 189
Jaruzelski, Woljciech (General), 147
Jena, 104, 152
Jendretzky, Hans, 106
Jogisches, Leo, 48, 49, 52, 55
Jolkver, Nikita, 194, 197

Kaiser Wilhelm, 34, 42, 48, 50
Kai-Shek, Chiang (General), 86
Kalingrado, 83
Kamchatka, 63
Kamenev, Leon, 72
Kapp, Wolfgang (General), 53
Kautsky, Karl, 9, 27, 36, 39, 40, 41, 42, 46, 47, 55, 57, 58, 71

Kazan, 68
Kennedy, John F., 113, 117, 118, 119, 120
Kerensky, Fedor, 34, 35, 50
Kessler, Heinz, 139
KGB, 11, 14, 24, 25, 71, 132, 135, 136, 139, 140, 141, 154, 155, 157, 160, 161, 162, 174, 203
Kiel, 36
King, William, 59
Kohl, Helmut (Chanceler), 19, 129, 130, 131, 134, 135, 148, 154, 165, 167, 168, 169, 170, 173, 174, 175, 177, 179, 180, 181, 182, 189, 190, 191, 192, 193, 196, 197, 198, 205, 206
Köhler, Heinz, 96
Kominform, 87, 94, 101
Komintern, 49
Kommerzielle Koordinierung (Koko), 129, 172
Koptzev, Valentin Alexeywitsch (Ministro Conselheiro), 132
KPD (Partido Comunista da Alemanha), 38, 45, 48, 49, 51, 55, 56, 66, 73, 74, 80, 89, 92, 93, 97, 107, 153, 154
Krenz, Egon, 25, 115, 131, 132, 133, 144, 149, 151, 152, 153, 157, 160, 161, 162, 164, 169, 171, 204
Krupp, Gustav, 62, 64, 65, 68
Kruschev, Wladimir, 22, 101, 106, 109, 110, 111, 113, 114, 117, 119, 201, 202, 203
Krolikowski, Werner, 149
Kuhn, Bela, 56
Kulich, Vassili, 76

Lafontaine, Oskar, 180, 181, 182
Landsberg, Otto, 37
Lange, Inge, 163
Lassalle, Ferdinand, 28, 31
LDPD (Partido Liberal-Democrático da Alemanha), 80, 94
Leid, Werner (Bispo), 143
Leipzig, 104, 144, 152, 158, 159, 160, 163, 172

Lênin, Vladimir, 33, 34, 35, 36, 37, 39, 40, 41, 42, 44, 45, 46, 47, 48, 49, 50, 55, 56, 57, 58, 59, 61, 62, 63, 64, 65, 66, 70, 71, 72, 79, 81, 93, 133, 136, 143, 155, 159
Letônia, 75
Levi, Paul, 56
Liebknecht, Karl, 37, 51, 143
Liebknecht, Wilhelm, 31, 230
Ligachev, Yegor, 138, 145
Lípetsk (Lipezk), 67, 68
Lituânia, 75, 83
Londres, 87, 88, 107, 191, 192
Luxemburg, Rosa, 37, 38, 40, 45, 46, 47, 48, 49, 51, 52, 55, 56, 66, 70, 72, 92, 95, 143, 144, 159, 232, 237, 239, 240, 241, 242
Luxemburgo, 87

Magdeburg, 104, 159
Maiziére, Lothar de, 143, 144, 150, 173, 177, 179, 182, 185, 192, 196, 197, 198, 227, 267
Malenkov, Georgij, 108
Manchúria, 76, 86
Manuilsky, Dimitri, 72
Mao Zedong, 86, 98
Marshall, George, 86
Marx, Karl, 24, 27, 28, 29, 30, 31, 32, 33, 40, 41, 42, 47, 70, 71, 133, 144, 199, 200, 229, 230, 231, 242
Meckel, Marcus (Ministro), 197
Medvedev, Roy, 71
Memel, 83
Merseburg, 104
México, 67, 71, 128
MGB (Ministério para Segurança do Estado), 102
Mielke, Erich, 131, 132, 141, 144, 145, 149, 152, 153, 154, 155, 157, 158, 160, 163, 165, 171, 172, 182, 186, 203
Mittag, Gunter, 158, 172
Modrow, Hans, 132, 140, 141, 147, 151, 159, 161, 162, 163, 167, 168, 169, 170,

171, 172, 173, 174, 175, 176, 177, 185, 192, 194, 265, 266, 267
Molotov, Viacheslav M., 72
Morgenthau, Henry, 64, 82
Moscou, 34, 49, 55, 56, 61, 63, 64, 65, 66, 67, 69, 70, 72, 73, 74, 75, 77, 79, 80, 81, 84, 86, 92, 93, 95, 101, 102, 105, 107, 110, 122, 123, 125, 131, 141, 146, 147, 148, 152, 154, 155, 158, 160, 161, 167, 169, 171, 174, 175, 186, 189, 192, 194, 196, 197, 204, 254
MSPD (Social-Democratas Majoritários), 36, 42, 43, 51, 52, 66, 234, 235, 237
Mussatov, Wladimir L., 151
Mussolini, Benito, 74
MVD (Ministério dos Assuntos Internos), 105, 106

Nagy, Imre, 147
Nazismo, 73, 74, 76, 80, 83, 94, 108, 146, 153, 243, 246
NDPD (Partido Nacional Democrata da Alemanha), 14, 94, 254
NEP (Nova Política Econômica), 14, 55, 57, 59, 64, 69
Nettl, Peter, 49, 51, 219
NKVD (Comissariado do Povo para Assuntos Internos), 14, 76, 102, 103, 104
Noruega, 86, 186
Noske, Gustav, 51, 234
NSDAP (Partido do Trabalhador Nacional--Socialista da Alemanha), 14, 64, 73

Okhost, Mar de, 62
Ollenhauer, Erich, 93, 107
OCEC (Organização para Cooperação Econômica Européia), 14
ONU, 14, 123, 147
OTAN, 14, 88, 108, 120, 121, 131, 140, 142, 148, 151, 169, 189, 190, 191, 192, 193, 195, 196, 203

PABST, Hauptmann (Capitão), 51, 216, 241

A REUNIFICAÇÃO DA ALEMANHA   217

Pacto de Varsóvia, 108, 116, 137, 142, 147, 169, 171, 190, 191, 192, 196, 202, 203
Pacto Militar de Bruxelas, 88
Pacto Tripartite, 77
Paris, 37, 87, 88, 99, 107, 108, 190, 191, 192, 196
PCUS (Partido Comunista da União Soviética), 14, 34, 64, 70, 71, 74, 75, 80, 84, 94, 103, 105, 106, 109, 121, 122, 131, 132, 133, 136, 137, 138, 139, 140, 145, 147, 151, 160, 170, 191, 192, 201, 233
PDS (Partido do Socialismo Democrático), 14, 172, 174, 176, 177, 179, 186, 194, 197
Penísula Ibérica, 84-85
Pérsia, 77
Piatakov, Yuri, 66
Pieck, Wilhelm, 22, 51, 80, 95, 98, 254
Plano Quinquenal, 71, 72, 102, 127
Plauen, 152, 157, 159
Politburo, 24, 25, 64, 66, 71, 74, 103, 105, 106, 117, 123, 133, 137, 138, 139, 140, 145, 147, 149, 151, 152, 153, 158, 159, 161, 162, 163, 170, 171, 172, 174, 185, 201, 204, 227, 254
Polônia, 23, 75, 77, 80, 83, 95, 96, 108, 109, 110, 120, 122, 126, 128, 129, 146, 147, 160, 163, 165, 168, 195, 196, 203, 230, 234, 249, 251
Pomerânia, 96, 195
POSDR (Partido Operário Social--Democrata Russo), 14, 39, 40
POSH (Partido Operário Socialista Húngaro), 14
POTSDAM, 81, 82, 84, 85, 86, 88, 96, 152, 252
POUP (Partido Operário Unificado Polonês), 14
Praga, 151, 160, 262, 263
Preobrazhensky, E. A., 63
Primeira Guerra Mundial, 24
Prússia, 29, 30, 31, 94, 199, 229, 251

Radek, Karl, 49, 65, 66

RAF (Fração do Exército Vermelho), 14, 186
RDA (República Democrática Alemã), 14, 95, 201, 257
Reagan, Ronald, 60, 61, 131, 135, 136
Reunificação da Alemanha, 19, 20, 23, 24, 25, 85, 88, 91, 99, 100, 103, 107, 108, 109, 110, 111, 120, 121, 150, 151, 154, 165, 173, 179, 181, 189, 191-195, 203, 205
Revolução Alemã, 36
Revolução na China, 86
Revolução Russa, 9, 23, 27, 33, 34, 39, 41, 43, 45, 46, 48, 56, 67, 70, 71, 133, 136, 159
RFA (República Federal da Alemanha), 14, 79, 88
Romênia, 83, 95, 120, 126, 146, 147, 160
Rooselvelt, Franklin D., 61, 63, 64, 79, 80, 82, 83, 248
Rostock, 22, 23, 129, 227
Rumi, Jan, 161

Saarland, 181
Sachsen, 66, 83, 176
Sachsen-Anhalt, 83, 176, 198, 205, 269
Sakhalin, 62
SBZ (Zona de Ocupação Soviética), 14, 88, 91-98, 107, 108, 113, 115, 174, 176, 181, 193, 200, 201, 205, 251-253, 257
Schabowski, Gunter, 24, 25, 132, 133, 134, 137, 138, 140, 141, 149, 152, 153, 154, 158, 159, 161-164, 170, 176, 186, 204, 227, 264
Schalck-Golodkowski, Alexander, 129, 172
Scheidemann, Philip, 37, 39, 55, 236, 237
Schevardnadze, Edward (Chanceler), 147
Schewerin 159
Schmidt, Elli, 106
Schnur, Wolfgang, 185
Schulenburg, Conde von, 77
Schumacher, Kurt, 93
SDI (Iniciativa Estratégica de Defesa ou Projeto Guerra nas Estrelas), 14, 131, 135

SED (Partido Socialista unificado da
Alemanha), 14, 23, 24, 73, 91, 93-98,
102, 103-107, 111, 113-117, 119, 122,
123, 127, 129, 130, 131, 132, 133, 137-
-152, 154, 157, 158-164, 167, 167-172,
174, 179, 180, 185, 186, 187, 194, 197,
200-204, 227, 254, 261, 263, 264
Segunda Guerra Mundial, 17, 75, 79, 98,
140, 147, 148, 154, 169, 181, 190, 196,
205, 248, 249, 250
Semynov, Vladimir, 102
Shirer, William L., 75, 76, 77
Siegfried, Lorenz, 149
Silésia, 96, 195
Sinclair, Harry, 62, 63
SMAD (Administração Militar Soviética),
15, 80, 88, 92, 93, 94, 96, 98, 115
Sófia, 160
Sokolowski, W. D. (General), 88, 96
Solomontzev, Mikhail, 145
Sorge, Richard, 76-77
Spartakusbund (Liga Spartakista), 37, 43,
45, 48, 49, 50, 52, 237, 242
Spartakus-Gruppe (Grupo Spartakus), 36, 38
SPD (Partido Socialista Democrata da
Alemanha), 15, 28, 36, 51, 74, 80, 89,
92, 93, 97, 107, 113, 119, 121, 230, 242,
252, 260, 268
SPD-ocidental, 93
SPD-oriental, 92, 93, 185
Stalin, Joseph, 24, 69, 248
STASI (Serviço de Segurança do Estado),
15, 104, 116, 123, 131, 132, 139, 140,
141, 143, 144, 152, 153, 155, 157, 158,
159, 163, 165, 172, 174, 179, 180, 182,
185, 186, 187, 203, 260
Stoph, Willi, 122, 149, 153, 158, 161, 162,
163, 171, 172
Streletz, Fritz, 157

Tchernenko, Konstantin, 131, 132, 136, 203
Tchecoslováquia, 23, 83, 87, 94, 95, 6, 120,
121, 126, 142, 146, 147, 151, 160, 163,
168, 169, 171, 203, 249

Terceiro Reich, 79, 80, 205, 206
Thälmann, Ernest, 51, 73, 154, 243, 244,
246
Tisch, Harry, 149, 172
Tito, Josip Broz, 80
Tkatschov, Piotir, 32
Tomsk, 68
Tratado de Moscou, 122
Tratado de Neutralidade, 68, 75
Tratado de Paris, 108
Tratado de Rapallo, 65, 66, 69, 74
Tratado de Varsovia, 122
Tratado de Versalhes, 64, 65, 66, 67, 68
Tri-Zone, 88
Trotsky, Leon, 33, 45, 46, 47, 48, 50, 58,
59, 60, 64, 66, 70, 71, 73, 74, 125, 143,
159, 206, 233, 234
Truman, Harry, 61, 81-86, 88, 99
Turquia, 63, 77, 82, 86, 119

Ulbricht, Walter, 21, 80, 92, 93, 95, 98,
101, 102, 104, 105, 106, 107, 109, 110,
116, 117, 122, 123, 132, 133, 170, 201,
202, 254
Ural, 61, 63
URSS (União das Repúblicas Socialistas
Soviéticas), 18, 19, 23, 24, 55, 60, 61,
64-77, 79-88, 91, 92, 94, 95-111, 113,
114, 116, 117-123, 125-133, 135-142,
144-152, 155, 160, 161, 167, 169, 170,
171, 173, 175, 180, 186, 189, 190-197,
200-203, 205, 211, 249, 250, 252
USPD (Partido Social-Democrata
Independente), 40, 43, 55

Vanderlip, Washington B., 63
Vietnã, 119, 121, 126
Vogel, Hans-Jochen, 81

Walde, Werner, 163
Walters, Vernon (Embaixador), 25, 145,
150, 159, 165, 227
Washington, 59, 61, 88, 107, 141, 191, 192,
195

Weizsäcker, Richard von, 134, 262, 268
Wendland, Günter, 163
Wolf, Konrad, 140
Wolf, Markus, 24, 122, 135, 139, 140, 141,
153, 155, 159, 160, 161, 170, 174, 186,
203,

Zaisser, Wilhelm, 104
Zetkin, Clara, 56, 231
Zinoviev, Gregory, 56, 66, 72
Zwickau, Greiz, 159

BIBLIOGRAFIA

ABENDROTH, W. *A história social do movimento trabalhista europeu*. São Paulo: Paz e Terra, 1977.

AMBROSE, S. E. *Rise to Globalism – American Foreign Policy Since 1938*. Nova York: Penguin Books, 1985.

ADLER, A. "Politica e ideologia na experiência soviética". In: Hobsbawn, Eric J. (org.). *História do marxismo – XI – O marxismo hoje*. 1a Parte. São Paulo: Paz e Terra, 1989, p.149-154.

ANDERT, R.; HERZBERG, W. S. *Honecke rim*. Kreuzverhör, Berlim: Aufbau-Verlag Berlin und Weimar, 1991.

ANDREW, C.; GORDIEVSKY, O. *KGB – Inside Story*. Nova York: Harper Perennial, 1991.

AUTORENKOLLEKTIV. *Der zweite Weltkrieg 1939-1945 (Kurze Geschichte)*, Berlim: Dietz Verlag Berlim, 1985.

_____. *Geschichte der Deutschen Demokratischen Republik*. Berlim: VEB Deustscher Verlag der Wissenschaften, 1981.

_____. *Geschichte der Sowjetischen Außenpolitik 1917-1945*. Teil 1. Berlim: Staatsverlag der Deutschen Demokratischen Republik, 1969.

_____.*Geschichte der Sowjetischen Außenpolitik 1945-1970*. 2. Teil. Berlim: Staatsverlag der Deutschen Demokratischen Republik, 1971.

_____.*Geschichte der Sozialistischen Einheitspartei Deutschlands*. Berlim: Dietz Verlag, 1978.

_____.*Karl Marx – Biographie*. Berlim: Dietz Verlag, 1982.

_____.*Ernst Thälmann. Eine Brographie*. Berlim: Dietz Verlag, 1980.

BABEROWSKI, J. *Der Rote Terror – Die Geschichte des Stalinismus.* Frankfurt an Main: S. Fischer Verlag GmbH, 2003.

BABIN, A. *et al. La gran guerra patria de la Unión Soviética – 1941-1945.* Moscou: Editorial Progreso, 1985.

BACH, J. P. G. *Between Sovereignty and Integration – German Foreign Policy and National Identity.* Nova York: Lit Verlag/ St. Martin's Press, 1999.

BADIA, G . *Les Spartakistes – 1918: l'Allemagne en revolution.* França: Collection Archive Julliard, 1966.

BANCHOFF, T. *The German Problem Transformed – Institutions, Politics and Foreign Policy, 1945-1995.* Michigan: University of Michigan Press, 1999.

BANDEIRA, Moniz. "Berlim-1960 é capital da tensão Leste-Oeste". *Diário de Notícias,* Rio de Janeiro, 22 de novembro de 1960.

BARAS, V. "Beria's Fall and Ulbricht's Survival". *Soviet Studies,* vol. XXVII, n. 3, julho de 1975, p.381-395.

BARTLETT, C. J. *The Global Conflict – 1880-1970 – The International Rivalry on the Great Powers.* Londres e Nova York: Longman, 1984.

BERNSTEIN, E. "Ein Dunkeles Kapitel". *Vorwärts,* Berlim, 11.1.1921.

_____.*Die deutsche Revolution von 1918/19.* Bonn: Verlag J. H. Dietz Nachf, 1998.

BEYME, K. *Sozialismus oder Wohlfahrtsstaat ? – Sozialpolitik und Sozialstruktur der Sowjetunion im Systemvergleich.* Munique: R. Riper & Co. Verlag, 1977.

BEEVOR, A. *Berlim 1945 – A queda.* Rio de Janeiro: Record, 2004.

BEZIMENSKI, L. "Quem será castigado pela História?". *Tempos Novos,* n. 38, Moscou, setembro de 1990, p.26-27.

BOGOMOLOVA, N. "The First Exercise of Oil Business Transparency". *Oil of Russia* n. 1, 2004.

BOROVSKY, P. *Deutschland 1945-1969.* Hannover: Fackelträger, 1993.

BRECHT, B. *Gesammelte Werk,* Frankfurt, Band X, p.1009.

BÜRGERKOMITEE Leipzig (org.). *STASI Intern -Macht und Banalität.* Leipzig: Forum Verlag Leipzig, 1991.

BOUKHARINE, N. *La Situation extérieure et intérieure de l'URSS – Rapport fait à la XV Conférence de parti ou gouvernement de Moscou.* Paris: Bureau d'Editions, 1927.

BROUE, P. *Trotsky.* Paris: Librairie Arthème Fayard, 1988.

_____.*The German Revolution – 1917-1923.* Chicago: Haymarket Books, 2006.

BUCHSTAB, G. & Gott, K. (comps.). *La Fundación de la Unión – Tradiciones, creación y representantes.* Munique-Viena: Günter Olzog Verlag, 1981.

COHEN, S. *Bukharin and the Bolshevik Revolution. A Political Biography, 1888-1938.* Oxford--Londres: Oxford University Press, 1980.

Chronik der Ereignisse in der DDR. Köln: Edition Deutschland Archiv, 1990.

COLE, G. D. H. *História del Pensamiento Socialista – Comunismo y Social-democrocia (1914-1930).* Primeira Parte. México: Fondo de Cultura Económica, 1961.

COURTOIS, S. *et al. Le livre noir du communisme – crimes, terreur, repression.* Paris: Robert Laffont, 1997.

Das Profil der DDR in der Sozialistischen Staatengemeinschaft – Zwanzigste Tagung zum Stand der DDR – Forschung in der Bundesrepublik Deutschland 9. bis 12.juni 1987. Colônia: Edition Deutschland Archiv, 1987.

DECLER, P.; Held, K. A. *Eine Abrechnung mit der neuen Nation und ihrem Nationalismus.* Munique: Resultate Verlag, 1990.

DELMAS, P. *De la prochaine guerre avec L'Allegmagne.* Paris: Éditions Odile Jacob, 1999.

DENNIS, M. *German Democratic Republic – Politics, Economics and Society.* Londres: Pinter Publishers Limited, 1988.

DEUTSCH-FRANSÖSISCHEN Institut Ludwigsburg. *Deutschland-Frankreich – Ein neues Kapitel ihrer Geschichte – 1948 – 1963 – 1993.* Duisburg: Europa Union Verlag, 1993.

DEUTSCHER, I. *Trotski – o profeta armado (1879-1921).* Rio de Janeiro: Civilização Brasileira, 1968a.

_____.*Trotski – o profeta desarmado.* Rio de Janeiro: Civilização Brasileira, 1968b.

_____.*Trotski – o profeta banido.* Rio de Janeiro: Civilização Brasileira, 1968c.

DREYFUS, F. "Les relations franco-allemandes". In: Menudier, *La République Fédérale d'Allemagne dans les Relations Internationales.* Bruxelas: Editions Complexes, 1990.

DYAKOV, Y.; Bushuyeva, T. *Red Army and the Wehrmacht. How the Soviets Militarized Germany, 1922-33, and Paved the Way for Fascism (From the Secrets Archives of the Former Soviet Union).* Amherst-Nova York: Prometheus Books, 1995.

EISNER, K. *Zwischen Kapitalismus und Kommunismus (Herausgegeben und mit einer biographischen Einführung versehen von Freya Eisner).* Frankfurt: Suhrkamp, 1996.

EPSTEIN, E. J. *Dossier. The Secret History of Armand Hammer.* Nova York: Random House, 1996.

ERHARD, L. *Gedanken aus fünf Jahrzehnten: Reden und Schriften.* Herausgegeben von Karl Hohmann. Düsseldorf/Wien/Nova York: ECON Verlag, 1988.

ETTINGER, E. *Rosa Luxemburg – Ein Leben* (Aus dem Amerikanischen von Barbara Bortfeldt). Bonn: Verlag J.H.W. Dietz Nachf, 1990.

FALIN, V. *Politische Erinnerungen.* Munique: Knaur, 1995.

_____.*Konflikte im Kreml – Zur Vorgeschichrte der deutschen Einheit und Auflösung der Sowjetunion.* Munique: Siedler, 1999.

FINDER, J. *Red Carpet:* Nova York: Holt, Rinehart and Winston, 1983.

FISCHER, L. A *vida de Lenin.* 1° e 2° vols. Rio de Janeiro: Civilização Brasileira, 1967.

FREUND, G. *Unholy Alliance – Russian-German Relations from the Treaty of Brest Litovsk tot he Treaty of Berlim.* Londres: Chatto and Windus, 1957.

FRICKE, K. W. *Die DDR-Staatssicherheit – Entwlcklung Strukturen Aktionsfelder.* Colônia:. Verlag Wissenschaft und Politik, 1989.

FRIEDRICH-EBERT-STIFTUNG (orgs.). *Die Nationale Volksarmee der DDR – Preußisch in der Form, Kommunistisch im Inhalt.* Bonn: Verlag Neue Gesellschaft GmbH, 1986.

FRIEDRICH – EBERT – STIFTUNG. *Abt. Wirtschaftspolitik. Modernisierung der Wirtschaft in der DDR am Beispiel des alten Industrieraumes Chemnitz.* Erfordernisse und Möglichkeiten. Rebe "Wirtschaftspolitische Diskurse" Nr. 3. Eine Konferenz des Vereins für Politische Bildung und Soziale Demokratie (DDR) und der Friedrich-Ebert-Stiftung am 19.06.1990 Chemnitz, Bonn, Friedrich Ebert Stiftung, 1990.

FRÖLICH, P. *Rosa Luxemburg: Ideas in Action,* Londres: Pluto Press, 1940.

FUHR, E. *Geschichte der Deutschen – 1949-1990 – Eine Chronik zu Politik, Wirtschaft und Kultur.* Frankfurt: Insel Verlag, 1990.

FURET, F. *Le passé d'une illusion – essai sur l'Idée communiste au XXe siecle.* Paris: Robert Laffont/Calmann-Lévy, 1995.

GADDIS, J. L. *We Now Know – Rethinking the Cold War History*. Nova York: Clarendon Press – Oxford, 1997.

GALLO, M. *"Ich fürchte mich vor gar nichts mehr"* – *Rosa Luxemburg*. Düsseldorf/München, 1998.

GAUS, G. *Zur Person – Sechs Porträts in Frage und Antwort – Friedrich Schorlemmer, Lothar de Maizière, Gregor Gysi, Ingrid Käppe, Christoph Hein, Hons Modrow.* Berlim: Verlag Volk und Welt, 1990.

GEDMIN, J. *Hidden Hand – Gorbachev and the Collapse of East Germany.* Washington, D.C.: The AEI Press (Publisher for the American Enterprise Institute), 1992.

GELB, N. *The Berlin Wall – Kennedy, Krushchev, and a Showdown in the Heart of Europe.* Nova York: Dorset Press, 1990.

GENSCHER, H. *– Unterwegs zur Einheit – Reden und Dokumente, aus bewegter Zeit.* Berlim: Siedler Verlag, 1991.

GERLING, W. H. "The German Question", 5.10.1990; "Basic Facts about the German Democratic Republic (GDR)", 17.05.1990. AEAHN-GR (5-5f), Department of the Army, Headquarters, US Army, Europe and 17th Army. Deputy Chief of Staff. Host Nations Activities.

GIETINGER, K. *Der Konterrevolutionär. Waldemar Pabst – eine deutsche Karriere.* Hamburgo: Nautilus, 2009.

GORBACHEV, M. *Perestroika – novas ideias poro o meu pais e o mundo.* São Paulo: Best Seller, 1987.

_____.*On my Country and the World.* Nova York: Columbia University Press, 1999.

GORDON, P. H. *Die Deutsche-Französische Partnerschaft und die Atlantische Allianz.* Bonn: Forschungsinstitut der Deutschen Gesellschaft für Auswäatige Politik e. V., 1994.

GRIOTTERAY, A. & Larsan, J. *Voyage au bout de L'Allegmagne –L'Allemagne est inquietante.* Mônaco: Éditions Rocher, 1999.

GROMYKO, A. *Memoirs.* Nova York: Doubleday, 1990.

GRUMBACH, S. *Brest-Litovsk.* Lausanne/Paris: Librairie Payot, 1918.

GYSI, G. & Falkner, T. *Sturm aufs Grosse Haus -Der Untergang der SED.* Berlim: Edition Fischerinsel, 1990a.

GYSI, G. *Wir brauchen einen dritten Weg-Selbstverständnis und Programm der PDS.* Hamburgo: Konkret Literatur Verlag, 1990b.

HAFFNER, S. *Die Deutsche Revolution 1918-1919 – Wie war es wirklich?* Munique: Verlegt bei Kindler, 1979.

_____. *Von Bismarck zu Hitler – Ein Rückblick.* Munique: Knaur, 1989.

HANRIEDER, W. F. *Deutschland-Europa-Amerika – Die Außenpolitik der BDR – 1949-1989.* Munique/Viena: R. Oldenburg Verlag, 1991.

_____. *Germany, America, Europe – Forty Years of German Foreign Policy*, New Haven-Londres: Yale University Press, 1989.

HEGEL, G. W. F. *Grundlinien der Philosophie des Rechts.* Hamburgo: Felix Meiner Verlag, 1955.

HEITZER, H. *DDR – Geschichtlicher Überblick.* Berlim: Dietz Verlag Berlin, 1987.

HILFERDING, R. *Das Finanzkapital.* Band I und II. Frankfurt-Main/Köln: Europäische Verlagsanstalt, 1968.

HILLGRUBER, A. *Deutsche Geschichte 1945-1986 – Die "deutsche Frage" in der Weltpolitik.* Stuttgart: Verlag W. Kohlammer, 1987.

HOBSBAWN, E. J. (org.). *História do marxismo – X – O marxismo no época da Terceira Internacional: de Gramsci à crise do stalinismo.* São Paulo: Paz e Terra, 1987.

_____.*História do marxismo – XI – O marxismo hoje.* Primeira Parte. São Paulo: Paz e Terra, 1989.

_____.*Age of Extremes – The Short Twentieth Century – 1914-1991.* Londres: Abacus, 1994.

HOFFMANN, A. et al. *Die Neuen Deutschen Bundesländer – Eine kleine politische Landeskunde.* Stuttgart: Aktuell, 1991.

HOLLOWAY, S. K. "Relations Among Core Capitalist States: The Kautsky-Lênin Debate Reconsidered". *Canadian Journal of Political Science*, vol. XVI, n. 2, junho de 1983, p.321-333.

HORNE, A. *Return to Power – A Report on the New Germany.* Nova York: Frederick A. Praeger, 1956.

IAKOVLEV, A. *Ce que nous voulons foire de l'Union Soviétique – Entretien avec Lilly Marcou.* Paris: Éditions du Seuil, 1991.

_____.*Socialismo: do sonho à realidade.* Intervenção de Aleksandr Iakovlev, membro do Büreau Politico do CC do PCUS e secretário do CC do PCUS, durante o encontro realizado na Universidade Lomonóssov de Moscovo, em 12 de fevereiro de 1990, Moscou, Novosti, 1990.

JÄGER, W. *Die Überwindung der Teilung – Der innerdeutsche Prozeß der Vereinigung 1989/90. Band 3 – Geschichte der deutsches Einheit (vier Bänden).* Stuttgart: Deutsche Verlags--Anstalt, 1998.

JARAUSCH, K. H. *The Rush to German Unity.* Nova York-Oxford: Oxford University Press, 1994.

JASPERS, K. *Freiheit und Wiedervereinigung – Vorwort von Willy Brandt.* Munique: Serie Piper, 1990.

JOLKVER, N. "Por que eles não querem regressar à Pátria ?". *Tempos Novos*, n. 43, Moscou, outubro de 1990, p.22-23.

KAGARLITSKY, B. *A desintegração do monolito.* São Paulo: Editora da Unesp, 1993.

KAISER, K. *Deutschlands Vereinigung – Die internationalen Aspekte.* Bergisch Gladbach, Gustav Lübbe Verlag, 1991.

_____. & Maull, H. W. (orgs.). *Deutschlands neue Außenpolitik.* Band 1 und 2. Munique: Forschungsinstitut der Deutschen Gesellschaft für Auswärtige Politik/R. Oldenburg, 1994.

_____. & Schwarz, H. (orgs.). *Die neue Weltpolitik.* Baden-Baden: Nomos Verlagsgesellschaft, 1995.

KAISER, M. *Machtwechsel von Ulbrich zu Honecker. Funktionsmechanismen der SED--Diktatur in Konfliktisituationen 1962 bis 1972.* Berlim: Akademie Verlag, 1997.

KAUTSKY, J. "Karl Kautsky and Eurocommunism". *Studies in Corporative Communism*, vol. XIV, n. 1, 1981, p.3-44.

KAUTSKY, K. "Ein Brief über Lenin". Artigo publicado primeiramente no jornal Izvestia e, depois, na revista teórica austro-marxista Der Kampf, vol.17, n.5, maio 1924, p.176-9). Texto em inglês em Kautsky Internet Archive: http://marxists.org/archive/kautsky/works/1920s/lenin-epitaph.htm.

226   LUIZ ALBERTO MONIZ BANDEIRA

_____.*Le Bolchevisme dans l'impasse.* Paris: Librairie Félix Alcan, 1931,

_____.*Die Diktatur des Proletariats,* Band 1. Berlim: Dietz Verlag Berlin, 1990a.

_____.*Terrorismus und Kommunismus.* Band 1. Berlim: Dietz Verlag Berlin, 1990b.

_____.*Von der Demokratie zur Staatssklaverei.* Band 2. Berlim: Dietz Verlag Berlin, 1990c.

KINDLEBERGER, C. P. *Marshall Plan Days.* Boston: Allen and Unwin, 1987.

KLOTEN, N. "Transformation einer zentralverwalteten Wirtschaft in eine Markwirtschaft – Die Erfahrungen mit der DDW". *Deutsche Bundesbank – Auszüge Presseartikeln,* Frankfurt am Main, 04.01.1991, n. 1.

KNAUFT, W. *Katholische Kirche in der DDR ? – Gemeinden in der Bewährung 1945-1980.* Mainz: Grünewald, 1980.

KNIGHT, A. *Beria – O lugar-tenente de Stalin.* Rio de Janeiro: Record, 1997.

KOHL, H. *Ich wollte Deutschlands Einheit.* Berlim: Ullstein, 1998.

KOEHLER, J. *STASI – Untold Story of East German Secret Police.* Colorado-Oxford: Westview Press, 1999.

KOSTHORST, D. *Brentano und die deutsche Einheit: die Deutschland und Ostpolitik des Außenministers im Kabinett Adenauer – 1951 – 1961.* Düsseldorf: Droste, 1993.

KRENZ, E. *Wenn Mauem Fallen – Die Friedliche Revolution: Vorgeschichte – Ablauf -Auswirkungen.* Viena: Paul Neff Verlag, 1990.

_____.Carta a Honecker, publicada sob o o título "Die Karre steckte tief im Dreck". *Der Spiegel,* n. 6, 01.02.1991, p.54-61.

LASCHITZA, A. *Im Lebensrausch, trotz alledem Rosa Luxemburg (Eine Biographie).* Berlim: Aufbau Taschenbuch Verlag, 2000.

LASCHET, A. & Pappert, P. (orgs.). *Ein Kontinent im Umbruch – Perspektiven für eine europäische Außenpolitik.* Propyläen, 1993.

LENIN, V. I. *Obras escogidas.* Tomos I e II. Moscou: Ediciones en Lenguas Extranjeras, 1948.

_____.*Sobre el internacionalismo proletário.* Moscou: Ediciones en Lenguas Extranjeras, s.d.

LILGE, H. *Deutschland von 1955-1963 – von den Pariser Verträgen bis zum ende der Ära Adenauer.* Hannover: Verlag für Literatur und Zeitgeschehen GmbH, 1965.

LUXEMBURG, R. *Gesammelte Werke.* Band 4, August 1914 bis Januar 1919. Berlim: Dietz Verlag Berlin, 1990.

_____.*La Cuestión Nacional y la Autonomia.* Cidade do México: Ediciones Pasado y Presente, 1979[1].

MAIER, C. S. *Dissolution – The Crisis of Communism and the End of East Germany.* Princeton--New Jersey: Princeton University Press, 1997.

MANCHESTER, W. *The Arms of Krupp (1587-1968).* Boston/Toronto: Little, Brown and Co., 1968.

MARSH, D. *German and Europe – The Crisis of Unity.* Londres: Mandarin Paperback, 1994.

MARX, K.; Engels, F. *Ausgewählte Schriften.* Band II. Berlim: Dietz Verlag, 1976.

_____.*Ausgewählte Werke.* Band II. Berlim: Dietz Verlag, 1981.

_____.*Werke.* Bände 13, 18, 21, 29, 30, 31, 32, 33. Berlim: Dietz Verlag, 1974, 1976 e 1981.

---

1   Esse estudo de Rosa Luxemburg não foi incluído nos seis volumes das suas obras completas *(Gesalmmelte Werke)*, publicadas pela Dietz Verlag na extinta RDA.

McCAULEY, M. *Marxism-Leninism in the German Democratic Republic – The Socialist Unity Party (SED)*. Londres: School of Slavonic and East European Studies, 1979.

MEHRING, F. *Carlos Marx: el fundador del socialismo científico*. Buenos Alies: Editorial Claridad, 1943.

_____.*Kart Marx – Geschichte seines Lebens*. Berlim: Dietz Verlag, 1985.

_____.*Deutsche Geschichte des 18. und 19. Jahrunderts*, Berlim: Oberbaumveriag, 1973.

MELGUNOV, S. P. *Bolshevik Seizure of Power*. Santa Barbara, California/Oxford, England: ABC-Clio, 1972.

MENUDIER, H. *La République Fédérale d–Allemagne dans les Relations Internationales*. Bruxelas: Editions Complexes, 1990.

MILLER, S. & Pothoff, H. Kleine Geschichte der SPD – Darstellung und Dokumentation 1848-1983. Bonn: Verlag Neue Gesellschaft GmbH, 1988.

MISHIN, Vladimir. "The First Joint Venture". *Oil of Russia*, n. 2, 2004.

MODROW, H. *Aufbruch und Ende*. Hamburgo: Konkret Literatur Verlag, 1991.

MOLOTOV, V. *Le Plan Quinquennal triomphe – discours prononcé au VIe Congres des Soviets de l'Union des Républiques Socialistes Soviétiques*. Paris: Bureau d'Editions, 1931.

MOLTMANN, G. *Die Entwicklung Deutschlands von 1949 bis zu den Pariser Verträgen 1955*. Hannover: Verlag für Literatur Zeltgeschehen GmbH, 1963.

MURPHY, D. E.; Kondrashev, S. A. & Bailey; G. *Battle Ground Berlin – CIA vs KGB in the Cold War*. New Haven/Londres: Yale University Press, 1997.

NAIMARK, N. M. *The Russians in Germany – A History oft he Soviet Zone of Occupation, 1945-1949*. Cambridge/Massachusetts, Belknap of Harvard, 1995.

NAUMANN, G. & Trümpler, E. *Von Ulbricht zu Honecker – 1970 – ein Krisenjahr der DDR*. Berlim: Dietz Verlag Berlin, 1990.

NEKRASSOW, V. F. (org.). *Berja – Henker in Stalins Diensten (Ende einer Karriere)*. Augsburg, Bechtermünz Verlag, 1997.

NETTL, P. *Rosa Luxemburg*. Londres: Oxford University Press, 1969.

OLLENHAUER, E. *Security for All*. Address at Dortmund on June 16th, 1957, published by SPD, Bonn.

OSTERMANN, C. F. (ed.). *Uprising in East Germany. The Cold War, the German Question, and the First Major Upheaval Behind the Iron Curtain*. Budapest: Central European University Press, 2001.

PFETSCH, F. R. *Die Außenpolitik der Bundesrepublik – 1949 – 1992*. Munique: Wilhelm Fink Verlag, 1993.

_____.*Die Außenpolitik der Bundesrepublik – Kontinuität oder Wandel nach der Vereinigung*, Working Paper SPS N. 94/15. Florence: European University Institute, 1994.

PÖHL, K. O. "Den Sprung ins kalte Wasser wagen". *Die Welt*, Bonn, vol. 2, julho de 1990.

POND, E. *After the Wall – American Policy Toward Germany*. USA: Twentieth Century Fund, 1990.

PRAT, J. W. *A History of United States Foreign Policy*. Englewood Cliffs, New Jersey: Prentice-Hall, 1955.

PREOBRAZHENSKY, E. A. *From NEP to Socialism. A Glance into the Future of Russia and Europe*. Londres: New Park Publications, 1973.

PROTZMAN, F. "East Germany's Economy Far Sicker Than Expected". *The New York Times*, 20.09.1990, pp. A-1 e D-6, column 1.

PRZYBYLSKI, P. *Tatort Politbüro – Band 2: Honecker, Mittag und Schalck-Golodkowski*. Berlim: Rowohlt, 1992.

RADECK, C. *El Desarollo de la revolución mundial*. Publicación oficial de la sección uruguaya de La Internacional Comunista, n. 6. Montevidéu: Editorial Justicia, 1921.

_____.*La Internacional segundo y media*. Publicación oficial de la sección uruguaya de la Internacioanal Comunista, n. 2. Montevidéu: Editorial Justicia, 1921.

_____.*La Tactique Communiste et l'Offensive du Capital*. Paris: Librairie de l'Humanité, 1923.

READ, A. & Fisher, D. *The Deadly Embrace – Hitler, Stalin and the Nazi Soviet Pact – 1939-1941*. Nova York/Londres: W. W. Norton and Company, 1988.

_____.*The Fall of Berlin*. Nova York: De Capo Press, 1995.

REUTH, R. G. & Bönte, A. *Das Komplot – Wie es wirklich zur deutschen Einheit kam*. Munique: Piper, 1993.

REXIN, M. *Die Jahre 1945-1946*. Hannover: Verlag für Literatur un Zeitgeschehen GmbH, 1962.

RLECKER, A. *et al. STASI Intim – Gespräche mit ehemaligen UFS. Angehörigen*. Leipzig: Forum Verlag Leipzig, 1990.

ROCKER, R. *Revolución y Regresión – 1918-1951*. Buenos Aires: Editorial Tupac, 1952.

ROSOLOWSKY, D. *West Germany's Foreign Policy – The Impact of the Social Democrats and the Greens*. Nova York/Wesport/Connecticut/Londres: Greenwood Press, 1987.

RUMI, J. *Historical Deceptions: Fall of Communis – From the World Affairs Brief*. In: http://www.worldaffairsbrief.com/keytopics/Communism.shtml.

SACHSE, K. "Die dunklen Seiten des Staatschefs". *Focus*, n. 8, 17.02.03.

SCHABOWSKI, G. *Das Politbüro- Ende eines Mythos*. Hamburgo: Rowohlt, 1990.

_____.*Der Absturz*, Berlim: Rowohlt, 1991.

SCHMEMANN. "Old Master Spy in East Berlin Tells Why He Backs Changes". *New York Times*, 21.11.1989.

SCHMIDT-EENBOOM, E. *Schnüffler ohne Nase – Der BND – Die Unheimliche Macht im Staate*. Düsseldorf: Econ Verlag, 1993.

SCHULZINGER, R. D. *American Diplomacy in the Twentieth Century*. Nova York/Oxford: Oxford University Press, 1994.

SCHWARZ, H. *Adenauer – Der Staatsmann: 1952-1967*. Stuttgart: Deutsche Verlags--Anstalt, 1991.

SCHWARTZ, T. A. *America's Germany (John McCloy and the Federal Republic of Germany)*. Cambridge/Massachusetts/Londres: Harvard University Press, 1991.

SHIRER, W. L. *Ascensão e queda do III Reich*. Vols. 2 e 3. Rio de Janeiro: Civilização Brasileira, 1962.

SIDOROVA, G. "Será o regateio oportuno?". *Tempos Novos*, n. 35, Moscou, agosto de 1990, p.90.

_____. "Stalin e a guerra – Início da guerra: Stalin no banco dos réus". *Sputnik*, Moscou, outubro de 1988, p.128-134.

SIEGEL, K. A. S. *Loans and Legitimacy: The Evolution of Soviet-American Relations, 1919--1933*. Lexington: University Press of Kentucky, 1996.

SMYSER, K. R. *From Yalta to Berlin – The Cold War Struggle over Germany*, Nova York: St. Martin's Press, 1999.

SPITTMANN, I. *Die DDR Unter Honecker*. Colônia: Edition Deutschland Archiv, 1990.

STALIN, J. *Le leninisme theorique et pratique*. Paris: Librairie de l'Humanité, 1925.

STARITZ, D. *Die Gründung der DDR – Von der sowjetischen Besatzungsherrschaft zum sozialistischen Staat*. Munique, Deutscher Taschenbuchverlag, 1984.

_____. "Ein 'besonderer deutscher Weg' zum Sozialismus". *Geschichte und Gesellschaft*, Die Ganz Kopie, 1990, p.374-383.

STEINBERG, I. N. *En el taller de la revolución*. Buenos Aires: Editorial Américalle, 1958.

STOPH, W. & Norden, A. *O problema alemão – princípios e objetivos do RDA*. Rio de Janeiro: Laemmert, 1969.

SUDOPLATOV, P. & Sudoplatov, A. *Special Tasks (The Memoirs of an Unwanted Witness – a Soviet Spymaster)*. Boston/Nova York/Toronto: Little, Brown & Company, 1995.

TAYLOR, F. *Die Mauer. 13. August 1961 bis 9. November 1989*. Munique: Siedler Verlag, 2009.

"Teria Havido Hitler sem Stalin? – Fragmentos da carta de Ernst Henry, jornalista, a Ilia Ereniburg, datada de 30 de maio de 1965". *Sputnik*, 1965, p.135-138.

TROTSKY, L. *Da Noruega ao México – os crimes de Stalin*. Rio de Janeiro: Laemmert, 1968.

_____.*Nouvelle étape*. Paris: Librairie de l'Humanité, 1922.

_____.*O plano quinquenal*. São Paulo: Empresa Editora Unitas, 1931.

_____.*Revolução e contra-revolução na Alemanha*. São Paulo: Editora Ciências Humanas, 1979.

_____.*Stalin*. São Paulo: Instituto Progresso Editorial, 1947.

_____.*La révolution trahie*. Paris: Bernard Grasset, 1936.

_____.*A história da Revolução Russa*. 2. ed.. Vols. I, II e III. São Paulo: Paz e Terra, 1977.

_____.*Minha vida*. Rio de Janeiro: Livraria José Olympio Editora, s.d.

_____.*The Military Writings and Speeches of Leon Trotsky – How the Revolution Armed. Volume 5: The Years 1921-23*. Londres: New Park Publications, 1981.

TROTSKY, L. *et al. A comuna de Paris*. Rio de Janeiro: Laemmert, 1968.

TRUMAN, H. S. *Memoirs by Harry S. Truman – Years of Trial Hope*. Vol. 2. Nova York: Double Day, 1956.

ULAM, A. B. *Dangerous Relations – The Soviet Union in World Politics – 1970-1982*. Nova York/Toronto, Oxford University Press, 1984.

_____.*Staline – L'homme et son temps*. Paris: Éditions Calman-Lévy/Éditions Gallimard, 1977.

VAUCHER, R. *L'Enfer bolchevik a petrogrod sous la commune et la terreur rouge*. Paris: Éditeurs Perrin, 1919.

VOGEL, B. *Das Phänomen – Helmut Kohl im Urteil der Presse 1960-1990*. Stuttgart: Deutsche Verlags-Anstalt, 1990.

VÖLKLEIN, U. "Die gekaufte Revolution". *Stern*, n. 11, 11.12.1993.

_____.*Honecker. Eine Biographie*. Berlim: Aufbau Taschenbuch, 2003.

VOLKMANN, E. O. *Revolution über Deutschland*. Oldenburg: Verlag Gerhard Stalling, 1930.

VOLKOGONOV, D. *The Rise and Fall of the Soviet Empire.* Londres: Harper Collins Publishers, 1998.

_____.*Lenin – A New Biography.* Nova York/Londres: The Free Press, 1994.

_____.*Stalin – Triumph and Tragedy.* Rocklin, USA: Forum, 1996.

_____.*Trotsky – The Eternal Revolutionary.* Londres: Harper Collins Publishers, 1996.

VOLTAIRE (Françis-Marie Arouet). *Romans et contes.* Paris: GF – Flamarion, 1966.

WALDMAN, E. *Deutschlands Weg in den Sozialismus.* Mainz, Hase & Koehler Verlag, 1976.

WEBER, H. *Kleine Geschichte der DDR.* Colônia: Edition Deutschland Archiv, 1980.

WEIDENFELD, W. & Korte, K. (orgs.). *Handbuch zur deutschen Einheit.* Frankfurt am Main: Bundeszentrale für politische Bildung, Campus Verlag, 1993.

WERDIN, J. (Hrsg.). *Unter uns: Die STASI – Berichte der Bürgerkomitees zu[Auflösung der Staatssicherheit im Bezirk Frankfurt (oder).* Berlim: Basis Druck, 1990.

WERHANN, P. H. *Der Unternehmer – Seine ökonomische Funktion und gesellschaftspolitische Verantwortung.* Tréveris: Edition Ordo Socialis, 1990.

WERTH, A. *De Gaulle.* Rio de Janeiro: Civilização Brasileira, 1967.

WESTON, C. "Die USA und der politische Wandel in Europa". *Aus Politik und Zeitgeschichte*, 30.11.1990, p.B49.

WEYMOUTH, L. "Inside the STASI Spy Network: How East Germany became a Haven for Terrorists". *International Herald Tribune,* Hague, 22.10.1990.

WHEEN, F. *Karl Marx.* Londres: Fourth Estate, 1999.

WHITE, S. *et al. Developments in Soviet Politics.* Londres: MacMillan, 1990.

WILKEMIN, C. *Staat im Staate – Auskünfte ehemaliger STASI – Mitarbeiter.* Berlim-Weimar, Abfangverlag, 1990.

WILSON, J. H. *Ideology and Economics: U.S. Relations and the Soviet Union 1918-1933.* Columbia, Missouri: University of Missouri Press, 1974.

WOLF, M. *Die Troika.* Düsseldorf: Klassen, 1990.

_____.*Spionagechef im geheimen Krieg (Erinnerungen).* München: List Verlag, 1997.

WOLF, M & McElvoy, Anne. *O homem sem rosto: autobiografia do maior mestre de espionagem do comunismo.* Rio de Janeiro: Record, 1997.

WOLFE, B. D. *Three who made a Revolution. A Biographical History of Lenin, Trotsky and Stalin.* Nova York: Cooper Square Press, 2001.

WOLFFSOHN, M. *West-Germany's Foreign Policy in the Era of Brandt and Schmidt – 1969 – 1982 (An Introduction).* Frankfurt/M-Bern/Nova York: Verlag Peter Lang, 1986.

ZELIKOW, P. & Rice, C. *German Unified and Europe Transformed – A Study in Statecraft.* Cambridge: Harvard University Press, 1997.

YERGUIN, D. *O petróleo. Uma história de ganância, dinheiro e poder.* São Paulo: Scritta editorial, 1990.

ZIEGER, G. *Die Haltung von SED und DDR zur Einheit Deutschlands 1949-1987.* Colônia, Verlag Wissenschaft und Politik, 1988.

ZINOVIEW, G. *Les Perspectives internationales et la bolchevisation – la stabilisation du capitalisme et la revolution mondiale – discours prononce a V Exécutif élargi de V Internationale Communiste.* Paris: Librairie de l'Humanité, 1925.

ZUNKER, A. (org.). *Weltordnung oder Chaos.* Baden-Baden: Nomos Verlagsgesellschaft, 1993.

FONTES IMPRESSAS

Ministerium für Auswärtige Angelegenheiten der DDR – Ministerium für Auswärtige Angelegenheiten der UdSSR. *Beziehungen DDR-UdSSR 1949 bis 1955* – Dokumentensammlung, 2. Halbband, Berlim: Staatsverlag der Deutschen Demokratischen Republik, 1975.

Presse und Informationsamt der Bundesregierung (org.). *Dokumentation zu den Innerdeutschen Beziehungen*. Abmachungen und Erklärungen: Leck, 1989.

Presse und Informationsamt der Bundesregierung (org.). *Dokumentation zur Deutschlandpolitik der Bundesregierung*. Verträge und Vereinbarungen mit der DDR, Troisdorf, 1986.

Presse -und Informationsamt der Bundesregierung (org.). *Dokumentation zur Ostpolitik der Bundesregierung*. Verträge und Vereinbarungen, Bonn, 1985.

The Communist International in Lenin's Time – The German Revolution and the Debate on Soviet Power (Documents: 1918-1919 preparing the Founding Congress), edited by John Riddel. Nova York: Pathfinder.

Conditions in Russia. 68th congress, 1st session, Senate Document no. 126. Speech of hon. William H. King a Senator from the State of Utah delivered in the Senate – January 22 and April 24, 1924 presented by Mr. Lodge May 26, 1924. Washington: Government Printing Office, 1924.

Jornais e Revistas

Aus Politik und Zeitgeschichte, 1990.
Der Spiegel.

Deutsche Bundesbank – Auszüge aus Presseartikeln, Frankfurt am Main, 1991.

Die Welt, Bonn.

Forum Deutsch Einheit- Aktuelle Kurzinformationen, Bonn, 1990.

Frankfurter Allgemeine Zeitung, Frankfurt am Main.

International Herald Tribune, The Hague.

Jornal do Comércio, Rio de Janeiro, 1945.

Novidades de Moscou, Moscou, 1990.

Sputnik, Moscou, 1988.

TAZ – DDR – Journal zur Novemberrevolution – August bis Dezember – 1989.

Tempos Novos, Moscou, 1990.

The New York Times.

Veja, 1959, 1988.

Zeitschrift für Internationale Politik.

Correio Brazillense, Brasília, 1991.

Oil of Russia. International Quarterly Edition, Moscou, 2004.

Arquivos e documentação primária

Auswärtiges Amt – Politsche Archive, Bonn.
Archiv der Parteien und Massenorganisationen der DDR im Bundesarchiv, Berlim.
Archiv für Christlich-Demokratischen Politik- Konrad-Adenauer Stiftung – St. Agustin.
Archiv und Bibliothek der Sozialen Demokratie – Friedrich Ebert Stiftung – Bad Godesberg, Bonn.
Arquivo do Ministério das Relações Exteriores do Brasil – Brasília.
Institut für International Statistik, Heidelberg Universität.
Reports from Deportment of the Army – Headquarters, United States Army, Europe, and Seventh Army.

PERSONALIDADES ENTREVISTADAS

Egon Krenz, primeiro-secretário do SED e presidente do Conselho de Estado, como sucessor de Erich Honecker.

Hans Modrow, membro do Politburo do SED e ministro-presidente da RDA, após a derrubada do Muro de Berlim.

Lothar de Maizière, líder da CDU/Oriental e último ministro-presidente da RDA.

Günter Schabowski, membro do Politburo e primeiro-secretário do SED no Bezirk (distrito) de Berlim.

Dr. Jürgen Aretz, ex-assessor do *Kanzler* Helmut Kohl e diretor do Unterabteilung Grundsatzfragen, do Bundesministerium für innerdeutsche Beziehungen.

Günter Severin, embaixador da RDA no Brasil.

Dr. Heinrich März, último embaixador da RDA no Brasil.

Prof. Hans-Christian Göttner, da Universidade de Rostock.

Prof. Steffen Flechsig, da Universidade de Rostock.

Prof. Manfred Kossok, da Universidade de Leipzig.

Christiane Berkhausen-Canale, militante do SED em Berlim.

Mário Calábria, embaixador do Brasil na antiga RDA e depois cônsul-geral do Brasil em Berlim Ocidental.

Vernon Walters, embaixador dos EUA em Bonn.

SOBRE O LIVRO

Formato: 16 x 23 cm
Mancha: 27,6x 43,8 paicas
Tipologia: Horley Old Style MT 10,5/14
Papel: Offset 75g/m^2 (miolo)
        Cartão Supremo 250g/m^2 (capa)
3ª edição: 2009

EQUIPE DE REALIZAÇÃO

Edição de Texto
Gabriela Mori (Copidesque)
Jonathan Busatto (Preparação)
Pryscila Bilato Grosschädl (Revisão)

Editoração Eletrônica
Estúdio Bogari (Diagramação)